掌尚文化

Culture is Future

尚文化·掌天下

本书受国家自然科学基金青年科学基金项目（72103022）资助

The Ecosystem and Development Prospects of
the Energy Storage Industry

储能产业生态体系与发展前景

蒋少翔　李成明　王赛鸽 编著

经济管理出版社
ECONOMY & MANAGEMENT PUBLISHING HOUSE

图书在版编目（CIP）数据

储能产业生态体系与发展前景 / 蒋少翔，李成明，
王赛鸽著. -- 北京 ：经济管理出版社，2024. -- ISBN
978-7-5096-9826-6

Ⅰ．F426.2

中国国家版本馆 CIP 数据核字第 2024GC8363 号

组稿编辑：张鹤溶
责任编辑：吴 倩 杨 娜
责任印制：许 艳
责任校对：王淑卿

出版发行：经济管理出版社
　　　　　（北京市海淀区北蜂窝 8 号中雅大厦 A 座 11 层　100038）
网　　址：www．E-mp．com．cn
电　　话：（010）51915602
印　　刷：北京晨旭印刷厂
经　　销：新华书店
开　　本：720mm×1000mm/16
印　　张：14.75
字　　数：286 千字
版　　次：2024 年 8 月第 1 版　　2024 年 8 月第 1 次印刷
书　　号：ISBN 978-7-5096-9826-6
定　　价：88.00 元

前　言

全球气候变暖不断加剧，世界气象组织发布的《2022年全球气候状况》临时报告指出，2022年全球平均温度比1850~1900年平均值高出1.15℃。应对气候变化的关键在于减碳，减碳的关键是改善能源结构。世界各国对新能源发展的关注度日益提高，并且制订了相关的产业扶持计划和发展战略，为能源结构向新能源和低碳转型助力。而太阳能、风能等新型能源具有间歇性和波动性强的特点，与连续、可靠、可持续且稳定的能源供应要求相矛盾。储能技术可以帮助平衡电力系统的供需关系，并提高可再生能源的利用效率，因此，新能源发展的关键在于储能技术。储能即能量储存，通过一种介质或者设备将富余的可再生能源储存起来，在可再生能源供应不足的情况下释放储存的能量，实现能源的时空平衡。根据麦肯锡的研究，未来十年仍是全球储能市场发展的黄金时期。为满足新能源消纳需求，预计到2031年全球储能市场需求量将扩大9倍，累计新增装机容量将达到460GW。许多国际组织和国家把发展储能作为缓解能源供应矛盾、应对气候变化的重要措施，并制定了发展战略。目前中国的新能源建设已进入快速发展阶段，根据国家能源局的目标，到2025年中国可再生能源发电装机占比将进一步提升至50%左右。目前，我国储能产业已经由商业化初期发展到规模化发展阶段，正在由小范围的试点向大规模的应用转型。

本书针对储能产业生态体系及其各赛道面临的问题和机遇进行研究，主要内容如下：一是总结了储能技术路线及其比较优势，对化学储能和机械储能不同的技术路线、具体应用场景及其优缺点进行了分析，厘清了储能产业生态及其各个技术路线的优劣，为后续研究奠定了理论基础和现实基础；二是从全球视角观察储能产业发展动态及其方向，重点介绍了美国、欧洲和亚洲的生态格局、储能产业的政策以及商业模式，并对国外储能市场和政策环境进行了研究；三是聚焦于中国视角研究储能产业发展动态及其方向，分析了抽水储能、压缩空气储能、锂离子电池储能等各类储能技术的产业生态、发展历程以及商业模式，并对我国储能产业的全球竞争力进行了分析；四是从国家和地区两个层面总结了我国的能源整体系统，并研究了储能产业各技术路线的政策指引；五是对储能系统的产业投资前景进行了研究，并指明了未来的关注方向。

本书共分为八章：

第一章介绍了储能产业研究的背景，即为了改善气候变暖的现状全球都在努力通过能源结构转型的方式减少碳排放，而储能作为新能源转型的重要技术瓶颈，各国也出台了相关支持政策。

第二章分析了世界能源结构将从粗放、低效转向节约、高效，由黑色、高碳转向绿色、低碳的转型方向，并重点研究了美国、德国、日本和中国四个国家的能源格局，同时对能源转型过程中的重点和难点进行了归纳和总结。

第三章调研了机械储能、电气储能、电化学储能、热储能和化学储能等各类型储能的技术参数，对比分析了各类型储能技术的成熟度、优缺点以及商业化进程，并结合储能技术特性研究了各类型储能技术在大规模新能源发电和调峰调频辅助服务等领域的适用性。

第四章分析了储能的商业模式及其产业链。分别从发电侧、电网侧、用户侧分析了储能行业的商业模式，并对主流技术的产业链及配套产业的发展现状作了总结。发电侧的主要商业模式是通过减少新能源弃电损失和能量时移实现储能的经济性，电网侧主要是调峰调频、容量租赁，用户侧则是利用储能进行套利。

第五章介绍了全球储能市场发展与产业生态格局。按照不同的技术和区域分类介绍了储能的市场规模和未来发展趋势，同时重点分析了美国、欧洲和亚洲等不同国家和地区储能市场的政策、发展现状、商业模式、优势以及发展趋势，对中国储能产业未来的发展有一定的借鉴意义。

第六章研究了中国储能产业的生态及全球竞争力。以中国的储能产业现状为落脚点，对抽水储能、压缩空气储能、锂离子电池储能等几项主流技术的生态、产业链、发展历程等进行了分析，提出了对未来发展趋势的预测，并总结了各个技术路径的产业链及重点项目，对中国储能产业在全球市场的竞争力进行了SWOT分析。

第七章介绍了中国的国家能源政策体系与方向指引。着眼于影响储能产业发展的一系列政策，由宏观到微观，按照地区和技术路径对中国的能源政策体系进行了分类和总结。各地方的政策都做到了因地制宜，具有一定的地域特色并且相对多元化和全面。政策重点关注的技术路径可能就代表着未来的发展方向。

第八章对各个技术路径以及产业链中各部门的发展潜力进行了分析，并指明了未来的重点关注方向。

蒋少翔　李成明　王赛鸽
2023 年 3 月 6 日

目　录

第一章 绪论

第一节 研究背景

一、气候变化背景下的全球能源结构转型

如今全球气候变化问题愈加凸显，相关的预兆和影响也越来越受到人们的关注。全球气候变暖不断加剧，根据 2018 年 10 月联合国政府间气候变化专门委员会（IPCC）的报告，为了避免极端危害，世界必须将全球变暖幅度控制在 1.5℃ 以内，但就目前形势来看，实现这一目标任重而道远。世界气象组织（WMO）发布的《2022 年全球气候状况》临时报告指出，2013～2022 年平均气温估计比工业化前高出 1.14℃。造成这一问题的原因，在很大程度上是温室气体排放量的不断上升，而在排放的温室气体中占比最高的就是二氧化碳。从数据中可以发现，除 2020 年由于全球疫情形势严峻影响了生产，二氧化碳排放量有 5.35% 的较大幅度下降外，自 20 世纪 70 年代以来，二氧化碳排放量一直呈上升的趋势（见图 1-1）。尤其是在 2021 年，由于受全球经济复苏、复杂的国际能源交易形势以及恶劣天气等因素的影响，二氧化碳排放量大幅回升了 5.27%，达到了 378.58 百万吨。

从以上数据来看，全球气候变暖并未有扭转的趋势，由此产生的冰川融化、森林火灾频发、海平面上升、水资源短缺和生物多样性降低等问题也依然存在。全球气候变暖最为直观的后果就是各种极端事件频发，仅 2021 年世界各地就发生了众多破纪录的极端气候事件。例如欧洲 2021 年夏秋两季强降水，降水量超过了 1983 年以来的峰值；北美 2021 年初遭遇"乌里"风暴，极端低温天气直接导致全美超 550 万户居民停电断电；中国 2021 年 7 月中旬发生河南特大暴雨，引

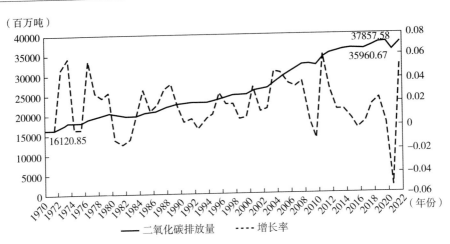

图 1-1　1970~2022 年全球二氧化碳排放量

资料来源：全球大气研究排放数据库（EDGAR）、储能产业生态体系与发展前景课题组。

发严重的洪涝灾害；等等。此外，全球气候变暖，海水温度上升，空气中浓度不断上升的二氧化碳与海水中的水分子相结合形成的碳酸使海水酸化。这不仅威胁到很多海洋生物的生存，还使海洋食物链及生态结构发生系统性变化，可能会有很多有害物种入侵，大量现有生物会因此灭绝。当然不只是在海洋，陆上动植物也会受到来自全球气候变暖的威胁。根据 IPCC 第六次评估报告（AR6）的数据：如果气温上升 1.5℃，陆上生物和淡水生物灭绝的比例预计将会达到 9%~14%；如果气温上升 2℃，则会达到 10%~18%；如果气温上升 3℃，这一比例将会高达 12%~29%。因此，在全球气候变暖的背景下，不同生活环境的生物生存都受到了威胁，物种多样性下降的风险加剧。而这会导致生态系统的调节能力下降，从而诱发极端气候事件，加速碳排放，产生恶性循环。气候变化对海洋、陆地和大气的生态系统都造成了严重的破坏，水资源和动植物都受到了巨大的影响，而这一影响还在继续扩大，并且是不可逆的，人类作为整个地球生态中重要的一员也会受到全球变暖的影响。首先，较高的气温会成为许多动物疾病和人畜共患病的"温床"。其次，反常的干旱、降水过多等极端天气会严重影响到农作物的生长发育，加之水土流失及土地沙漠化的作用，会带来粮食短缺的风险。最后，极端气温不适宜人类生活，气候变化造成的水资源短缺也会影响人们的生产与生活。

由此可见，必须采取积极的态度来限制全球变暖，而应对这一问题的核心在于控制二氧化碳排放量。如果能做到控制二氧化碳的净排放量为零，那么全球气温也将保持相对稳定。根据国际能源署（IEA）的数据，2019~2021 年，化石燃料的燃烧贡献了超过 90% 的二氧化碳排放量，而其中 40% 以上来自煤炭的燃烧

（见图1-2）。从20世纪90年代至今，全球约55%的累计排碳来自电力行业，电力行业80%的排碳来自燃煤发电。也就是说，应对气候变化的关键是减碳，减碳的关键是改善能源结构，改善能源结构的关键是洁煤（使用可再生能源来替代煤炭）和减煤。

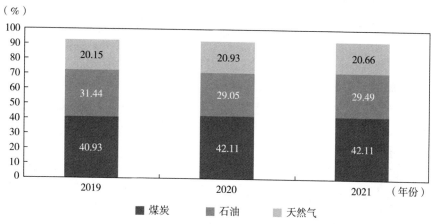

图1-2　2019~2021年全球化石燃料产生的二氧化碳排放占比

资料来源：IEA、储能产业生态体系与发展前景课题组。

随着世界各国和地区共同致力于解决气候问题，降低碳排放已成为全世界一致的目标。各国和地区纷纷制定相应的政策促进可再生能源的发展，全球能源结构转型的步伐持续加快，绿色能源产业发展前景广阔。当前，各国和地区对新能源发展的关注度日益提高，并且制订了相关的产业扶持计划和发展战略，为能源结构向新能源和低碳转型助力（见表1-1）。

表1-1　各国（地区）能源转型政策

国家或地区	政策	目标
韩国	可再生能源长期计划	根据该计划，到2034年，韩国所有燃煤电厂都将退役，可再生能源在韩国能源结构中所占比例将从目前的15.1%提高到40%
法国	2030国家能源与气候计划	法国将持续提高其电力供给领域中可再生能源发电的占比，特别是风电占比，以实现能源转型。到2030年，法国电力供给中可再生能源发电占比将达到40%，其中，风电占比将会达到20%
欧盟	能源系统一体化发展战略	推动建立行业联盟，至少37%的公共投资用于应对气候变化相关领域，并进一步放宽成员国投资可再生能源项目的财政限制条件
智利	绿色氢能战略	2024年之前将燃煤发电份额降至20%，逐步提升水能、风能、太阳能和生物质能发电的比例，到2030年将可再生能源占该国能源总量的比例提高至70%，到2040年所有煤电厂彻底关停

国家或地区	政策	目标
巴西	太阳能等产业相关政策	2035年，巴西电力产业总投资规模将超过300亿美元，其中70%将用于太阳能光伏、风电、生物质能及海洋能等可再生能源技术
非洲	光伏产业发展相关政策	2019~2024年，撒哈拉以南的非洲在工商业光伏领域的市场潜力可能超过70亿美元

资料来源：各国政府、Sun Exchange平台、储能产业生态体系与发展前景课题组。

我国能源结构仍处于转型初期，常用高碳能源且使用的化石燃料居多，其中80%的能源来自于煤炭。因此，要想减少二氧化碳排放就必须打破现有的能源格局，加快新能源产业的发展速度，加大对传统能源企业的改进力度。我国传统的能源企业，尤其是电力行业企业急需对发电方式进行改革，大规模引入新能源发电已是节能减碳的必然选择。

在众多政策的支持下和各国改善能源结构的迫切要求下，2019年全球可再生能源的使用量增长了9%，2021年这一增长率更是高达15%，成为近几年发展最快、增长最多的能源。截至2021年底，全球一次能源消费结构中可再生能源的占比高达6.71%。此外，风电和光伏的发电量在全球总发电量中的占比已经超过了10%。根据图1-3可以清晰地看到近十年全球能源结构的变化趋势，石油和煤炭的消费占比持续下降，而天然气和可再生能源的比例不断增长。新能源的渗透率一直在持续上升，但占比仍较低，未来的发展潜力巨大。此外，2022年爆发的俄乌冲突让世界各国都意识到了能源安全的重要性。突发事件对能源价格的影响和对本国经济的冲击都是巨大的，发展本国的可再生能源项目可以在一定程度上缓解地缘冲突带来的能源短缺问题。

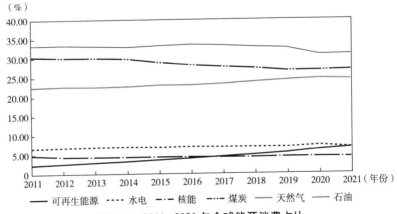

图1-3 2011~2021年全球能源消费占比

资料来源：英国石油公司、储能产业生态体系与发展前景课题组。

二、能源供需不平衡问题亟须储能产业发展

国际上普遍认为，建设以新能源为主的新型电网是有效减少碳排放的模式。然而，目前我国电网整体效率较低，各类电源之间的互补性差等深层问题日益突出。大规模储能、氢能等技术的持续发展将成为推进我国能源转型的重要力量。从我国能源消费结构来看，煤炭仍是最主要的能源来源，占比超过 50%。然而，煤炭和石油的消费量近两年均略有下降，与此相对应的是，清洁能源的消费则增长了 2%（见图 1-4）。为实现碳中和目标，加快能源结构转型势在必行。我国的煤炭资源主要分布在西部和北部地区，水能分布在西南部地区，能源需求集中在中东部地区，这种地理环境导致的供需错配使得能源难以得到最大化地利用。储能能够在一定程度上解决地域上能源分布不均的问题，光伏和风电具有不稳定性，即会随季节变化，配备储能可以提高两者稳定供电的能力，储能的作用日益凸显。

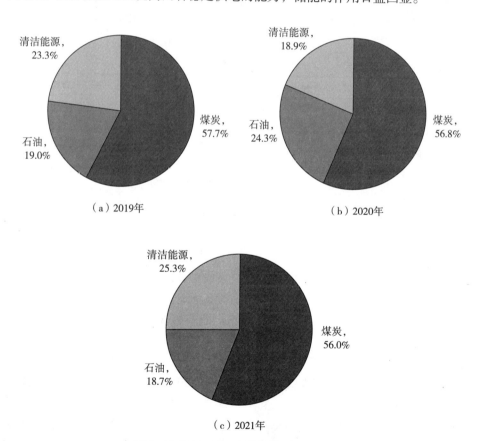

（a）2019年

（b）2020年

（c）2021年

图 1-4 2019~2021 年我国能源消费结构

资料来源：国家统计局、储能产业生态体系与发展前景课题组。

广泛应用储能技术于电力系统中将为节能减排提供重要支持。从供应端来看，新能源的发电装机量正逐步占据主导地位，电力来源中新能源的占比越来越高；在需求方面，电力终端用户电气化程度提高，电力"产消者"数量增加。从总体来讲，电网的运作机制将会产生深远的变革：新能源发电往往存在能量上不够平稳、时间上分布不均等问题，人们很难通过供给侧调节新能源的发电量来适应用户的需求水平，"源随荷动"的方式已经不适合新能源发电。而采取储能技术，利用源网荷储协调互动，则能使电力在供给侧和需求侧相互匹配。

电力作为一种即发即用、不能直接储存的能量形式，在电网供求关系变化较大的情况下，为了保证电网的供电品质，必须对电网供电进行实时均衡。而储能技术就是把电能进行转换并以其他形式储存，在必要的时候转化为动能或重力势能等。蓄能技术在环境上适应性强，配置方式灵活，建设周期短。随着我国逐步加大能源结构转变力度，储能在电力系统中的地位日益突出。储能技术的应用范围涵盖发电、输电、配电和终端使用等各个环节（见表1-2）。

表1-2　储能应用场景

电表前（集中式）		用户侧（分布式）
发电侧	输配电侧	户用、工商业
◆电力调峰	◆缓解电网阻塞	◆电力自发自用
◆辅助动态运行	◆延缓输配电扩容升级	◆峰谷价差套利
◆系统调频		◆容量电费管理
◆可再生能源并网		◆提升供电可靠性

资料来源：HIS-Market、派能科技招股说明书、储能产业生态体系与发展前景课题组。

具体而言，储能在新型电力系统中的全过程都发挥着重要作用。在发电环节，储能技术可以帮助平衡可再生能源的间歇性和波动性，提高电力系统的灵活性和稳定性。在输电环节，储能可以用于调峰填谷、平衡负荷和电网频率，提高电网的可靠性和稳定性。在配电环节，储能可以通过储能系统的调度和控制，优化电力供需匹配，提高电网的效率和持续性。在终端使用环节，储能可以提供备用电力，应对突发需求或断电情况，提高电力供应的可靠性和质量。因此，储能技术在新型电力系统中发挥着关键的作用，为实现清洁、可持续、高效的能源转型提供了重要支持。储能在电表前和用户侧装机规模不同，在发电侧与输配电侧为大规模集中式，在用户侧则为小规模分布式，主要功能表现为：保证系统稳定性，解决电力的供需时差，提高峰值容量充足性、爬坡灵活性。当前，在这些业务中，火力发电是最大的服务对象。在碳中和的大背景下，光伏、风电等发电企业往往难以根据电网的需求进行调整，这就要求采用更加丰富的灵活电源，而储能为灵活电源提供了最好的方案。

三、全球政策利好储能行业

2016 年 4 月，约 170 个缔约方签署了《巴黎协定》。为应对全球气候变暖现象，抵御气候变暖所带来的风险，据统计，截至 2021 年底有 136 个国家（地区）都提出了碳中和的目标。主要国家或地区碳中和时间节点如表 1-3 所示。

表 1-3 主要国家（地区）碳中和时间节点

国家或地区	碳中和时间点	承诺性质	备注
中国	2060 年	政策宣示	2020 年 9 月 22 日向联合国大会宣布，努力在 2060 年前实现碳中和，并采取更有力的政策和措施，在 2030 年之前达到碳排放峰值
奥地利	2040 年	政策宣示	奥地利联合政府在 2020 年 1 月宣誓就职，承诺在 2040 年实现气候中立，在 2030 年实现 100% 清洁电力，并以约束性碳排放目标为基础
加拿大	2050 年	政策宣示	总理特鲁多于 2019 年 10 月连任，他的政策纲领以气候问题为核心，并表示会制定相关法律
美国 加利福尼亚州	2045 年	行政命令	前州长于 2018 年 9 月签署了碳中和令，通过了一项法律，在 2045 年前实现电力 100% 可再生
哥斯达黎加	2050 年	提交联合国	2019 年 12 月向联合国提交的计划确定 2050 年二氧化碳净排放量为零
丹麦	2050 年	法律规定	2018 年制定了到 2050 年建立"气候中性社会"的方案，其中明确 2030 年不再销售汽油、柴油车，支持电动汽车
欧盟	2050 年	提交联合国	2019 年 12 月公布"欧洲绿色协议"，欧盟将力争 2050 年实现净零排放目标，这一长期战略于 2020 年 3 月提交联合国
法国	2050 年	法律规定	法国国民议会于 2019 年 6 月 27 日投票将净零目标纳入法律
德国	2050 年	法律规定	德国第一部主要气候法于 2019 年 12 月生效，这部法律的导语说，德国将在 2050 年前努力达到气候中性
日本	21 世纪后半叶	政策宣示	出自 2019 年 6 月在主办 G20 之前批准的一项气候战略。主要研究碳的捕获、利用和储存，以及作为清洁燃料来源的氢的开发
英国	2050 年	法律规定	2008 年通过了一项减排框架法，要中和 80% 的二氧化碳排放量，议会于 2019 年 6 月 27 日通过了修正案，将 80% 改为 100%

资料来源：北极星电力新闻网、储能产业生态体系与发展前景课题组。

实现碳中和的关键在于能源结构改革，全球主要国家和地区都将发展储能作为能源革命中的重要环节，推出了一系列政策推动储能发展，主要政策内容包括但不限于明确储能产业重要性及战略地位、制定行业发展目标、对储能行业提供补贴及税收减免以刺激需求（见表1-4）。

表1-4　主要国家储能政策

国家	特征	核心文件	内容
美国	倾向于直接进行财政补贴，以电化学为主促进风光储能一体化进程，户用储能发展潜力更大	通胀削减法案（IRA）、投资税抵免（ITC）政策、生产税抵免（PTC）政策	用于蓄电的电池或其他技术的最低容量为5kW·h，适用6%的基本抵免或30%的奖励抵免，对分布式光储刺激较大
英国	大规模储能与户用储能并重，更为看重风电	能源网络投资计划、可再生能源支持计划第四轮	直接为新能源发电提供资金2亿英镑用于海上风电，7500万英镑用于新兴技术，1000万英镑用于已成熟的技术
日本	日本户用储能渗透率较高，仅次于德国	面向2050年的能源环境技术创新战略	将电化学储能技术纳入五大技术创新领域，提出重点研发低成本、安全可靠的先进储能电池技术
德国	实施税收减免，针对小型光伏产业	可再生能源法	取消了光伏发电装机补贴额上限，以及对电池系统的双重征税，并努力促进风能和太阳能基础设施的扩张

　　资料来源：各国政府、东方财富证券研究所、EnergyTrend储能、储能产业生态体系与发展前景课题组。

　　在众多国家的政策倾向中，以分布式光伏为重点的有美国、德国、荷兰、澳大利亚，以可再生能源发电为主的有英国、墨西哥、巴西。大多数国家直接针对促进储能行业发展的政策都以财政政策和管理政策为主。中国也推出了众多储能产业支持政策，2021年中国储能行业井喷式的发展离不开这些政策的支持。中国在2022年推出了更为细化的政策为储能行业发展助力（见表1-5）。

表1-5　中国储能行业政策

时间	发布单位	文件	内容
2021年7月15日	国家发展改革委、国家能源局	《关于加快推动新型储能发展的指导意见》	到2025年，实现新型储能从商业化初期向规模化发展转变。到2030年，实现新型储能全面市场化发展。提出要明确新型储能独立市场主体地位，健全"新能源+储能"项目激励机制

续表

时间	发布单位	文件	内容
2021 年 8 月 10 日	国家发展改革委、国家能源局	《关于鼓励可再生能源发电企业自建或购买调峰能力增加并网规模的通知》	鼓励发电企业自建储能或调峰能力增加并网规模。购买调峰资源指发电企业通过市场交易的方式，包括购买调峰储能项目和购买调峰储能服务两种方式
2022 年 3 月 21 日	国家发展改革委、国家能源局	《"十四五"新型储能发展实施方案》	积极支持各类主体开展共享储能、云储能等创新商业模式的应用示范，试点建设共享储能交易平台和运营监控系统
2022 年 10 月 9 日	国家能源局	《能源碳达峰碳中和标准化提升行动计划》	细化储能电站接入电网和应用场景类型，加快完善储能相关的技术标准、测试验收标准及安全标准
2022 年 10 月 28 日	国家发展改革委办公厅、国家能源局综合司	《关于促进光伏产业链健康发展有关事项的通知》	鼓励多晶硅生产企业直接消纳光伏、风电、水电等绿电进行生产制造，支持通过微电网、源网荷储、新能源自备电站等形式就近就地消纳绿电

资料来源：国家能源局、储能产业生态体系与发展前景课题组。

在中央政策的指引下，各省份也因地制宜推出了储能相关产业政策。其中，甘肃、湖南、浙江、辽宁等地以发展风光发电项目为主要方向，宁夏、山东、内蒙古、河北、青海、安徽、河南等地主要扶持共享储能设施建设。储能被列入北京、浙江、山西、山东、内蒙古等 25 个省份政府工作报告的工作重点。

第二节　研究内容、方法、框架及特色

一、研究内容

本书研究的核心内容是储能产业生态的未来前景，落脚点在于储能产业生态体系及其各赛道面临的问题和机遇。因此，在具体研究上需要秉持"宏观着眼，微观着手"的思路展开，既要在宏观上明确储能产业生态格局是什么、为什么会形成这样的生态格局，又要在微观上厘清储能技术的各个路线的发展进程及其比较优势，明确定位才能有的放矢。基于此，本书研究主要分为五个子问题，具体包括：第一，储能技术路线及其比较优势分析；第二，全球储能市场发展与产业生态格局；第三，中国储能产业生态与国家能源政策；第四，储能产业链配套及典型企业案例分析；第五，储能产业未来前景与重点关注方向。

五个子问题紧密关联，环环相扣，循着"研究基础—储能产业生态体系—储能技术路线—储能市场与商业模式—典型案例—未来前景"的逻辑脉络展开讨论。子问题1旨在厘清储能产业生态及其各条技术路线的优劣，为子问题2至子问题5奠定了理论和现实基础；子问题2和子问题3是分别从全球视角和中国视角观察储能产业发展动态及其方向，为子问题5提供商业分析框架；子问题4进一步分析储能产业链的配套及其典型企业，为子问题5提供鲜活的企业案例；子问题5是最终的落脚点，基于前面的子问题探索储能产业未来前景和重点关注方向。

二、研究方法

本书综合运用多种分析方法，对储能产业生态体系及其投资前景从多维度、多层次展开研究，具体包括文献分析法、实地调研法、案例分析法、比较分析法和跨学科综合研究，具体如下：

1. 文献分析法

在本书研究开展的过程中，主要借助"知网""万方""慧博"等官方平台，对国内外学术界关于"储能""能源转型"这些关键词单方向、多方向的研究理论及成果进行搜索，并基于搜寻结果整理出所需要的文献。既有文献对上述问题的讨论较多，本书基于国内外文献对技术创新协作模式及利益机制的讨论，梳理了国内外相关模式总结，在文献比较分析中汲取有益成分。以这些经过初步筛选、整理的文献为基础，运用多维度、多视角的分析方法，从中整合和抓取出所需要的理论知识部分，从而为本书的研究提供必要的理论支撑。在有了一定的理论基础后，参考众多储能相关行业研究报告的思路，分析现有报告的侧重点及优缺点，以便在撰写本书时能够吸取经验，从而尽可能全面地分析问题。

2. 实地调研法

在文献分析法的理论层面研究基础上，我们还深入储能企业生产基地等多个实地考察点，展开多视角、多维度、多方向的实地调研，从而既为本书研究的开展提供必要的现实环境支撑，也为本书最终关于投资的建议增加可行性和现实依据。

3. 案例分析法

关于储能产业的认识，尤其是美国、欧洲、日本等发达国家和地区在储能产业发展中的经验，我们运用案例分析法挖掘案例中的一般性内容，并形成理论模式。同时，对我国各地区和各相关主体形成的典型商业模式进行分析与总结，结合我国储能产业发展实际最终提出我国储能发展的重点方向和未来前景。

4. 比较分析法

本书以我国储能产业为主要研究点，以其他国家的储能产业发展为横向对比的示例，通过定性、定量的多维度分析来进行不同国家在储能方面的优劣势及未来发展方向、引导路径的对比性研究，综合各国经验，博采众长，以便进一步提升本书所提出的关于未来前景的科学性。同时，对发现的价值标的进行横向比较，能进一步明确投资的方向和思路，较为便捷和清晰地比较不同标的的优缺点，在之后的投资中做出更为合理的投资决策。

5. 跨学科综合研究

本书以专家团队为基础，构建了一个包含储能产业领域一线实务人员、行业典型代表、行业顶尖专家（包含科技专家、企业家、政府人员等）的专家清单列表，进行技术咨询、案例分析和战略咨询。基于制度视角、组织合法性视角、组织资源视角和社会网络视角，通过专家咨询、现场调研、战略研讨，把握问题实质，与实际工作部门深度互动，确保研究成果源于实践，高于实践，归于实践。

三、研究框架

本书内容主要包含现实理论基础、储能产业核心生态、未来前景三个方面，其研究框架如图 1-5 所示。

本书各章的主要内容如下：

第一章，绪论。首先，介绍了开展储能产业研究的背景。近年来，为改善气候变暖，全球都在努力通过能源结构转型的方式减少碳排放，而储能作为发展新能源的重要一环日渐受到重视，各国也出台了相关支持政策。其次，明确了本书的研究内容、方法及框架。

第二章，能源结构转型与全球格局。本章介绍了全球能源转型的历史及发展格局，并具体分析了美国、德国、日本、中国四个国家，总结了能源转型的重点、难点。随着可再生能源技术成本的下降，可再生能源对传统能源的替代作用也会越来越强。我们正处于第三次能源转型阶段，而完成转型需要政治、技术、管理和商务四个方面的共同作用。在这一过程中要不断发展新能源相关技术，处理好新能源和传统能源的关系。

第三章，储能技术路线及其比较分析。本章分析了储能产业爆发式发展的驱动因素，各项发电技术的特征及优缺点，并介绍了储能对电力行业的优化作用。储能未来发展的关键在于技术路径的选择，本章就五大技术路径进行了原理介绍，并对各项技术的具体应用场景和优缺点进行比较分析，同时还附上了各项技术的代表性企业。

第四章，储能商业模式及其产业链分析。从发电侧、电网侧、用户侧分析了储能行业的商业模式，并对主流技术的产业链及配套产业格局做了总结。在发电侧的主要商业模式是通过减少新能源弃电损失和能量时移实现储能的经济性，在电网侧主要是调峰调频、容量租赁，在用户侧则是利用储能进行套利。国内储能产业的商业模式与国外相比还不完备，未来还有很大的发展空间。

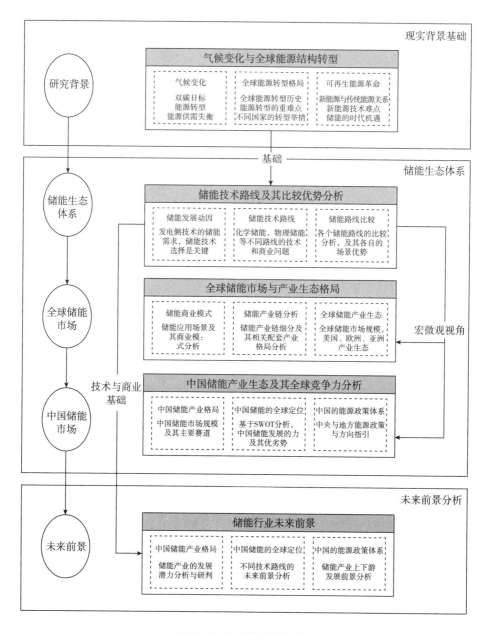

图1-5　本书的研究框架

第五章，全球储能市场发展与产业生态格局。按照不同的技术和区域分类介绍了储能的市场规模和未来发展趋势，同时重点介绍了美国、欧洲和亚洲的储能产业及生态格局，这对我国储能产业未来的发展具有一定的借鉴意义。

第六章，中国储能产业的生态及全球竞争力分析。本章以中国的储能产业现状为落脚点，对中国储能产业发展的主流技术方向进行了分析，提出了对未来发展趋势的预测，并总结了各条技术路径的产业链及重点项目，对中国储能产业在全球市场的竞争力进行了 SWOT 分析。

第七章，中国的国家能源政策体系与方向指引。着眼于影响储能产业发展的一系列政策，由宏观到微观，按照地区和技术路径对其进行分类总结。各地方的政策都做到了因地制宜，具有一定的地域特色并且相对多元化和全面。政策重点关注的技术路径可能就代表着未来的发展倾向，分析政策能帮助我们发现潜在的投资方向。

第八章，储能行业未来前景。以前述研究成果为基础，对各条技术路径及产业链中各部门的发展潜力进行分析，为确认投资方向奠定基础。

四、本书特色

本书不仅着眼于储能产业发展现状与产业发展趋势，还提出了与储能相关的投资方向和投资标的建议。第一章至第七章为分析性内容，第八章为结论性内容。

我们分析了锂离子电池技术、铅蓄电池技术、全钒液流电池技术、抽水蓄能技术、钠离子电池技术以及复合型储能技术，其中看好商业化程度较高的锂离子电池技术能迎来二次发展机遇，以及技术相对成熟的抽水蓄能技术未来规模会稳步增长，钠离子电池技术则很有可能成为继锂离子电池之后的下一个增长点。目前，铅蓄电池技术和全钒液流电池技术都还有待改进。此外，未来的储能技术一定不是单一发展的，而是向复合型储能技术的方向发展。

第二章 能源结构转型与全球格局

第一节 能源结构转型

一、世界能源结构转型的发展历程

参考张映红的《关于能源结构转型若干问题的思考及建议》一文①，能源结构是指能源总生产量或者总的消费量中各类一次能源和二次能源的构成及其比例关系。它对能源系统工程研究具有重要意义，直接关系到国民经济各部门最终的能源利用方式，并反映人民的生活水平。世界能源结构包括两个层次：一是能源体系结构，二是能源系列结构，两者分别对应的是能源结构的代际和代内转型。能源体系结构指能量密度相近、能源生产和能源利用技术程度相当的一组能源共生关系，它与人类文明发展的特定历史阶段相适应。例如，远古可再生能源体系对应的是新石器时代，传统可再生能源体系对应的是农业文明纪元，化石能源体系对应的是工业文明纪元，核能能源体系对应的是未来的智慧文明纪元。能源系列结构则是指在特定的能源体系中，各类一次能源类型之间的结构占比和相互关系，特定的能源系列的标识和代定依据通常是一些主导性能源类型，如煤炭时代、石油时代和天然气时代等。各能源时代的时间区间以世界性主导能源更迭点为划代依据，两个层级的能源结构是逐级包含的。与能源结构相对应的能源结构转型也有两个层级，分别是能源体系结构转型与能源系列结构转型。人类文明纪元与能源体系结构转型交替更迭，属于跨纪元转型，也可以称为代际转型，是人类历史上地位重要、影响深远、颠覆性强的能源结构转型。18 世纪工业革命兴

---

① 张映红．关于能源结构转型若干问题的思考及建议 [J]．国际石油经济，2021（2）：1-15.

起，蒸汽机的发明推动了煤炭取代柴薪而成为主导能源；19世纪，内燃机被发明，随之进入了以燃油为主的燃料时代；随着研究发现石油和天然气比煤炭的燃烧值更高而且污染更小，契合20世纪人们的环保理念，因此其得到大力推广。自18世纪工业革命以来，化石能源体系逐渐走向成熟，可再生能源体系拉开序幕。能源系列结构转型则是指同一个能源体系中的主导性能源的更替，例如，煤炭取代了柴薪、石油取代了煤炭、天然气取代了石油等都是属于纪元内的转型，也称代内转型。世界能源体系演替图谱、能源结构与能源结构转型分别如图2-1、表2-1所示。

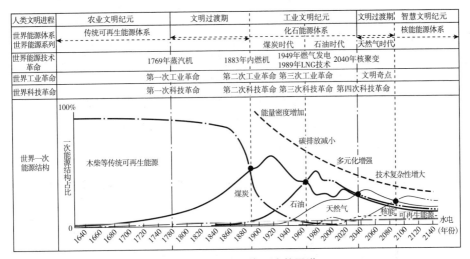

图2-1　世界能源体系演替图谱

资料来源：张映红（2021）、储能产业生态体系与发展前景课题组。

表2-1　能源结构与能源结构转型

能源结构类型	内涵	对应能源结构转型	能源转型类型	举例
能源体系结构	能量密度相近、能源生产和能源利用技术程度相当的一组能源共生关系	能源体系结构转型	代际转型	18世纪工业革命时蒸汽机的发明推动了煤炭取代柴薪成为主导能源；19世纪内燃机的发明使人类从此进入了以燃油为主的燃料时代；研究发现石油和天然气比煤炭的燃烧值更高而污染更小，因此其在20世纪得到大力推广
能源系列结构	在特定的能源体系中，各类一次能源类型之间的结构占比和相互关系	能源系列结构转型	代内转型	石油替代了煤炭，天然气替代了石油

资料来源：张映红（2021）、储能产业生态体系与发展前景课题组。

二、世界能源转型的历史背景

库兹韦尔预测 2040~2046 年为人类文明的奇点，随着人工智能和信息技术的深入发展，奇点这一理论得到进一步的证实。在人类的文明临近奇点的情况下，世界能源结构面临很大的转型和调整，从以石油为主导的传统能源结构转向以天然气为主导的低碳能源系列，以及从化石能源体系转向核能能源体系，涉及能源体系的千年之大变局。然而，随着 20 世纪 70 年代油价飙升、三里岛核泄漏事故以及切尔诺贝利核反应堆事故的发生，公众对于核能顾虑重重，目前可以取而代之的就是新能源。《联合国气候变化框架公约》第二十七次缔约方大会（COP27）于 2022 年 11 月 6~20 日在埃及沙姆沙伊赫举行，值得关注的是会议对削减化石能源的进一步妥协[①]。COP27 决议强调了推动清洁能源组合建设的重要性，不仅呼吁增加可再生能源的使用，还倡导增加低碳排放能源的推广（见表2-2）。与 COP27 谈判草稿相比，新加入的内容是低排放能源，虽然没有明显地判定低排放能源具体是哪一种，但推测很可能是天然气。经过讨论，缔约方达成了共识，决定建立一种新的资金机制，特别关注发达国家的历史排放责任和对气候脆弱国家的补偿。

表 2-2　COP26 决议、COP27 谈判草稿和 COP27 决议关于能源的表态对比

	COP27 决议	COP27 谈判草稿	COP26 决议
清洁能源	强调包括低排放和可再生能源在内的清洁能源组合的重要性	呼吁加强可再生能源在能源组合中份额的重要性	—
化石能源	逐步减少有增无减的煤电，逐步取消低效的化石燃料补贴	逐步减少有增无减的煤电，逐步取消低效的化石燃料补贴并使之合理化	逐步减少有增无减的煤电，逐步取消低效的化石燃料补贴

资料来源：《联合国气候变化框架公约》、天风证券研究所、储能产业生态体系与发展前景课题组。

三、世界能源转型的内涵

能源转型包括政治、技术、管理和商务四个方面的具体内涵（邹才能等，2021[②]），如图 2-2 所示。

---

① 李禾. 以"碳普惠"激励公众践行绿色生活　中国消费端减排方案亮相 COP27 [N]. 科技日报，2022-11-22 (008).

② 邹才能，何东博，贾成业，等. 世界能源转型内涵、路径及其对碳中和的意义 [J]. 石油学报，2021（2）：233-247.

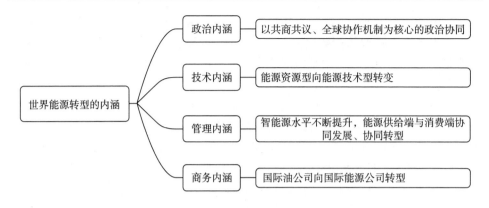

图 2-2　世界能源转型的内涵

资料来源：邹才能等（2021）、储能产业生态体系与发展前景课题组。

以共商共议、全球协作机制为核心的政治协同是世界能源转型的政治内涵（邹才能等，2021①）。截至 2022 年 6 月，《巴黎协定》的签署方高达 195 个，缔约方有 193 个，从这些数据可以看出，世界各国都在为实现碳中和做出积极的努力。

能源资源型向能源技术型转变是世界能源转型的技术内涵（邹才能等，2021②）。与传统能源相比，新能源普遍存在利用难度大、资源禀赋高等技术难点。以太阳能为例，全球陆地地表太阳照射能量达每年 17 亿吨油当量。但事实上，2019 年世界并网光伏装机容量为 580GW，总发电量为 699 亿 GW·h，相当于 0.18 亿吨油当量，太阳能利用率仅仅为 1.06%。

智能源水平不断提升，能源供给端与消费端协同发展、协同转型是世界能源转型的管理内涵（邹才能等，2021③）。努力提高资源利用率和推动能源从资源型向技术型的转变是技术的主要核心。新能源发电技术、智能电网和储能技术是智能源技术发展的三大关键领域。其中，智能电网主要是负责将电厂发的电输送到用户，在智能电网诞生以前，电网的巡护、管理、信息采集和控制大多依靠人力来完成，效率不高还费时、费力，而随着传感测量技术、通信技术等新技术的发展，电网也能实现自动化的电力传输。智能电网就是让电网智能化，相较于传统的电网，本来是由人工去做的事情，现在让系统或者机器去做，让电网自己会"思考"、会"说话"，自己控制自己，实现电网的高效运作和经济运行。

---

①②③　邹才能，何东博，贾成业，等. 世界能源转型内涵、路径及其对碳中和的意义［J］. 石油学报，2021（2）：233-247.

国际油公司向国际能源公司转型，即从传统油气生产商向综合能源生产商转型，是世界能源转型的商务内涵（邹才能等，2021[①]）。当前，在能源行业转型的背景下，很多国际油公司都向清洁化、低碳化、能源综合化转型。例如，2017年，丹麦石油天然气公司"Danish Oil and Natural Gas"改名为"ØrstedA/S"，这个新的名字与丹麦的电磁学创始人Hans Christian Ørsted的名字相关，寓意着公司开始由石油和天然气向电力迈进的新征程，这家公司现在是世界上最大的海上风电生产企业。2018年，挪威国家石油公司"Statoil"改名为"Equinor"，新更改的名字中没有"oil"，寓意着公司不局限于石油，还致力于成为一家综合型能源公司。2020年，BP公司将大小写字母做了转换，从"BP"更改为"bp"，这个决策的背后是希望能够通过小写字母传递出一种更加亲切的感觉，与人们建立起更亲近的联系，对外传达出一种友好可信的形象，这与bp公司所强调的低碳净零以及减少排放量的目标相辉映。2021年，卡塔尔石油公司"Qatar Petroleum"在当地时间10月11日宣布更名为卡塔尔能源公司"Qatar Energy"，用"Energy"替换"Petroleum"一词，显示了卡塔尔能源公司能源转型的决心[②]。这些转型的公司主要有三个特点：一是增加天然气业务的比例；二是增加能源领域和电气化领域的投资；三是转换公司运营的商业模式，由原来的能源生产转向为客户提供能源解决方案。

四、能源结构转型方向

迄今为止，人类社会已经经历了三次能源转型，目前正处于第三次能源转型阶段。第一次能源转型始于18世纪60年代，其标志性事件是瓦特改良了蒸汽机，在随后的时间里出现了性能更佳的能源煤炭，其在一次能源中占比逐渐超过木材，极大地改变了能源结构。第二次能源转型始于19世纪下半叶，19世纪80年代内燃机被发明，此后人类对石油和天然气的需求逐渐增加，从而推动了石油和天然气的规模化生产。第三次能源转型就在当下，在化石能源的需求峰值到来和人们对生态环境越来越重视的背景下，可再生能源的需求激增，未来可再生能源有可能会成为主要的需求能源。从2011~2021年的能源消费量占比可以看到，可再生能源的消费量呈逐年递增趋势（见表2-3），说明能源结构转型将由粗放、低效转向节约、高效，由黑色、高碳转向绿色、低碳，由此拉开了可再生能源革命的帷幕。

---

① 邹才能，何东博，贾成业，等. 世界能源转型内涵、路径及其对碳中和的意义［J］. 石油学报，2021（2）：233-247.

② 化工网，https://chem.vogel.com.cn/c/2021-10-15/1138050.shtml.

表 2-3　三次能源转型

	时间	主要标志
第一次能源转型	18 世纪 60 年代	瓦特制造出第一台有实用价值的蒸汽机
第二次能源转型	19 世纪下半叶	内燃机被发明
第三次能源转型	当前	可再生能源的需求激增

资料来源：储能产业生态体系与发展前景课题组。

1. 风能

全球范围内，风能资源蕴藏量丰富且分布广泛。风能是空气流动所产生的动能，是太阳能的一种转化形式。地球表面由于太阳辐射造成各部分受热不均匀，引起大气层中的压力分布不均衡，在水平气压梯度的作用下，空气沿着水平方向运动形成风。风能资源的总储量非常巨大，一年中技术可开发的能量约为 5.3MW·h。全球风能理事会（GWEC）发布的《2022 年全球风能报告》显示，要加速风能发展，到 2030 年风电年装机量需要达到现在的 4 倍，以保证全球升温限制在 1.5℃ 的目标的实现。风能应成为能源转型的守护者，行业必须确保社会和环境价值是风能的代名词。2011~2020 年全球主要国家风能消费量如图 2-3 所示。

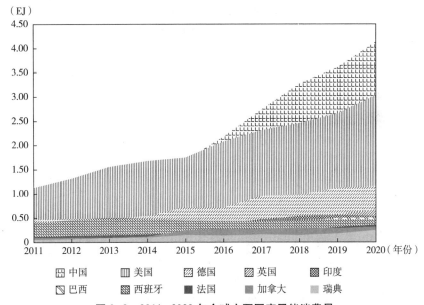

图 2-3　2011~2020 年全球主要国家风能消费量

资料来源：《BP 世界能源统计年鉴 2021》、储能产业生态体系与发展前景课题组。

（1）发展现状。2021 年，全球风电新增装机容量 93.6GW，较 2020 年下降了 1.8%（见图 2-4）。截至 2021 年，累计装机容量高达 837GW（见图 2-5），同比增加 12.8%。其中，陆上风电新增装机容量达 72.5GW，累计装机规模达到 781.5GW；海上风电新增装机容量达到 21.1GW，总体维持在一个历史高位，累计装机规模达 57.1GW（见图 2-6、图 2-7）。在风力发电方面，随着装机容量的不断增加，风力发电持续快速增长，在全球主要国家风能装机量中，中国的占比最为显著，且呈现出逐年增长的趋势（见图 2-8）。

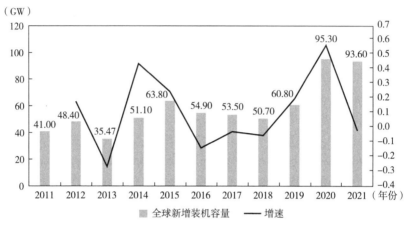

图 2-4　2011~2021 年全球风电新增装机容量统计

资料来源：《BP 世界能源统计年鉴 2022》、储能产业生态体系与发展前景课题组。

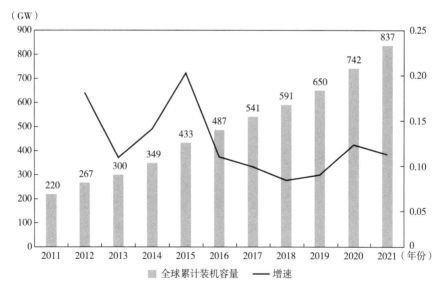

图 2-5　2011~2021 年全球风电累计装机容量统计

资料来源：《BP 世界能源统计年鉴 2022》、储能产业生态体系与发展前景课题组。

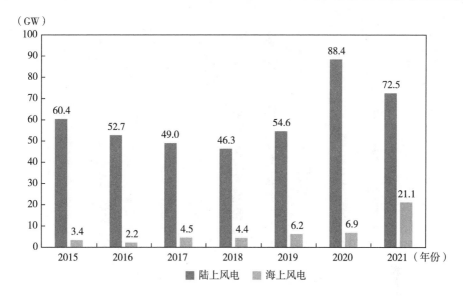

图 2-6 2015~2021 年全球风电细分市场新增装机容量统计

资料来源:《BP 世界能源统计年鉴 2022》、储能产业生态体系与发展前景课题组。

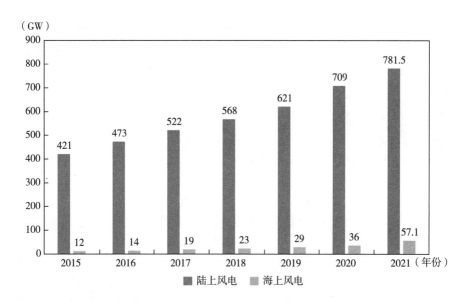

图 2-7 2015~2021 年全球风电细分市场累计装机容量统计

资料来源:《BP 世界能源统计年鉴 2022》、储能产业生态体系与发展前景课题组。

目前,全球风电在技术方面呈现两大特征:一是全球陆上风机单机容量和叶轮直径继续增加。风电机组大型化趋势愈加明显。从风机订单可知,2020 年全球

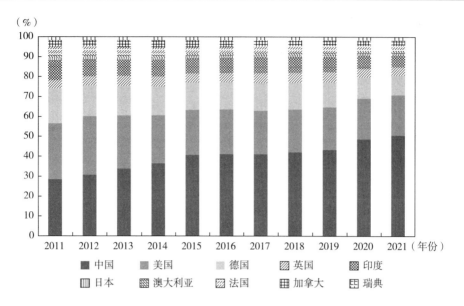

图 2-8　2011~2021 年全球主要国家风能装机量占比情况

资料来源：《BP 世界能源统计年鉴 2022》、储能产业生态体系与发展前景课题组。

陆上风机单机容量平均为 3.6MW，相比于 2019 年的全球陆上风机单机容量增加了 0.5MW，提高了 16.1%。2.99MW 及以下机型占总订单量的比例明显下降，下降了 24.9 个百分点；5MW 及以上的机型占总订单量的比例明显上升，增加了 18.8 个百分点。2020 年陆上风机的叶轮直径最小也在 110 米，最大的直径可达 170 米，2020 年的叶轮直径主要集中在 135~165 米，相比于 2019 年至少增加了 15 米。二是海上风电新增装机容量持续增长。2021 年，全球海上风电新增装机容量为 21.1GW，是新增装机容量较多的一年。截至 2021 年底，全球海上风电累计装机容量达到 57.1GW。

（2）发展前景。尽管在 2020 年受到新冠疫情的影响，但是风电产业仍然呈创纪录式增长，这一强劲的发展势头将为风电产业的后续发展奠定坚实的基础。预测 2021~2030 年，全球风电产业将持续快速增长，年均新增装机将在 125GW 左右。在碳达峰、碳中和目标的背景下，预计未来十年，中国将在全球风电市场占有一席之地，预测年均新增装机将会达到 55GW~60GW，占全球新增量的一半左右。从全球发展能源的环境来看，世界各国和地区大都积极地制定碳中和的相关政策，发展风电是实现碳中和的重要途径之一。在这样的大环境下，世界各国陆续确定了海上风电发展的目标。

在碳达峰、碳中和的背景和各国风电政策的推动下，2021~2030 年全球海上风电发展迅猛，每年平均新增装机规模将在 25GW 上下浮动，预计到 2030 年累计装机容量将超过250GW，会是2020年底累计装机容量的7倍及以上。自1991年丹麦安装了世界上第一台海上风机以来，欧洲一直扮演着海上风电产业的发源地和引导者的角色。在海上风力发电装机和风机技术创新方面，欧洲也一直保持领先地位。从招标及公布的规模情况来看，2021～2030年欧洲的海上风电新增装机规模将在90GW以上。预计海上风电在未来一段时间会成为欧洲电力结构的重要支柱。中国的海上风电迅猛发展，加上日本、韩国、越南和印度的规模化发展，中国及亚太地区将成为推动未来十年海上风电增长的重要驱动力。美国国内对于海上风电在政策上给予大力支持，预计在2023年以后美国海上风电项目会陆续并网，到2030年将会有25GW左右的项目并网。

2. 太阳能

太阳能是由太阳内部氢原子发生氢核聚变释放出巨大核能而产生的、来自太阳的辐射能量。人类所需能量的绝大部分直接或间接地来自太阳。太阳能利用可以分为光伏发电（PV）、光热发电（CSP）和太阳能热利用三个方面。2021年，全球太阳能发电新增装机容量达180GW。从2011～2020年全球主要国家太阳能消费量可以看到，全球太阳能消费量大幅增加，其中中国在十年的时间里增长了约115倍（见图2-9）。

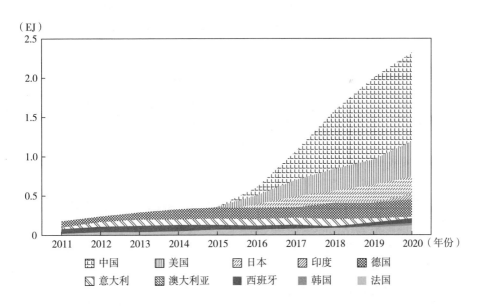

图2-9 2011～2020年全球主要国家太阳能消费量

资料来源：《BP世界能源统计年鉴2021》、储能产业生态体系与发展前景课题组。

（1）发展现状。2020年及2021年上半年，全国经济增长有所放缓，但是太阳能发电市场规模却逆势扩大，太阳能装机容量、发电量全面增长，利用太阳能发电的成本持续下降。从 2011～2020 年全球新能源消费量中计算可以得到，太阳能增长最为迅速，2020 年较 2011 年同比增长约 11 倍，可见太阳能发展速度的迅猛。2021 年，全球太阳能发电新增装机容量高达 180GW。在全球能源转型背景和更加注重能源安全的趋势下，各国将继续快速扩大太阳能发电装机规模。2011～2021 年全球主要国家太阳能装机规模情况如表 2-4 所示。

表 2-4　2011～2021 年全球主要国家太阳能装机规模情况　　单位：GW

年份	中国	美国	德国	英国	印度	日本	澳大利亚	法国	加拿大	瑞典
2011	3.1	5.2	25.9	1.0	0.6	4.9	2.5	3.0	0.6	—
2012	6.7	8.1	34.1	1.8	1.0	6.6	3.8	4.4	0.8	—
2013	17.7	11.8	36.7	2.9	1.4	13.6	4.6	5.3	1.2	—
2014	28.4	16.0	37.9	5.5	3.4	23.3	5.3	6.0	1.8	0.1
2015	43.5	21.7	39.2	9.6	5.4	34.2	5.9	7.1	2.5	0.1
2016	77.8	33.0	40.7	11.9	9.7	42.0	6.7	7.7	2.9	0.2
2017	130.8	41.4	42.3	12.8	17.9	49.5	7.4	8.6	2.9	0.2
2018	175.0	49.8	45.2	13.1	27.1	56.2	8.6	9.7	3.1	0.4
2019	204.6	59.1	48.9	13.3	34.9	63.2	13.0	10.8	3.3	0.7
2020	253.4	73.8	53.7	13.5	39.0	69.8	17.3	12.0	3.3	1.1
2021	306.4	93.7	58.5	13.7	49.3	74.2	19.1	14.7	3.6	1.6

资料来源：《BP 世界能源统计年鉴 2022》、储能产业生态体系与发展前景课题组。

在技术支持方面，一是光伏电池效率不断提高。在电池研发层面，从 2021 年 7 月美国国家可再生能源实验室（NREL）发布的光伏电池片最佳实验室效率可以得出结论：光伏电池片的最佳实验室效率不断提高，其中多结类电池效率最高，达 47.1%；新型电池技术中，钙钛矿—晶硅串联叠层电池最高效率为 29.5%；晶硅电池（不包括晶硅薄膜电池）转化效率为 23.3%～27.6%；有机电池、染料敏化电池等转换效率较低，为 13.0%～18.2%。新型电池效率的突飞猛进，助推光伏产业的新一轮迭代与变革。二是制造业产业链各环节产能、产量均有所增长。截至 2021 年底，全球多晶硅料、硅片的产能分别为 88 万吨和 415.1GW。2020 年，全球太阳能级多晶硅产业进一步向中国转移，产能前十的多晶硅企业中 7 家是中国企业，分别是四川永祥、新疆大全、江苏中能、新特能源、东方希望、亚洲硅业和内蒙古东立。中国的一些新建企业在技术、设备、电价、生产成本方面的竞争优势非常显著。

（2）发展前景。虽然 2020 年的新冠疫情给全球太阳能发电的发展带来了一定的冲击，但是 2021 年显示出较快的恢复速度，这也呈现出未来将会有一个向好的发展空间。2021 年，全球太阳能发电新增装机容量 180GW，同比增长 38%，其中光伏发电占据了绝大部分，光热发电占比较少，只有 110MW，不足太阳能发电的 0.1%。中国、美国、德国、印度、日本和澳大利亚六个传统光伏大国引领全球太阳能发电装机市场，其中，中国的新增装机规模尤为突出。此外，欧洲地区的意大利、法国、西班牙、波兰、荷兰，中东地区的沙特，亚太地区的韩国、菲律宾、印度尼西亚、马来西亚、泰国，美洲地区的墨西哥、巴西、阿根廷也会有较多增量。

3. 氢能

随着全球气候压力的推升及能源转型的加速，氢能以其清洁、灵活、高效和应用场景的丰富等众多优势备受全球瞩目。氢能是指氢和氧进行化学反应释放出的化学能，氢能具有能量密度大、零污染、零碳排等优点，非常符合 21 世纪对能源的要求。正因如此，氢能被誉为人类追求的终极能源。通过电解水制氢把能储存起来，而且氢能可以和二氧化碳合成油品、甲醇和一些化学原料等。对于传统能源（如煤）而言，一般在炼钢的过程中会利用焦炭，而焦炭炼钢会产生大量的二氧化碳排放，0.5 吨标准煤一般要排放 1.8 吨二氧化碳，但是相比之下，氢气还原氧化物时产生水，这样就不会有二氧化碳的排放，所以氢能是一个非常有发展潜力的新能源，尤其是在如今碳达峰、碳中和的背景下，随着可再生能源比例的提高，氢能的重要性将日益凸显。

（1）发展现状。根据中国氢能联盟研究院统计显示，占全球 GDP 44% 的 20 多个国家中，已经有 9 个国家制定了完整的国家级氢能战略，有 11 个国家正在制定国家级氢能战略，另外占全球 GDP 38% 的 14 个国家虽然没有出台氢能发展战略，但是已经在支持氢能试点和示范项目，还有 17 个国家的政府和利益相关者正在就氢能进行首次讨论。[①] 截至 2020 年，全球氢能产业规模持续增长，燃料电池的出货量已超过 1300MW。自 2021 年 2 月以来，全球范围内启动的大型氢能开发项目共 131 个，截至 2021 年 6 月底，全球已经建成 595 座加氢站。

从产业结构层面分析，截至 2021 年 6 月底，中国已成为全球拥有加氢站数量最多的国家，高达 160 座；其次为日本，147 座；再次是德国的 91 座。2020 年，燃料电池在交通运输领域的使用量最大，接近 1000MW；其次是固定式燃料

---

① 雪球网，https：//xueqiu.com/4866021334/210401684。

电池，为 324.8MW。关于使用地区，亚洲地区的使用量占比最高，高达 69%；其次是北美洲的 19% 和欧洲的 11%。

在制氢技术攻关方面，目前主要由研究机构主导，重点和难点在于攻关电解水设备的催化剂和将氢气进行提纯，或者是探索其他的制氢技术路线，如光催化机理。北京大学、南方科技大学、中国科学院福建物质结构研究所、中国科学院大连化学物理研究所等相关团队均发布了有关催化剂的相关研究，这些研究成果的发布将为催化剂领域带来新的突破和进展：一方面，显示出电解水设备不仅是国家重点支持的方向，也是整个行业的大势所趋；另一方面，显示出它的进步空间和创新空间很大，整体发展水平有待提升。

（2）发展前景。氢能的重点大多在如何制氢方面，目前很多国家都在利用新能源来制氢，新能源制氢是相比于传统制氢技术的一种新的方法，就是利用新能源如生物质能、太阳能、风能等可再生资源制氢。新能源制氢又可以分为化学能制氢、风电和光电制氢、生物质制氢技术等。这些方法或多或少因为一些缺点限制了它们的发展，如生物质能制氢的缺点就在研发方面，技术进展非常缓慢并且需要攻克气化制氢热裂解制氢技术的难题；风电、光电制氢方面，虽然其技术层面的基本问题已经解决，但缺点是成本太高，与煤制氢技术相比经济效益较低。这些都是未来要攻克的难题。从世界范围来看，氢能越来越受到各国政府、能源生产企业、装备制造企业和研究机构的关注（黄清鲁、赵丽丽，2022）。国际氢能委员会预测，到 2050 年，全球的氢能占总能源的比重大约是 18%，整个氢能产业链产值将超过 2.5 万亿美元。这一预测展示了氢能产业的巨大潜力和发展前景。目前，全球氢能处于快速发展的前期阶段，随着各国政府和机构越来越重视及持续的投入，在未来的几年内全球氢能将会迎来快速发展的重大机遇。

4. 水电

水力发电是研究将水能转换为电能的工程建设和生产运行等技术经济问题的科学技术。水力发电利用的水能主要是蕴藏于水体中的位能。为实现将水能转换为电能，需要兴建不同类型的水电站。水电是一种清洁能源，不仅具有零排放和环境友好的特点，而且能够灵活地调节电力峰值。目前在全球供电系统比较紧张的情况下，世界各国普遍优先利用水电。中国无论是已经明确的水资源蕴藏量还是可以开发的水能资源，都居于世界第一①。从图 2-10 中可以看出，中国的水电消费量居世界领先地位。

---

① 百度百科，https://baike.baidu.com/item/水电/9959731。

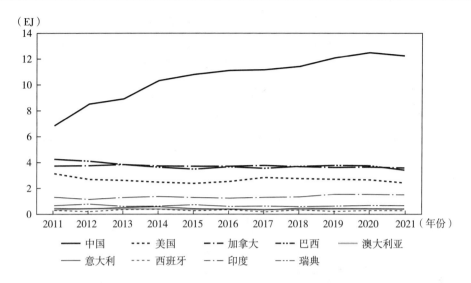

图 2-10　2011~2021 年全球主要国家水电消费量
资料来源：《BP 世界能源统计年鉴 2022》、储能产业生态体系与发展前景课题组。

（1）发展现状。通过分析全球水力发电行业装机容量可以发现，2017~2021
年全球每年新增装机容量维持在 20W 左右，2021 年新增水电装机容量为 26GW。
2017~2021 年，全球累计水电装机容量呈逐年增长的态势，从 1272GW 增长到
1360GW，5 年间增长了 6.9%，年均增长率为 1.7%。全球水力发电行业水电发
电量显示，随着全球水电装机容量的提升，水力发电量将呈现增长趋势。由于
2021 年全球许多地方干旱面积增大，导致 2021 年全球水力发电量有所下滑。从
国家层面来看，全球累计水电装机容量前五位的分别是中国、巴西、美国、加拿
大、俄罗斯。其中，表现最突出的是中国，水电装机容量高达 391GW，占全球
的 29%；其次是巴西的 109.4GW 和美国的 101.9GW，占比分别为 8% 和 7%。

（2）发展前景。目前，水电是支持低碳发展的重要组成部分，全世界一半
的电力都是水电提供的。根据 IEA 公布的数据，2020 年，在各类清洁能源的发
电量中，水电的贡献大于其他可再生能源（包括风能、太阳能、生物能源和地热
能）的总和。随着碳中和成为全球热议的话题，水电作为重要的可再生能源，装
机规模不断扩大。放眼全球，大约有一半的水电经济尚未被开发利用，其中最有
潜力的是新型经济和发展中的经济体[①]。风能、太阳能、氢能、水电的形成、技
术特征及发展前景如表 2-5 所示。

---

① 智研瞻产业研究院的《中国水力发电行业市场前瞻与投资战略规划分析报告》。

表 2-5　四种新能源的形成、技术特征及发展前景

能源种类	形成	技术特征	发展前景
风能	全球风能蕴量巨大且分布广泛。风能是空气流动所产生的动能，是太阳能的一种转化形式。地球表面由于太阳辐射造成的各部分受热不均匀，引起大气层中的压力分布不均衡，在水平气压梯度的作用下，空气沿着水平方面运动形成风	全球陆上风机单机容量和叶轮直径仍继续增加；海上风电新增装机容量持续增长	尽管在 2020 年受到新冠疫情的影响，但是风电产业仍然呈创纪录式增长，这一强劲的发展势头将为风电产业的后续发展奠定坚实的基础
太阳能	太阳能是由太阳内部氢原子发生氢核聚变释放出巨大核能而产生的、来自太阳的辐射能量。人类所需能量的绝大部分都直接或间接地来自太阳	光伏电池效率不断提高；制造业产业链各环节产能、产量均有所增长	2020 年的新冠疫情给全球太阳能发电的发展产生极大的障碍，但仍有一定幅度的增长，这可以从侧面看出太阳能发电是未来能源发展的一个趋势
氢能	氢能是指氢和氧进行化学反应释放出的化学能，氢能具有能量密度大、零污染、零碳排等优点，非常符合 21 世纪对于能源的要求，因此氢能被称为人类的终极能源	重点和难点在于攻关电解水设备的催化剂和将氢气进行提纯，或者探索其他的技术路线	氢能的重点大都放在如何制氢方面，目前很多国家都在做的是利用新能源来制氢，新能源制氢是相比于传统制氢技术的一种新的方法，就是利用新能源如生物质能、太阳能、风能等可再生资源去制氢
水电	水力发电是研究将水能转换为电能的工程建设和生产运行等技术经济问题的科学技术。水力发电利用的水能主要是蕴藏于水体中的位能。为实现将水能转换为电能，需要兴建不同类型的水电站	—	随着"碳中和"成为全球热议的话题，水电作为重要的可再生能源，装机规模不断扩大，放眼全球，大约有一半的水电经济尚未被开发利用，其中最有潜力的是新型经济和发展中的经济体

资料来源：百度百科①、雪球网②、黄清鲁和赵丽丽（2022）、《中国水力发电行业市场前瞻与投资战略规划分析报告》、储能产业生态体系与发展前景课题组。

---

① https：//baike.baidu.com/item/水力发电/501119.
② https：//xueqiu.com/4866021334/210401684.

第二节　全球主要国家的能源格局

自 2021 年以来，全球的能源消费增速明显放缓。根据 BP 公司统计数据，2002~2012 年，世界一次能源消费总量由 138.8 亿吨标准煤增加到 180.3 亿吨标准煤，平均每年增加 4.2 亿吨标准煤，年均增速为 2.7%，增速较快，主要的原因是中国经济的高速发展。后来的几年就明显疲软，2012 年世界一次性能源消费增速为 1.4%，2013 年为 2.0%，2014 年为 1.1%，2015 年为 1.0%，都显著低于 2002~2012 年的平均增速，原因可能有两个：一是一些发达国家在经历 2008 年的金融危机后，经济尚未复苏，能源需求量较小；二是新兴市场国家经济增速明显放缓及对于产业结构的调整导致能源需求下降。到目前为止，以煤炭、石油、天然气为代表的化石能源在能源消费中的主体地位仍然难以撼动，但是全球能源结构在逐步发生变化。从图 2-11 可以看到，石油、煤的比重确实很大，但是整体呈现明显的下降趋势，天然气、核能、水电和可再生能源随着时间的推移呈上升趋势，世界各个地区的能源结构都在发生变化。自第二次工业革命以来，首先形成了以煤炭为主的能源体系，然后到 20 世纪石油和天然气的消费量需求旺盛，石油逐渐取代煤炭成为最主要的能源。一直到现在，尽管有核能等一些其他的能源相继出现，但是由于这些能源或多或少受到技术、成本等因素的影响，难以大面积普及，因此石油仍是最重要的能源。尽管短期内化石能源的主导地位不会被撼动，但是它与整个世界的发展理念有些相悖。受到气候变化、技术进步发展等一些因素的影响，未来的能源体系以及世界能源格局将会发生巨大的变化。

2015 年 12 月召开的巴黎气候大会通过的《巴黎协定》中提到，要把全球平均气温比工业化之前水平的升幅控制在 2℃ 之内，到 2030 年全球碳排放量控制在 400 亿吨，2080 年左右实现净零排放，并努力将气温升幅限制在 1.5℃ 之内，21 世纪下半叶实现全球温室气体的净零排放[①]。如果要达到这个目标，到 21 世纪的下半叶时，全球要基本结束能源时代，开启低碳甚至是零碳能源体系，此时的能源体系是以新能源和可再生能源为主体。因此，世界各国纷纷加大新能源的研发力度，采取一定的措施来应对气候变化，未来能源结构的趋势走向大体相同。化石能源在一次能源消费中的比重明显下降，尽管石油价格有所上涨，但是在一次

---

① 联合国网，https：//www.un.org/zh/climatechange/paris-agreement。

能源消费中的比例会有所下降。而天然气将会成为增长最快的化石能源，预计到 2030 年取代煤炭成为第二大燃料。除此之外，非化石能源的占比将会迅速增加，其中可再生能源的表现尤为突出。

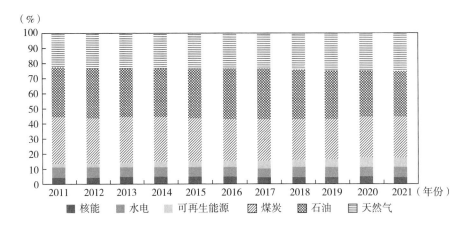

图 2-11　2011~2021 年全球新能源消费量占比（分类型）

资料来源：《BP 世界能源统计年鉴 2022》、储能产业生态体系与发展前景课题组。

一、美国

自 2000 年之后，美国在石油、天然气、核能、可再生能源等能源消费方面一直位居世界前列。美国在 2005 年就开始能源结构的转型，当时采用的是稳健的能源转型模式，即"中基值、双增长、单替代"。2007 年美国的石油消费基本已经定型，往后石油在一次性能源结构中占比在 37.55%~39.29%，水电和核能占比基本稳定在 11% 左右，所以美国采用"石油+核能+水电"这种模式作为能源转型的基系（张映红，2021），在 2019 年基值接近 50%。2005 年，煤炭的消费达到顶峰，结束了长达 34 年的持续增长，随后就开始震荡下行。2019 年与 2015 年相比，美国煤炭产量、消费量和燃煤发电量分别下降了 61.54%、49.63% 和 48.35%，下降幅度最大的就是燃煤发电。2011~2021 年美国主要能源消费量如表 2-6 所示，占比情况如图 2-12 所示。

表 2-6　2011~2021 年美国主要能源消费量　　　　　　单位：EJ

年份	核能	水电	可再生能源	石油	天然气
2011	7.93	3.14	3.25	34.9	23.7

续表

年份	核能	水电	可再生能源	石油	天然气
2012	7.67	2.7	3.5	34.1	24.77
2013	7.82	2.62	3.99	34.66	25.45
2014	7.85	2.49	4.30	34.9	26.00
2015	7.81	2.39	4.53	35.61	26.77
2016	7.84	2.54	5.13	35.86	26.97
2017	7.79	2.84	5.6	36.21	26.64
2018	7.76	2.76	5.88	37.08	29.58
2019	7.76	2.71	6.20	37.02	30.62
2020	7.54	2.67	6.65	32.52	29.95
2021	7.40	2.43	7.48	35.33	29.76

资料来源:《BP 世界能源统计年鉴 2022》、储能产业生态体系与发展前景课题组。

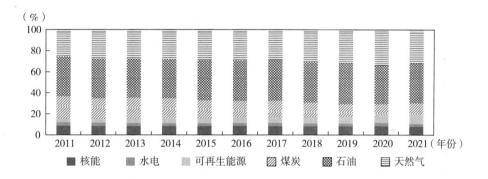

图 2-12　2011~2021 年美国主要能源消费占比情况

资料来源:《BP 世界能源统计年鉴 2022》、储能产业生态体系与发展前景课题组。

受益于页岩气革命,以美国为首的一些美洲国家成功开发了油气资源,页岩气背后的技术主要是水平井和分段压裂,这项技术的应用使美国的天然气市场发生了巨大的变化。水平井和分段压裂是美国开采石油和天然气的一项主流技术。如今,超过 50% 的原油开采和 60% 以上的天然气开采已经使用这项技术。由于这项技术的大规模普及,美国已经是全球最大的原油和天然气生产国,在不久的将来,美国将成为能源净出口国。得益于页岩气技术的重大突破,2009 年,美国天然气产量达到了 5840 亿立方米,首次超越俄罗斯成为全球最大的天然气生产国。2015 年美国天然气产量已经远超俄罗斯大概 2000 亿立方米,加上受页岩气革命的推动,美国的天然气价格大幅度降低,天然气发电已经超过了煤炭发电,使得温室气体排放持续降低。在可以预见的未来，美国将实现天然气的自给自足并且会有富余供应出口。随着非常规油气开发日渐成熟，实现规模化的趋势日益明显。2015年左右美国取消了原油出口的限令，已经向二十多个国家开始出售能源。美国在2020年8月石油产量攀升至近1200万桶/日，根据BP公司的预测，美国可能将在2030年成为石油净出口国，这将使美国的"能源独立"战略成为现实。由于页岩气革命的兴起，整个能源贸易市场的流向开始发生改变，涉及贸易流向、能源市场、应对气候变化和地缘政治等方面都正在经历重大调整。2019年，美国的可再生能源占比约为12%，已经超过了煤炭成为美国的第三大能源，可再生能源中增长最快的是风能和太阳能，目前在一次能源中的占比分别为3.11%和1.28%，风能占比较高的原因是海上风电发展潜力较大，这其中离不开美国政府的大力支持：一方面，美国政府在风电行业提供投资税收抵免和生产税收抵免政策；另一方面，美国政府预计会提供1350万美元支持在2030年之前实现海上风能装机容量30GW的目标。近年来，美国太阳能新增装机容量也在创新高，价格因素的影响是比较大的，太阳能光伏系统价格下跌，2010～2020年，价格从5.79美元下降到1.25美元，跌幅约为78.4%，平均每年下跌超过7%。价格大幅下降，引发对太阳能的需求激增。美国能源部的SunShot计划在2030年将太阳能价格降低50%，预计在2050年仅仅是太阳能就能满足美国电力33%的需求量。水能的供给较为稳定，在一次能源中占比约为2.69%，水能主要是用来发电，满足用电需求，2020年美国水力的发电量为2910亿千瓦·时；生物质能占比约4.69%。

当前，美国的能源政策主要有三个目标：一是保证能源供给的安全性；二是保证能源能以相对较低的价格满足经济所需；三是要兼顾环境保护。这三个能源目标构成了当前能源行业的"不可能三角"，即能源供给安全、能源价格低廉和环境保护三个目标不可能同时实现。美国能源转型突破"不可能三角"的关键是可再生能源的技术突破，这样使可再生能源能够以低成本持续稳定地获得。

二、德国

德国在煤炭、核能、可再生能源领域都处于世界的前列，但是德国基本不生产石油，天然气和水电的生产量相对来说也比较少。德国的煤炭和核能产量在20世纪80年代初就分别在世界第三、第五的位置上，2019年虽然有所下滑，但也处于世界第八位；可再生能源消费量居世界第三位；一次能源消费在1990年开始转入下降期。德国的能源结构转型开始于2000年，总体采用的是两步法错峰代替，能源转型基系主要是石油、天然气和水电。其中，石油和天然气间存在2个百分点的微幅替代，石油平均为35.48%，天然气平均为22.5%，石油和天然气在58%左右小微浮动,加上水电的1.37%,德国的能源转型基系基本稳定在59.37%,所以德国只余下40%左右的能源进入这轮转型中(张映红,2021)。比如,2020年德国一次能源消费构成基本满足这个比例:石油是第一大能源来源,占比34.14%;天然气第二,占比25.40%;水电第六,占比1.38%;石油、天然气和水电的比例总和为60.92%,在58%附近波动,可再生能源第三,占比19.74%;煤炭第四,占比14.64%;核能第五,占比4.70%。2011～2021年德国主要能源消费量及占比情况分别如表2-7、图2-13所示。

表2-7 2011～2021年德国主要能源消费量 单位:EJ

年份	核能	水电	可再生能源	煤炭	石油	天然气
2011	1.03	0.18	1.24	3.28	4.73	2.91
2012	0.94	0.21	1.40	3.37	4.70	2.92
2013	0.92	0.23	1.45	3.47	4.80	3.06
2014	0.91	0.19	1.58	3.33	4.67	2.66
2015	0.85	0.18	1.83	3.29	4.67	2.77
2016	0.78	0.20	1.82	3.20	4.76	3.06
2017	0.70	0.19	2.08	3.01	4.87	3.16
2018	0.69	0.17	2.16	2.90	4.63	3.09
2019	0.68	0.19	2.31	2.25	4.66	3.21
2020	0.58	0.17	2.44	1.81	4.22	3.14
2021	0.62	0.18	2.28	2.12	4.18	3.26

资料来源:《BP世界能源统计年鉴2022》、储能产业生态体系与发展前景课题组。

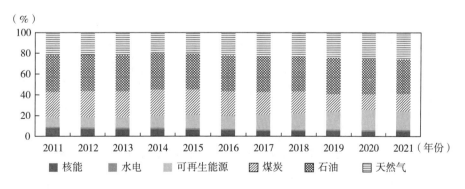

图2-13 2011～2021年德国主要能源消费占比情况

资料来源:《BP世界能源统计年鉴2022》、储能产业生态体系与发展前景课题组。

相比于美国的能源转型基系不同的是，德国是天然气，而美国是核能。事实上，德国传统核能起步还是比较早的，仿星器等核聚变技术都处在世界领先水平。但是，全球最先开始对核能进行替代的国家也是德国，是在日本福岛核事故后替代的速度加快。2000～2019 年，核能在一次能源结构中的占比从 11.95% 降至 5.09%。2011 年 8 月，《原子能法》第 13 号修正案生效，撤销了《原子能法》第 11 号修正案中分配给每个运行中的核电厂的额外剩余电量。每个正在运行的核电站许可证都受到限制，所有设施最迟将在 2022 年底关闭。根据《原子能法》第 16 号修正案，德国联邦宪法法院决定，为核电厂运营商提供适当的财务补助。对煤炭的替代开始于 2014 年，2000～2014 年煤炭在一次能源结构中的占比基本稳定在 24.68%，2014 年之后开始下降，2014～2019 年，煤炭在一次能源结构中的占比从 25.31% 极速降至 17.53%，下降约 30.7%，平均每年下降约 5 个百分点。2018 年 6 月德国政府成立了增长、结构变化和就业委员会，该委员会于 2019 年 1 月提交的报告中写到，建议到 2038 年完全淘汰燃煤发电。如果在条件允许的情况下，可以将淘汰时间提前到 2035 年，这一选择将在 2032 年进行评估。作为子目标，该委员会还建议到 2022 年关闭容量为 12.5GW 的燃煤电厂，到 2030 年关闭 25.6GW 的燃煤电厂。此外，委员会建议为煤矿地区、煤矿工人、纳税人和燃煤电厂所有者提供数十亿欧元的过渡性援助。2019 年，根据该委员会的建议，德国政府已经批准向受影响地区提供 400 亿欧元的过渡性经济援助。关于大力发展可再生能源方面，在 2010 年的能源政策中规划了德国可再生能源发电和总能源供应的目标，即到 2020 年，可再生能源在一次性能源消费中占比为 18%，与欧盟的目标基本持平；努力将可再生能源占比在 2023 年提高到 30%，在 2040 年达到 45%，并在 2050 年达到 60%。而在可再生能源中，风能和太阳能是主要的来源，其次是生物质能和水力发电。2010 年德国政府发布了名为能源政策文件，并在 2011 年进行了补充完善，该政策的核心目标是到 2050 年，实现德国能源体系转变为高效的、可再生能源主导的低碳和无核化能源系统，主要目标包括三个方面：在效率优先原则下，减少所有行业的能源消费；只要有经济和生态意义，就直接使用可再生能源；用以可再生能源为基础的电力，来满足剩余的能源需求。为了实现能源转型，德国政府制订了以下计划：以 2008 年为基准，2020 年德国一次能源消费要下降 20%，2050 年要下降 50%；关于可再生能源的发电，2020 年至少要达到 35%，2030 年要达到 50%，2040 年要达到 65%，2050 年要达到 80%。

三、日本

受福岛核事故的影响，日本的能源结构转型比美国和德国晚一些，从 2015

年后才真正开始。2020 年日本的化石能源发电占到总量的 76.3%，其中石油占到 6.3%，煤炭占到 31%，天然气占到 39%，这些化石能源在燃烧时都会产生温室气体，对地球变暖会产生影响，而不产生温室气体的核电和可再生能源分别占到 3.9%和 19.8%。在可再生能源的 19.8%之中，占比较高的是太阳能发电，占比为 7.9%，其次是水力发电，占比为 7.8%，占比较低的为生物发电（2.9%）、风力发电（0.9%）、地热发电（0.3%）。2012 年日本采用了"FIT 制度"后，太阳能发电的比例大幅增加。"FIT 制度"是一种新能源补贴政策，一种固定价格收购制度，就是对可再生能源产生的电力，电力公司会按照固定的且较高的价格来收购，之后会对可再生能源的利用进行补贴。[①] 这样做的目的是鼓励投资者对新能源（风能、太阳能、潮汐能等）领域进行投资，新能源的技术成本相比于传统能源还是比较高的，通过一系列的补贴政策，能够解决行业的高成本问题，最终达到与传统能源相竞争的目的。日本采取"FIT 制度"后，效果还是比较显著的。根据日本新能源开发机构的报告，由于采用了"FIT 制度"，太阳能发电量从 2012 年的 5.6GW 成长到了 2019 年的 49.5GW，增加了近八倍，尤其是非住宅用的发电比例，2012~2019 年比例从 16%迅速上升到 78%，平均每年增长约 50%。2011~2021 年日本主要能源消费量及占比情况分别如表 2-8、图 2-14 所示。

表 2-8　2011~2021 年日本主要能源消费量　　　　单位：EJ

年份	核能	水电	可再生能源	煤炭	石油	天然气
2011	1.55	0.82	0.34	4.62	8.78	4.03
2012	0.17	0.76	0.38	4.88	9.37	4.44
2013	0.14	0.78	0.45	5.07	8.96	4.45
2014	—	0.80	0.56	4.99	8.51	4.49
2015	0.04	0.83	0.72	5.03	8.17	4.27
2016	0.16	0.77	0.75	5.02	7.93	4.19
2017	0.27	0.76	0.91	5.10	7.81	4.21
2018	0.45	0.77	1.01	4.99	7.56	4.17
2019	0.60	0.70	1.09	4.91	7.32	3.89
2020	0.39	0.73	1.20	4.56	6.49	3.75
2021	0.55	0.73	1.32	4.80	6.61	3.73

资料来源：《BP 世界能源统计年鉴 2022》、储能产业生态体系与发展前景课题组。

① 百度百科，https://baike.baidu.com/item/FIT/13876891。

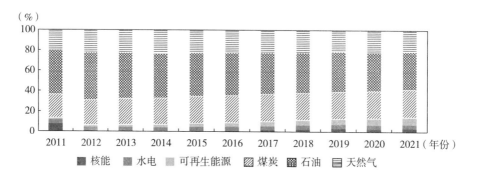

图 2-14　2011~2021 年日本主要能源消费占比情况
资料来源：《BP 世界能源统计年鉴 2022》、储能产业生态体系与发展前景课题组。

　　2018 年，日本在《能源基本计划》中提出，预计在 2030 年的电力占比中，化石燃料将下降至 56%，可再生能源发电和核能的占比共 44%，其中核电占比为 20%~22%，具有多能并举的特征。该计划对于化石能源采取比较笼统的指标，主要原因是化石能源在日本一次能源结构中的占比非常高，达到了 87.45%，但是日本本土自然资源匮乏，初级能源产品的供给除了核能主要依靠进口，未来可能需要根据国际化石能源市场的趋势做进一步调整。在过去的半个多世纪里，日本的三大化石能源的总体发展趋势是比较清晰的，就是减油、增煤、增气。

　　日本的石油在一次能源中占比于 1972 年达到最高（约为 77%）之后开始震荡下行，目前占比约为 40%。与之相关的是天然气的占比越来越高，目前占比达到 20.84%。在福岛核事故以后，天然气成为日本电力系统中的重要能源。20 世纪 70 年代多次出现石油危机以及 2000 年以后国际油气的价格持续上升，导致煤炭也占有重要地位，且在 2014 年的《能源基本计划》中被定义为日本"重要基本负荷电源"之一，2017 年在一次能源结构中占比达到高位，为 26.97%。预计在 2030 年后，整体煤气化联合循环发电系统（IGCC）和整体煤气化燃料电池发电技术（IGFC）两类技术会将整体的发电效率分别提高到 50% 和 55%。结合日本新一代核聚变技术的进展，初步判断在未来 10 年石油的下降幅度将超过煤炭。日本能源结构转型采用的是"中基值、双增长、单降或双降"的模式，就是对于现有化石能源份额（87.45%），将其中的 56 个百分点纳入转型基系中，所剩下的约 31 个百分点用于转型替代（张映红，2021）。在转型基系中，预计天然气和煤炭在 2030 年的占比为 32%~34%，对于石油的需求就会低于 28%。虽然日本是弃核派，但是现在面对能源比较紧缺的情况，短期内还无法完全放弃对核能的使用，所以核能将快速发展并且可能会超过福岛核事故前的水平，占比约为 13%，而可再生能源占比可能达到 22%，但是这一部分有很大的不确定性。综上所述，日本要想实现 2018 年制订的《能源基本计划》中的目标，具有一定的难度和障碍，但是，如果日本达到了该计划中的目标，基本上就能做到 50% 的能源自给自足。

四、中国

中国的能源结构转型采取的是"煤炭为主、多能互补"的模式，这是由国内"富煤、贫油、少气"的能源分布所决定的（国内的煤炭资源非常丰富，煤炭在中国的能源结构中起着非常重要的作用），并且这种能源模式在一段时间内不会发生根本性的改变。中国需要采用"中高基值、三增长、双接替"的能源转型模式。其中，"三增长"是指天然气、可再生能源、核能在一次能源占比的增长；"双接替"是指对煤炭和石油的接替，其中，对石油的替代在 2030 年后进行（张映红，2021）。有预测表明，中国的煤炭消费量到 2025 年左右会呈明显下降趋势，2030 年煤炭在能源消费总量中的比例将降至 50% 以下。① 由图 2-15 可以看到，煤炭占能源消费总量的比重很高，2001～2020 年最高时占比达到 75.6%，可见煤炭在我国能源结构中的重要性。从发展趋势可以看出，石油的占比是比较稳定的，没有大幅度的变动。一次电力及其他能源占能源消费总量的比重逐渐增加，在 2020 年达到了峰值 8%。与此同时，天然气的比重也在逐年递增。中国的能源转型以"煤炭+石油+水电"为基系，自中华人民共和国成立以来就一直大力发展水电站，如今我国的水力发电量高居世界首位，在非化石能源中占有极其重要的地位。中国的核电起步相对较晚，但是其发展势头强劲，毫不逊色。根据国家能源局发布的数据，截至 2022 年 9 月 13 日，中国在运核电机组达到 45 台，总装机容量为 45.9GW，位列世界第二。2020 年，中国的核能发电量超过了法国，仅次于美国，成为世界第二核电大国。中国工程院院士杜祥琬出席能源年会暨第 11 届中国能源企业高层论坛时发言称，我国技术可开发的风能资源约为 3500GW②。截至 2021 年底，全国累计并网风电装机 328GW，由此可见风能的开发量还不足 1/10，未来风能有很大的发展空间。在全球化石能源向清洁能源转化的过程中，我国通过这十年已经赶上甚至有所超越。根据 2021 年的统计，全球十大光伏生产企业中，中国占有 8 家；全球最大的十个整机放电生产企业中，中国占有 6 家；全球最大的十大动力电池生产企业中，中国也是占有 6 家。这说明在这一轮能源革命推动工业革命和社会文明进步当中，中国已经站在了并跑甚至领跑的位置。2011～2021 年中国主要能源消费量及占比情况分别如表 2-9、图 2-15 所示。

---

① IEA. Short-term Energy Outlook［R］. 2020.
② 北极星风力发电网，https：//news. bjx. com. cn/html/20191205/1026074. shtml。

表 2-9   2011～2021 年中国主要能源消费量   单位：EJ

年份	核能	水电	可再生能源	煤炭	石油	天然气
2011	0.83	6.83	1.16	79.71	19.41	4.87
2012	0.93	8.52	1.49	80.71	20.36	5.43
2013	1.05	8.92	1.99	82.43	21.27	6.19
2014	1.25	10.33	2.45	82.48	22.11	6.78
2015	1.59	10.80	2.90	80.92	23.80	7.01
2016	1.97	11.11	3.78	80.19	24.56	7.54
2017	2.28	11.16	5.06	80.56	25.86	8.69
2018	2.70	11.42	6.37	81.05	27.12	10.22
2019	3.18	12.08	7.38	81.70	28.49	11.10
2020	3.32	12.50	8.52	82.38	28.74	12.12
2021	3.68	12.25	11.32	86.17	30.60	13.63

资料来源：《BP 世界能源统计年鉴 2022》、储能产业生态体系与发展前景课题组。

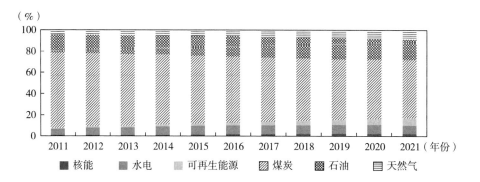

图 2-15   2011～2021 年中国主要能源消费占比情况

资料来源：《BP 世界能源统计年鉴 2022》、储能产业生态体系与发展前景课题组。

目前，中国是全球碳排放量最大的国家之一，为了实现从 2030 年前碳达峰到 2060 年前碳中和的顺利转型，中国面临着重大的挑战和困难。如今部分发达国家已经实现了碳达峰，正在积极地向实现碳中和过渡。因为各国和地区实现碳中和所用的手段不同，所以发展年限也会有很大的差异。比如美国从 2007 年开始，预计在 2050 年达到碳中和的目标，中间要用 43 年，而欧盟要用 71 年。对于中国来说，从碳达峰到碳中和只有 30 年的时间。根据国家能源局的最新数据，中国的风电、太阳能发电等新能源发展有大幅度的提升，装机规模保持快速增长。中国已经建立起完备的新能源产业链体系，新能源开发建设成本不断下降，风电、光伏发电已全面进入平价无补贴、市场化发展的新阶段。随着 2021 年GDP 稳步增加，能源生产也在稳步上升，能源安全问题进一步得到保障。

总体来看，上述国家的能源转型政策基本是一国一策，结合本国经济的实际状况与产业结构等因素因地制宜，确定适合自己国情的转型模式和路线（见表2-10）。展望未来，能源转型是大势所趋，但这并不是一路坦途。

表 2-10　主要国家的能源发展格局

国别	能源转型模式	能源转型基系	能源发展
美国	中基值、双增长、单替代	石油+核能+水电	受益于页岩气革命，以美国为首的一些美洲国家的油气资源得以开发，页岩气背后的技术主要是水平井和分段压裂，这项技术的应用使美国的天然气市场发生巨大的变化，现在，美国已经是第一大天然气生产国，根据BP公司的预测，美国可能将在2030年成为石油净出口国，美国的"能源独立"战略将成为可能
德国	稳健	石油+天然气+水电	全球最先开始对核能进行替代的国家是德国，在日本福岛核事故后替代的速度加快。2019年，根据委员会的建议，德国政府已经批准向受影响地区提供400亿欧元的过渡性经济援助。关于大力发展可再生能源方面，2010年德国政府发布能源政策文件，核心目标是到2050年，德国的能源体转变为高效的、可再生能源主导的低碳和无核化能源系统
日本	中基值、双增长、单降或双降	采取比较笼统的指标	2018年，日本在《能源基本计划》中提出，预计在2030年的电力占比中，化石燃料将下降至56%，可再生能源发电和核能共占比44%，其中核电占比为20%~22%，具有多能并举的特征
中国	中高基值、三增长、双接替	煤炭+石油+水电	煤炭消费量到2025年左右会呈明显下降趋势；2030年煤炭在能源消费总量中的比例将降至50%以下；天然气的比重也在逐年递增。我国已经具备完备的新能源产业链体系，新能源开发建设成本不断下降，风电、光伏发电已全面进入平价无补贴、市场化发展的新阶段

资料来源：《清华金融评论》[1]、百度百科[2]、储能产业生态体系与发展前景课题组。

第三节　能源转型过程中的重点和难点

一、能源转型过程中的重点

能源结构转型已经成为全球共识，而关键就在于大规模开发和利用新型能源。我们要处理好新能源和传统能源的关系。在能源转型的过程中，切不可采取

---

[1] 《清华金融评论》，https://www.shangyexinzhi.com/article/4866468.html。

[2] 百度百科，https://baike.baidu.com/item/FIT/13876891。

"一刀切"的方法，完全抛弃对传统能源的使用，整个能源的转型应是循序渐进的。目前还没有哪一种新能源能够完全地取代石油的战略地位，石油在世界一次性能源消费结构中占比高达30%。在确保能源安全的前提下，应该开展能源转型的工作。欧洲能源危机和俄乌冲突使整个世界的能源市场出现供需紧张的状况，尽管现在倡导新能源的使用并且也处在碳达峰的背景下，但是地缘风险和新能源本身存在的技术问题会对能源安全造成巨大的冲击。调查显示，除全球变暖的因素外，更值得关注的是新能源的安全问题。例如，2021年发生在美国得克萨斯州的大规模停电事件，得克萨斯州本来是石油重地，但是经过转型发展成了美国新能源发展的重要地区，其中风能、太阳能和天然气的比重较大，据说此次寒潮天气，该州西部至少有一半的风机被冻住而无法正常工作，新能源电力实施停摆，对居民的生产生活造成了巨大的影响。因此，传统能源与新能源之间应该相互协调，实现从传统能源向新能源的平稳过渡。

新型能源要能够大规模应用，才可以代替传统能源。能源的开发和利用要在技术和经济上是可行的，技术上的可行性确保了能源开发的可行性和利用的潜力，经济上的可行性确保了可持续的推广和应用，此外应该考虑环境成本等，确保单位能量的成本应该在可以承受的水平范围内[①]。例如，十多年前我国太阳能发电的成本大约在5元/kW·h，而现在大概是0.3元/kW·h，风电的发电成本则从1元/kW·h下降到了0.4元/kW·h。在世界其他地方，这些成本可能会更低。这表明新能源在价格方面的竞争力逐渐显现。根据彭博的预测，到2050年，风电和光伏发电的比例有望达到能源消费结构的50%左右。目前，化石能源在能源消费结构中占了2/3。然而，到2050年，化石能源和可再生能源的比例会进行互换，即化石能源占比从2/3变成1/3，可再生能源占比从1/3变成2/3。新能源的价格也给彭博的预测起到了很大的支撑作用，相信未来在技术愈加成熟的情况下，成本不再是限制新能源发展的一大障碍。

能源在开发、运输和使用的过程中必然会对外部环境产生影响，这种影响可能是正面的，也可能是负面的，但其影响范围应当在可以接受的限度之内，并且可以通过一些技术手段进行修正。符合这些特征的能源包括水电能、风电能、太阳能、生物质能等新能源。核能实际上也是清洁能源，但是目前的技术还不成熟，不能大规模普及，尤其是福岛核电站事故对整个世界核能工业的发展产生了巨大的影响，全球对核能的态度更加严谨，所以它的发展并不顺利。总结而言，能源转型过程中的重点如表2-11所示。

---

① 电力网，http://www.chinapower.com.cn/zx/zxbg/20201014/31924.html。

表 2-11　能源转型过程中的重点

重点	举例
处理好新能源和传统能源的关系。能源转型的过程中，切不可采取"一刀切"的方法，完全抛弃对传统能源的使用，整个能源的转型应是循序渐进的	根据调查显示，除了全球变暖的因素，更值得关注的是新能源的安全问题，如 2021 年发生在美国得克萨斯州的大规模停电事件
新型能源要能够大规模应用，才可以代替传统能源	彭博预测，到 2050 年，风电和光伏发电占比可以达到50%左右。目前整个化石能源在能源消费结构中占 2/3，到 2050 年化石能源和可再生能源的比例会进行互换，化石能源占比从 2/3 变成 1/3，可再生能源占比从 1/3 变成 2/3。新能源的价格也给彭博的预测起到很大的支撑作用，相信未来在技术愈加成熟的情况下，成本不再是限制新能源发展的一大障碍
能源在开发、运输和使用的过程中会对外部环境产生影响	这种外部影响要么是正面的，要么是负面的，但是在可以接受的范围之内，并且通过一些技术手段进行修正

资料来源：电力网[1]、储能产业生态体系与发展前景课题组。

二、能源转型过程中的难点

尽管风电能、太阳能等新能源在能源转型中扮演着重要角色，但仍然存在一些关键的问题尚未解决，而这些问题的解决对于实现真正的能源转型至关重要。

目前，很多自然因素限制风能、太阳能、水电能等资源的量。在技术基本成熟的条件下，这些资源的蕴藏量基本是确定的，并且长时间内不会有大幅度的变动。除非有局部地理或者全球气候发生突变等特殊情况，否则这些资源的可利用性相对稳定。这一点在当前很多能源转型讨论中很少涉及，但是它不可忽略。相比之下，传统的化石能源资源每一年几乎都有新的矿藏发现。当前，许多国家的新能源开发量根本不能平衡对现在以及将来资源的需求量。例如，我国目前将所有的可开发的风能、太阳能、水电都开发并且利用的情况下，依旧不能填补对于强劲资源的需求，剩余的部分仍需要大量的化石能源，这是一个很值得关注的话题。如果没有提前预见并且做好准备，能源断供将是跳崖式的，进而引发经济和整个社会的紊乱。

在新能源蕴藏量一定的情况下，要增加能源供应能力，唯一的途径就是通过先进的技术提高能源的转换效率和利用率。例如，对于风电能源来说，关键是改变其依赖传统风轮转换风能为电能的技术路线，突破贝茨理论的转换效率限制，同时降低风电能转换设备的制造难度。针对太阳能光伏利用来说，关注的核心问题是如何不断提高太阳能光伏转换的效率。目前，商业应用中的先进光伏发电的

---

① 电力网，http://www.chinapower.com.cn/zx/zxbg/20201014/31924.html。

转换效率大约为 25%，然而理论上这个效率可以提高到 70% 以上①。随着转换效率的提高，太阳能作为供应能源的供应能力可以得到大幅度提高。随着可再生能源占比的进一步提升，保障能源稳定性的需求明显增大。简单来说，风力发电、光伏发电都需要依赖自然资源，自然资源的功率输出天然不稳定，不像传统火电等可以进行人工干预，因而电力系统的发电灵活性就会明显下降。发展储能是解决新型电力系统供需匹配和波动性问题的关键。

　　相对于传统能源来说，新型能源具有间歇性和波动性强的问题，与连续、可靠、可持续稳定的能源供应要求相矛盾。比如，光伏的午间发电功率极大，但是入夜基本降至为零，与实际用电需求难以匹配。2021 年下半年欧洲地区出现天然气紧缺的情况，同时中国的煤炭紧缺情况导致能源价格大涨。其中主要的原因是极端天气导致水电和风电的发电产能不足而对火电需求明显上升。再如，光伏发电产生的是直流电，而直流电的运用情景和范围相较于交流电要小。因此，要实现光伏发电的广泛应用，需要将直流电转换成交流电。此外，光伏发电还存在波峰、波谷的阶段，这会导致部分电能无法利用，造成弃光弃电的现象。而发展储能是解决新型电力系统供需匹配和波动性问题的关键，在发展新能源的同时，必须重点发展配套的能源技术，其中最为关键的是大容量的储能设备。由于新能源系统本身调节能力有限，缺乏足够的储能设备，将导致整个系统能源供应的稳定性、可靠性和安全性根本无法保障，没有足够的储能设备，新能源无法成为主力能源。因此，发展储能技术对于实现新能源的可持续利用至关重要。近年来，中国可再生能源装机占比显著增加，从 2011 年的 27.7% 提升至 2021 年的 45.4%，根据国家能源局的目标，到 2025 年我国新能源装机占比将提升至 50% 以上。新能源发电的地位越来越重要，由此储能的发展也迫在眉睫。新能源发展中的主要瓶颈是储能技术，储能技术的作用是将富余的可再生能源存起来，在可再生能源供应不足的情况下释放储存的能量，实现能源的时空平衡。储能技术可以帮助平衡电力系统的供需关系，并提高可再生能源的利用效率。总结而言，能源转型过程中的难点如表 2-12 所示。

表 2-12　能源转型过程中的难点

难点	举例
很多自然因素限制风能、太阳能、水电能等资源的量	中国将目前所有的技术可开发的风能、太阳能、水电能都开发且利用的情况下，依旧不能填补对于强劲资源的需求，剩余的部分仍需要大量的化石能源，这是一个很值得关注的话题

① 电力网，http://www.chinapower.com.cn/zx/zxbg/20200014/31924.html。

续表

难点	举例
在新能源蕴藏量一定的情况下，要增加供应能力，唯一的途径就是通过先进的技术提高能源的转换效率和利用率	对于太阳能光伏利用来说，就是如何不断地提高太阳能光伏转换的效率，目前投入商业应用的先进光伏发电的转换效率大约为25%
相比于传统能源来说，新型能源具有间歇性和波动性强的问题	光伏发电是直流电，直流电的运用情景和范围相较于交流电要小，所以要达到广泛使用的目的，就要把直流电转换成交流电，而且光伏发电有波峰波谷阶段，会造成弃光弃电的现象。因此，在发展新能源的同时，必须大力发展配套的能源技术，其中最重要的是大容量的储能设备

资料来源：澎湃[①]、储能产业生态体系与发展前景课题组。

[①]　https：//www. thepaper. cn/newsDetail_forward_14262720？ivk_sa＝1023197a.

第三章　储能技术路线及其比较分析

第一节　储能产业爆发式发展的驱动因素

一、从发电到储能，发电侧技术对储能的需求

当前，全球已达成能源转型的共识，在这样的背景下，传统的化石能源由于其高污染、存量有限的特点逐渐被可再生清洁能源所取代。各国相继确立了碳中和目标，我国也在 2020 年首次提出了"双碳"目标，即力争 2030 年二氧化碳排放达到峰值，2060 年前实现碳中和目标。现有的电力来源主要有火力发电、风力发电、核能发电、太阳能发电、水力发电等。碳中和目标的实现需要风电等新能源产业的建设与发展。

1. 火力发电能源消耗大，污染性强

火力发电是传统的发电方式，是将可燃物在燃烧时产生的热能通过发电动力装置转换成电能的一种发电方式，需要消耗煤、石油等不可再生资源。在 20 世纪，火力发电促进了经济、科技、文明的飞速发展，但是目前火力发电面临最致命的缺点：①火力发电所使用的煤、石油等资源面临枯竭。中俄科学家发布的研究数据显示，按照如今煤炭的储量来看，其大概还能再供人类使用不到 200 年，天然气将在 57~65 年内枯竭，石油在 2050 年左右宣告枯竭。②煤、石油等化石燃料燃烧会生成二氧化碳和硫化物，二氧化碳是温室效应的"罪魁祸首"，而硫化物会形成酸雨，污染环境。

2. 风力发电成本低，但产能大小不稳定，有储能需求

风电是一种清洁的可再生能源，首先将风的动能转化成机械动能，然后把机械能转变为电能。我国风能储量大，分布广泛。缺乏燃料和交通不便的沿海岛

屿、草原牧区、高原等地带，可以因地制宜发展风力发电技术。2022 年风电装机容量约 37.63GW，同比增长 11.2%①。风力发电具有技术含量高、成本低、资源可循环、无污染等优点，但是，在一些方面略有不足：①风力发电受环境、气候影响较大。我国新疆、内蒙古和沿海地区风能丰富，但是风能随季节和天气表现出较大的波动性，有间歇性。②风能的转换效率低。③风速不稳定，产生的能量大小不稳定，导致风力发电具有较差的经济性。从风力发电侧来说，需要储能系统对风力发电产生的能量进行调节。

3. 核能发电效率高，但受地域影响，需要跨区域调配

核能也称原子能，是通过原子核聚变和裂变释放能量的形式。目前来说，核能发电利用的是裂变能。在核裂变过程中核燃料首先转化为热能，产生的热能在装置内转变为水蒸气推动发电机旋转，发电机把机械能转化为电能。核能发电相较于传统的火力发电具有明显优势：①根据核能发电原理，核能发电不会造成环境污染问题；②核燃料能源密度比化石燃料高几百万倍。具体来说，1 吨铀裂变产生的能量相当于 240 万吨标准煤燃烧产生的热量（陈国云和范杜平，2011②）；③核能发电不会使用不可再生资源，核电厂核反应堆采用的是易裂变物质做燃料，原材料成本比较稳定。同时，它也存在许多缺点，其中最重要的是安全问题，原子核在裂变过程中会产生大量的放射性物质，一旦安全防护措施不足就会产生巨大的安全隐患。历史上曾发生过两次核裂变链式反应失控的例子，第一次是福岛核电站泄漏，第二次是切尔诺贝利核电站泄漏，两次核电站泄漏事件都对周边的生态环境产生了巨大的损害。核反应堆产生的废料也存在许多放射性粒了，需要较高的成本进行安全处理。此外，核电站一般选址于人口密度相对较小、离大城市较远的地点，因而在电力的输配上需要储能技术跨区域调配（张晓鲁，2005）。

4. 太阳能发电有间歇性工作的特点，需要储能技术调和

太阳能发电理论上可以分为太阳能光伏发电和太阳能光热发电两类。太阳能光伏发电是利用光伏板上的半导体材料发生光电效应将太阳能转化为电能。太阳光伏电池由一层或两层半导体材料（通常是硅）组成。当有光线照射在电池板上时，光生伏特效应直接将光能转化为电能。光的强度越大，产生的电能越强。太阳能光热发电同样是利用太阳能进行发电的技术，但其原理较太阳能光伏发电不同，光热发电首先将太阳能转化为热能，然后将热能转化为电能，即使用聚集热能仪器来采集太阳能并转化，利用机械产生电能。由此可见，太阳能发电只需要利用照射在地球上的太阳能，不消耗任何燃料，不需要安装零部件，而且随处可用，不会面临远距离传输问题。当然，如此清洁的太阳能光伏发电也不可避免

① 国家能源局，http：//www.nea.gov.cn/2023-01/18/c_1310691509.htm.
② 陈国云，范杜平.核能发电的特点及前景预测 [J].电力科技与环保，2011，27 (5)：48-50.

地面临着一些其他问题：①太阳能光伏发电受地理位置和气候环境的影响。不同地区受太阳照射的时间长短及强度不同，同时在非晴天环境、能见度低的条件下发电效率降低。②因为光伏发电需要光能，因而系统只能在白天发电，不能在晚上发电，而人们几乎每时每刻都有用电需求，尤其是早晨和傍晚。这就产生供电侧和用电侧时间不匹配的问题，需要利用储能技术进行调和。

5. 水力发电季节性强，需要储能技术支撑

水力发电的基本原理是利用水的势能差，将高处有较大势能的水流至低处，这样水的势能转变为水轮机的机械能，再将机械能转变为电能。水电是一种取之不尽用之不竭的可再生清洁能源。修建的水利设施不仅可以用来发电，还可以调节水位流量，改善交通。但同时，水力发电投入巨大，受环境地域限制较多，季节性强，单机容量较小。

发电技术汇总如表3-1所示。

表3-1 发电技术汇总

发电技术	特点	缺点	总结
火力发电	将可燃物在燃烧室产生的热能通过发电动力装置转换成电能的一种发电方式	①火力发电所使用的煤、石油等资源面临枯竭；②污染环境	在碳中和目标下应减少火力发电，更大范围使用新型清洁发电技术
风力发电	首先将风的动能转化成机械动能，其次把机械能转变为电能。我国风能储量大，分布广泛	①风力发电受环境、气候影响较大；②风能的转换效率低；③风速不稳定，产生的能量大小不稳定，导致风力发电具有较差的经济性	风力发电成本低，但产能大小不稳定，有储能需求
核能发电	在核裂变过程中核能转化为热能，热能转化为机械能，机械能转化为电能	①原子核在裂变过程中会产生大量放射性物质，一旦安全防护措施不足就会产生巨大的安全隐患；②核反应堆产生的废料存在许多放射性粒子，需要较高的成本进行安全处理；③核电站一般选址于人口密度相对较小、离大城市较远的地点	核能发电效率高，但受地域影响，需要跨区域调配
太阳能发电	太阳能发电只需要利用照射在地球上的太阳能，不消耗任何燃料，不需要安装零部件，而且随处可用，不会面临远距离传输问题	①太阳能光伏发电受地理位置和气候环境的影响；②光伏发电系统只能在白天发电，不能在晚上发电，而人们几乎每时每刻都有用电需求	太阳能发电有间歇性工作的特点，需要储能技术调和
水力发电	水力发电的基本原理是利用水的势能差，通过将水的势能转变为水轮机的机械能，再将机械能转变为电能	受环境地域限制较多，季节性强，单机容量较小	水力发电季节性强，需要储能技术支撑

资料来源：储能产业生态体系与发展前景课题组。

二、储能前景广阔，技术选择是关键

首先，在发电侧，储能系统接入发电侧可以解决新能源发电不稳定、间歇性和不可预测性的弊端。"双碳"目标的实现需要大力发展新能源系统并网，而风光发电产能波动大，不能时刻满足用户需求，储能便应运而生。通过将低价电能储存起来，在发电侧不能满足用户需求时再将其加以利用，充当能量的"蓄水池"，起到"削峰填谷""调频调整"的作用。

其次，在电网侧，储能系统接入电网侧可以提供电压支持。传统的利用发电机组调节能量的方式已不适应新型的技术，储能系统可以在用电量少时吸收电价，在用电量集中时释放电能，在此过程中还可以调节系统频率，起到平衡电力系统短时负荷的作用。

最后，在用户侧，储能系统的接入可以实现经济性和用电稳定性。低价电能在用电少时被存储而在用电多、电价高时释放，达到了降低用户侧用电成本的目的，同时避免了用户用电过程中电能中断，保障了电能供给的稳定性，起到提高电能质量的同时降低成本的作用。

储能，即能量的存储，具体是指在某一时段能量供大于求时将能量以某种形式储存起来，并在供不应求时释放出来，发挥类似于"蓄水池"的作用来调节能量在时间和空间上供需不平衡的问题。根据中关村储能产业技术联盟（CNESA）发布的《储能产业研究白皮书2023》，截至2022年底，全球已投运电力储能项目累计装机规模237.2GW，年增长率15%[①]。可以预见，在迫切要实现"双碳"目标下，储能具有广阔的发展前景。

储能主要包括物理储能、电化学储能、电气储能、热储能和化学储能（氢能）五种（见图3-1）。不同的储能技术有不同的优势，在不同场景下根据发电

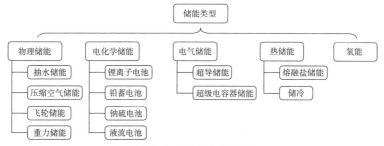

图3-1　储能技术路线

资料来源：储能产业生态体系与发展前景课题组。

---

① CNESA. 储能产业研究白皮书2023［EB/OL］. http：//www.esresearch.com.cn/pdf/? id = 290&type = report&file = remark_file.

侧和用电侧的需求可以搭配成本最低、收益最高的技术手段。因此，比较分析每一种储能技术的优势及缺点至关重要。

第二节　机械储能

一、抽水储能

抽水储能是最早在世界范围内开发应用的储能技术，早在20世纪90年代就实现了商业化应用。根据中关村储能产业技术联盟全球储能项目库的不完全统计，截至2022年，我国已投运电力储能项目累计装机规模59.8GW，占全球市场总规模的25%。其中，抽水蓄能占比77.1%（见图3-2），在过去一年里，抽水储能新增规模9.1GW，同比增长75%[①]。抽水储能是目前最广泛、最成熟的储能方式。

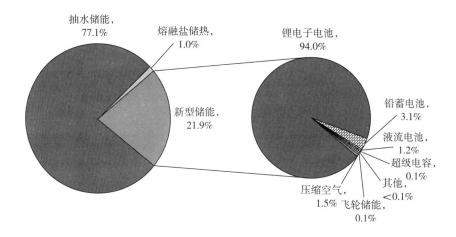

图3-2　我国各类储能技术占比

资料来源：中关村储能产业技术联盟（CNESA）、储能产业生态体系与发展前景课题组。

1. 抽水储能原理

抽水储能技术在我国储能技术中一直占据主导地位，抽水储能系统由上水库、下水库和可逆式水泵水轮机组成。当用电侧需求少时，可逆式水泵水轮机抽

---

① CNESA. 储能产业研究白皮书 2023 ［EB/OL］. http：//www. esresearch. com. cn/pdf/？ id = 290& type = report&file = remark_file.

水将低价电能转化为水的势能存储起来，而当用电侧需求较高时，可逆式水泵水轮机放水将水的势能转换高价电能，达到储能目的（见图3-3）。这样就以水为能量载体，通过电能和水的势能之间的转化实现能量的存储，而且还能利用不同用电时期的电价差达到峰谷套利目的。

图3-3　抽水储能原理

资料来源：塔斯马尼亚水力公司（Hydro Tasmania）、储能产业生态体系与发展前景课题组。

2. 抽水储能优缺点对比

抽水储能的优点包括：应用最早，技术成熟；成本低；反应速率快；使用寿命长，因此经济性能好。抽水储能的缺点：因为储能是将上水库和下水库之间水的势能差储存起来，需要时再释放为电能，所以地势差的大小是影响项目选址的重要考量因素，故受地理位置影响大，而且对选址的要求较高。

3. 抽水储能发展现状与前景

根据国际水电协会（IHA）发布的《2022全球水电状况报告》，2017～2022年，年均新增水电装机容量约22GW，其中一半以上来自中国，只有中国跟上了水电净零路径的步伐，2021年9月，国家能源局发布了《抽水蓄能中长期发展规划（2021-2035年）》。按照规划，2025年抽水储能的装机容量至少达到62GW，2030年达到120GW左右，抽水储能将迎来快速发展期[①]。

---

① 抽水蓄能中长期发展规划（2021-2035年）［EB/OL］. http：//www. nea. gov. cn/2021-09/09/c_1310177087. htm.

除政策发力外，各相关公司也在加紧抽水储能业务的项目规划。根据各公司2022年度报告，浙富控股（002266CH）公司以水电业务起家，属于国内第一梯队，公司全资子公司浙富水电被认定为"2021年省重点企业研究院"，具备成熟、领先的设计、承接抽水蓄能成套机组的技术和能力，正在积极布局抽水蓄能业务。东方电气（1072HK/600875CH）的东方研究院"清洁能源装备制造工业互联网平台"入选工信部2022年新一代信息技术与制造业融合发展试点示范，东方电气"大型清洁高效发电设备智能制造示范工厂"入选工信部2022年度智能制造示范工厂，公司在水电市场占有率保持稳定，中标了老挝东萨宏等常规水电项目和磐安、哈密等抽水蓄能项目。公司水电产品总体水平位居国内前列，贯流式、混流式等水电技术达到国际领先水平。其他相关企业还有哈尔滨电气、国电南瑞、中国能源建设、粤水电、中国电建等（见表3-2）。

表3-2　抽水储能相关企业

公司名称	股票代码	企业及抽水储能项目情况
浙富控股	002266CH	公司主要从事大中型成套水轮发电机的研发、设计和制造等。全资子公司浙富水电是浙江省唯一拥有设备生产基地的大型国产水电设备企业，2022年以来先后与华润、华能等大型电力集团以及万里扬（江山抽水蓄能）等资源的民企签署合作协议。公司与三峡已经签订战略合作协议，且有计划扩产设备落地抽水蓄能第二大省份湖北
东方电气	1072HK/600875CH	公司主要从事发电设备的研发、销售、服务，以及电站设备成套技术开发、成套设计销售及服务，是重要的高端能源装备研究开发制造集团和工程承包特大型企业之一，产品和服务遍及全球近80个国家和地区，公司拥有完善的高端能源装备制造和服务体系，可批量研制1GW等级水轮发电机组
哈尔滨电气	01133HK	中国国内生产各种发电机以及水火电机配套用的自动化控制设备的国家重点骨干企业，水电主机设备单机容量最大达1GW等级水力发电机组，占国内大型水电装机容量的50%
国电南瑞	600406CH	国家电网公司系统内的首家上市公司，拥有完善的抽水蓄能机组的成套设备，是抽水蓄能电站专业最全、技术水平国际领先的电力系统二次设备供应商，公司已参与了30多个抽水蓄能电站的建设
中国能源建设	601868CH/3996HK	是国资委管理的中央企业，业务涉及能源电力、水利水务、交通基础设施、市政工程、生态环保等领域，公司2022年利润总额增长8.4%，公司在火电建设领域代表着世界最高水平，在水电工程领域施工市场份额超过30%
粤水电	002060CH	公司具备抽水蓄能电站上下水库土建、水库的库岸防护等工程的丰富施工经验以及先进技术，2022年先后参与了广东惠州抽水蓄能电站、深圳抽水蓄能电站、清远抽水蓄能电站、阳江抽水蓄能电站、肇庆抽水蓄能电站、海南琼中抽水蓄能电站的建设

公司名称	股票代码	企业及抽水储能项目情况
中国电建	601669CH	2022年公司签约多个抽水蓄能EPC项目或施工承包项目，"十成抽蓄、九成电建"的行业领军地位持续稳固，2022年卡塔尔世界杯赛场上，由公司承建的卡塔尔首座非化石燃料发电站为这场世界级体育盛会提供了强劲的绿色能源

资料来源：各公司数据、储能产业生态体系与发展前景课题组。

二、压缩空气储能

1. 压缩空气储能原理

在压缩空气储能（CAES）系统中，当有低价电能时，空气通过压缩系统被压缩并储存在地下洞穴或废弃的矿井中。当用户侧用电需求高并且电价较高时，这种加压的空气可以释放到涡轮机上，储存在空气中的能量就通过涡轮机的膨胀系统将机械能转化为电能（见图3-4）。或者是在低温下将液化空气储存在低压绝缘的蓄水池中，与压缩空气相比，液态空气的耗损较低。压缩空气储能在原理上类似于抽水储能，也是将低价电能通过介质储存起来，即利用电力系统多余的电能压缩空气，并且将压缩好的空气储存起来，需要时再将其转换为电能，达到储能的目的。压缩空气储能技术被认为是目前具有潜力的大规模储能技术之一。

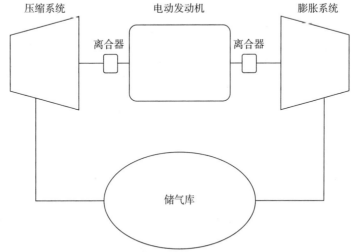

图3-4 压缩空气储能原理

资料来源：吴皓文等（2021）[1]、储能产业生态体系与发展前景课题组。

---

① 吴皓文，王军，龚迎莉，等．储能技术发展现状及应用前景分析［J］．电力学报，2021，36（5）：434-443．

2. 压缩空气储能优缺点对比

压缩空气储能技术的优点是：安全性高、储能规模大、放电时间长、使用寿命长、冷热电综合利用面广（王富强等，2022①）。压缩空气储能技术的缺点是：项目回收期长、选址受限、建设周期长。

3. 压缩空气储能发展现状与前景

压缩空气储能在我国储能市场中规模较小，据中关村储能产业技术联盟（CNESA）的不完全统计，截至 2022 年底，压缩空气储能装机规模累计占新型储能的 1.5%（见图 3-2）。目前，压缩空气储能使用场景众多，可以用于削峰填谷、电源侧可再生能源消纳、电网辅助服务以及用户侧服务。然而，目前压缩空气储能还面临需要攻克的难点。首先，压缩空气储能效率低于 75%，而重力储能公司 Energy Vault 储能效率可达 90%；其次，压缩空气储能的成本价格回收机制尚不明朗。

中储国能是中国科学院工程热物理研究所 100MW 先进压缩空气储能技术的产业化公司，专注于压缩空气储能技术的推广与应用，产业化进程已进入新阶段。2020 年中储国能获得中科创星、株洲高科领投的 1.6 亿元天使轮投资，2021年由招银国际领投，中科创星追投，联想之星、普华资本、华控基金、南京麒麟等机构跟投，融资金额 1.8 亿元。在政策的带动下，压缩空气储能将迎来新发展，表 3-3 是压缩空气储能相关企业及其相关业务介绍。

表 3-3 压缩空气储能相关企业

公司名称	股票代码	企业及压缩空气储能项目情况
佳电股份	000922CH	金坛盐穴压缩空气储能国家试验示范项目，由公司参建运行，公司为中石油、中石化储能项目压缩机配套了多套驱动电机
陕鼓动力	601369CH	公司于 2022 年 11 月与湖北楚韵储能科技有限责任公司签订了《湖北应城 300MW 级压缩空气储能电站示范工程空气压缩机组及配套和辅助系统设备订货合同》，该压缩空气储能项目在非补燃压缩空气储能领域实现"单机功率世界第一""储能规模世界第一""转换效率世界第一"，并入选"国家先进制造业和现代服务业融合发展试点"
金通灵	300091CH	在压缩空气储能项目的合作研发中承接空气膨胀产品的结构设计和工艺以及生产制造
赣能股份	000899CH	公司是江西省重点打造的电力上市企业，深耕电力生产业务多年，其子公司江西赣能上高 2×1000MW 清洁煤电项目已于 2022 年 11 月获得核准，装机规模 2000MW，目前项目各项前期准备工作正在稳步推进中

① 王富强，王汉斌，武明鑫，等．压缩空气储能技术与发展［J］．水力发电，2022，48（11）：10-15.

续表

公司名称	股票代码	企业及压缩空气储能项目情况
设研院	300732CH	该公司拥有多项先进技术，包括单井循环浅层地热能技术、地下空间压缩空气储能技术、地下空间二氧化碳封存技术、地下空间抽水蓄能技术、煤矿能源综合管理技术、瓦斯抽取及发电技术以及智能充电桩应用技术等
中储国能	未上市	这家产业化公司是中国科学院工程热物理研究所推出的，专注于压缩空气储能技术的推广应用。该公司成功获得融资 1.8 亿元，其中招银国际领投，中科创星追投，联想之星、普华资本、华控基金、南京麒麟等机构跟投。它致力于将 100MW 先进压缩空气储能技术推向产业化，并在市场上拥有广阔的发展前景

资料来源：各公司数据、储能产业生态体系与发展前景课题组。

三、飞轮储能

1. 飞轮储能原理

飞轮储能也是一种物理储能方式，是一种适合机器运行，并提供高功率和高能量密度的储能形式。在飞轮中，动能被传入和传出飞轮，根据充放电的模式不同，能量转化形式也不相同。飞轮的材料一般选用高效率、高功率密度和低转子损耗的永磁机制作。在充电时，电能通过电动机将飞轮加速旋转，电能转化为机械能。飞轮系统处于真空或者低能量损耗环境，保护飞轮旋转，在需要用电时，飞轮通过发电机将机械能转化为电能。飞轮储能原理如图 3-5 所示。

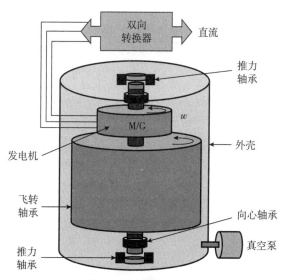

图 3-5 飞轮储能原理

资料来源：吴皓文等（2021）、储能产业生态体系与发展前景课题组。

2. 飞轮储能优缺点对比

飞轮储能的优点是瞬间功率大、使用寿命长、运行损耗低、环境影响低、充放电次数无限制、不受地理环境限制等（刘文军等，2021①）。同时，飞轮储能也有一些缺点：功率密度低，建设和维护成本高，噪声大。由于高速转动的飞轮携带的能量很高，一旦出现安全问题影响巨大。

3. 飞轮储能发展现状与前景

我国飞轮储能技术 20 世纪 80 年代才受到关注开始缓慢发展，直到 2016 年第一台兆瓦级飞轮储能电源研制成功，飞轮储能市场才进入商品化推广初级阶段。飞轮储能系统可用于不间断供电、能量回收、电网调频等场景。目前来看，对于飞轮储能系统的理论研究较为丰硕，但应用比较缓慢，技术方面与发达国家相比还存在差距，国内飞轮储能市场面临接受度低、相关标准不完善等缺陷（卢山和傅笑晨，2022②）。在我国飞轮储能市场中，已上市的公司，如国机重装，公司飞轮储能装置产品拥有完全自主知识产权，拥有专利 20 余项，其生产的 200kW 飞轮储能装置已在四川移动德阳分公司投入使用。未上市的公司如泓慧能源，现处于 B+轮融资状态，公司 2020 年成功交付平高交流能量系统项目、联合中核汇能承担内蒙古自治区"MW 级先进飞轮储能专项研究"项目、通过铁科院 CRCC 型式试验权威检测认证并承担郑州地铁示范项目、飞轮储能关键电源系统通过军队某研究院验收等项目。其余公司如广大特材、苏交科、微控新能源技术有限公司、中核汇能有限公司如表 3-4 所示。

表 3-4 飞轮储能相关企业

公司名称	股票代码/融资阶段（投资人）	企业及飞轮储能项目情况
国机重装	601399CH	目前公司飞轮储能产品技术趋于成熟，正逐步向大功率、大能量储能升级，公司产品在同行业中处于领先地位
广大特材	688186CH	已成功开发了飞轮储能转子产品，已装机运行
苏交科	300284CH	子公司交科能源已有基于飞轮储能的通用能量回收整套系统，并持有多项飞轮专利
泓慧能源	已完成五轮融资	致力于完全自主知识产权的大功率真空磁悬浮飞轮储能的研发、生产、销售和服务，完成 1 亿元人民币战略融资

---

① 刘文军，贾东强，曾昊旻，等．飞轮储能系统的发展与工程应用现状［J］．微特电机，2021，49（12）：52-58.

② 卢山，傅笑晨．飞轮储能技术及其应用场景探讨［J］．中国重型装备，2022（4）：22-26.

续表

公司名称	股票代码/融资阶段（投资人）	企业及飞轮储能项目情况
沈阳微控新能源技术有限公司	股权投资（交投润达，2022 年 2 月）	掌握了全球领先的核心技术，拥有国内、国际发明专利 40 余项
中核汇能有限公司	战略投资（中信证券、浙能电力、中国人寿、国家军民融合产业投资基金、中核产业基金、川投能源等，2022 年 5 月）	仅 2022 年底，公司多个项目在多个省份成功并网，例如，12 月，中核郯城 101MW/204MWh 储能电站成功并网，是中核集团在鲁首个并网的电网侧大型储能项目；中核阳山 300MW 农光互补项目成功并网发电

资料来源：各公司数据、储能产业生态体系与发展前景课题组。

四、重力储能

1. 重力储能原理

重力储能原理类似于抽水储能，就是在有富余电力时，利用马达将重物吊至高处，将低价电能转换作为介质的重力势能储存起来，在电力不足时，利用重物下降带动发电机发电，再将以机械能形式储存的电能释放出来，以达到储能的目的（见图 3-6）。这里的介质既可以是水，也可以是固体形态的物质。

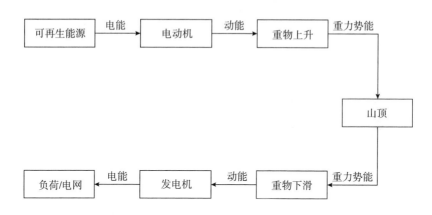

图 3-6　重力储能示意图

资料来源：侯慧等（2021）[①]、储能产业生态体系与发展前景课题组。

2. 重力储能优缺点

重力储能的优点是：整个能量转化过程中只有能量的转化，不包含化学反应，因而重力储能天生有安全可靠的特点。对选址没有要求，可以根据储能需求

---

① 侯慧，徐彭，肖振锋，等．基于重力储能的风光储联合发电系统容量规划与评价［J］．电力系统保护与控制，2021，49（17）：74-84．

灵活安装在电网侧和用电侧；如果使用密度较大的固体介质，整个过程中几乎不会发生能量损耗，因此能量转换效率比较高；项目使用寿命长，成本低，启动快。重力储能的缺点是：不适用于大型重物，能量密度低，规模化、产业化开发困难。

3. 重力储能发展现状与前景

目前来看，国内外重力储能的研究仍处于探索阶段，重力储能技术目前市场规模很小，相信随着全球新能源需求的增长，重力储能技术将会迎来新的发展。2021年，由中国天楹股份有限公司及旗下控股子公司 Atlas Renewable 携手瑞士重力存储技术公司 Energy Vault 合作开发的江苏如东 100MWh 中国首个重力储能系统项目按计划顺利进行。表3-5是本章第二节物理储能技术的小结，列出了各类物理储能技术的优缺点以及需要攻克的技术难题。

表3-5　机械储能技术对比

机械储能技术	优点	缺点	技术难题
抽水储能	容量大，工作时间长，寿命长，技术成熟，性价比高	建设周期长，选址要求高	无
压缩空气储能	容量大，充电循环次数多，寿命长，工作时间长，占地面积小，成本低	转换效率低，响应速度慢，选址十分有限，建设周期长	压缩空气的存储
飞轮储能	功率密度大，寿命长，结构化程度高	放电时间短，自放电率高，产生噪声污染	对于大功率大容量飞轮储能产品，当飞轮转子的转速超过一定数值时，就会面临技术和设计上的问题
重力储能	技术门槛较低，储能效率高，使用寿命长	对于大型重物不适用，能量密度低，规模化、产业化开发困难	室外环境的可操作问题

资料来源：储能产业生态体系与发展前景课题组。

第三节　电气储能

一、超导储能

1. 超导储能原理

超导磁能存储（SMES）可以通过一个大型的超导线圈来完成，该线圈在绝对零度附近几乎没有电阻，能够在直流电流流经它时产生的磁场中存储电能。超导线圈通过使用液氦或氮气容器保持在低温状态。一些能量损失与保持低温的冷却系统有关，但线圈中的能量损失几乎为零，因为超导体对电子流没有阻力。SMES 线圈几乎可以在瞬间释放大量的能量，并且可以在高效率下进行无限次的充电和放电循环。线圈配置、能量能力、结构和工作温度是 SMES 设计中影响存储性能的一些主要参数。超导储能示意图如图 3-7 所示。

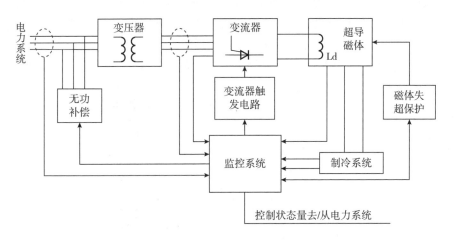

图 3-7　超导储能示意图

资料来源：曹雨军等（2021）①、储能产业生态体系与发展前景课题组。

2. 超导储能的优缺点

超导储能系统的优点是：响应速度快，可以长时间储能，能量损失少，转换效率高，不受地理位置的限制，环境影响小。其缺点是：超导材料及其绕制的超导磁体成本较高，经济型较差，因此阻碍了商业化进程。目前，可靠且经济的超导材料还处于研发阶段，发展相对受限。

3. 超导储能发展现状与前景

超导储能可用于快速调节系统瞬时功率和稳定线路暂态电压。20 世纪 70 年代期望将 SMES 作为平衡电力系统的储能装置，现在随着技术的发展，超导储能技术可以用于改善新能源发电中不稳定的问题。然而由于目前超导材料经济型较差，阻碍了超导储能进入商业化阶段。

---

①　曹雨军，夏芳敏，朱红亮，等．超导储能在新能源电力系统中的应用与展望［J］．电工电气，2021（10）：1-6，26.

二、超级电容器储能

1. 超级电容器储能原理

超级电容器是一种介于化学电池和普通电容器之间的储能元件。超级电容器与电池类似，由电解质、电极、集流体和隔膜等单元组成。根据电极材料的不同，可以分为双层电容器和赝电容器（黄亚萍，2022①）。双层电容器是最常见，也是应用最为广泛的超级电容器（郑俊生等，2020②）。双层电容器在充电时，两个电极被施加电场，在电场的作用下，电解液中的阴阳离子向两电极移动，从而形成双电层，电场撤去后，由于阴阳离子依附在两电极上，产生了电势差；在放电时，电势差使得电子定向移动形成外电流（李梦格和李杰，2019③）。这种电荷聚积过程是可逆的，放电时过程相反，由此可以看出，在超级电容器充放电时没有发生化学反应，因而可以充放电数十万次。超级电容器储能原理如图3-8所示。

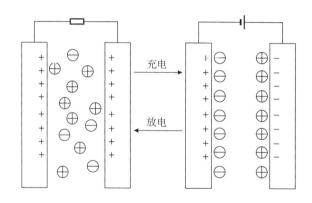

图3-8 超级电容器储能原理

资料来源：百度文库④、储能产业生态体系与发展前景课题组。

2. 超级电容器储能的优缺点

超级电容器的优点包括：电容量高，充电一次比同体积的其他电解电容器的容量高数千倍；循环寿命长，超级电容器在充放电过程中只有电荷的转移，不涉

① 黄亚萍. 超级电容器的储能特性及应用前景——评《超级电容器：材料、系统及应用》[J]. 电池，2022，52（1）：121-122.

② 郑俊生，秦楠，郭鑫，等. 高比能超级电容器：电极材料、电解质和能量密度限制原理 [J]. 材料工程，2020，48（9）：47-58.

③ 李梦格，李杰. 超级电容器的原理及应用 [J]. 科技风，2019，381（13）：177，191.

④ https：//wenku.baidu.com/view/59102cb1d4bbfd0a79563c1ec5da50e2534dd118？fr＝sogou＆_wkts_＝1670663675351.

及化学反应过程，因此可循环使用达数十万次，是蓄电池使用次数的 5~20 倍；能量密度高且功率大；充电快速；工作温度范围大。然而，超级电容器也有不可避免的缺点：单体工作电压低，实际情况下只能达到 30 伏特；需要在无水、真空等装配环境下生产；价格比较高，影响商业化进程。

3. 超级电容器储能现状与前景

据统计，2021 年中国超级电容器市场规模达 198 亿元，同比增长 28%。超级电容器充放电快但电容量小，可以作为电池的有效补充。表 3-6 列出了国内的超级电容器市场仍是美国龙头公司 Maxwell 的份额最多，超过 1/4，宁波中车紧随其后，上海奥威、江海股份、锦州凯美也占有一定的市场份额。这些企业情况如表 3-6 所示。

表 3-6 超级电容器相关企业

公司名称	股票代码	企业及超级电容器项目情况
Maxwell	未上市	自 20 世纪 90 年代开始研发超级电容器，是一家储能和输电解决方案开发商和制造商
宁波中车	未上市	主营超级电容器、机械设备，从事超级电容器实验、检测设备的批发、零售，储能系统的研发等
上海奥威	未上市	生产、销售超大容量电容器，提供超大容量电容器相关技术产品及材料的"四技"服务
江海股份	002484CH	从事电容器及其材料、配件的研发生产、销售和服务
锦州凯美	未上市	主要研发人员从"十五"时期承担重要研究发展计划，实时结合国内外市场的实际需求，现已具备生产 100 多个型号的超级电容器的能力

资料来源：各公司数据、储能产业生态体系与发展前景课题组。

两种电气储能技术对比如表 3-7 所示。

表 3-7 电气储能技术对比

电气储能技术	优点	缺点	技术难题
超导储能	响应速度快，极低能量损耗	容量小，技术不成熟，成本高，储能时间短，条件苛刻	超导材料及其绕制的超导磁体成本较高，经济型较差等因素阻碍了商业化进程；目前，可靠且经济的超导材料还处于研发阶段，发展相对受限
超级电容器储能	极其稳定，超快充放电，功率密度大	成本高，容量小，存在自放电损耗，比能量和比密度低	成本高，超级电容器的电极材料制造面临技术困难

资料来源：储能产业生态体系与发展前景课题组。

第四节　电化学储能

一、锂离子电池

锂离子电池的正极材料可以是钴酸锂、锰酸锂、磷酸铁锂以及三者结合的三元电池，负极材料可分为碳素材料和非碳负极材料，根据正极材料的不同可以分为四种不同类型的锂离子电池。电池的外壳采用钢或铝材料，电池整体具有防爆断电的功能。由于电池正负极材料有不同的电势，电池中间的隔膜限制其他离子通过而只允许锂离子移动，这样通过锂离子的移动形成了电流。锂离子电池储能如图 3-9 所示。

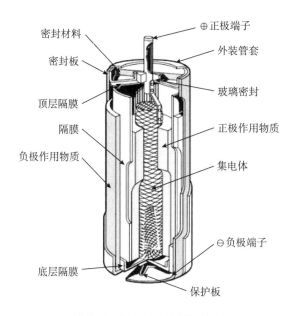

图 3-9　锂离子电池储能简图

资料来源：欣迪盟官网、储能产业生态体系与发展前景课题组。

锂离子电池能量密度大，循环寿命长，没有记忆效应①，目前锂电池的制造

---

① 记忆效应是电池因为使用而使电池内容物产生结晶的一种效应，是由于电池重复的部分充电与放电不完全所致，其会使电池暂时性地容量减小，导致使用时间缩短。锂电池无此现象。

成本随着新能源汽车市场的规模效应而不断下降（Suo et al., 2015）。电化学储能技术的核心是电池技术的研究，改善电池的性能，完善电池充放电能量利用，提高储能效率，并根据不同场景合理定制不同的储能电池系统（杨于驰和张媛，2022）。锂电池一般用于通信基站、电网、微电网等场合，因此其更注重安全性、寿命与成本。

锂离子电池储能正处于爆发期，根据高工产业研究院（以下简称GGII）的数据，2021年国内储能电池的出货量接近50GWh，而其中电力储能电池的出货量约为29GWh，同比增长高达339%。值得一提的是，目前应用最为成熟、经济性最高的是电化学储能设备。据CNESA统计，2022年中国企业在全球市场中储能电池出货量排名前十位的储能技术提供商分别为宁德时代（300750CH）、比亚迪（1211HK/002594CH）、亿纬锂能（300014CH）、瑞浦兰钧（未上市）、鹏辉能源（300438CH）、海辰储能（未上市）、派能科技（688063CH）、远景动力（未上市）、南都电源（300068CH）和国轩高科（002074CH）。表3-8中展示了一些与锂离子电池相关的企业的具体情况。

表3-8　锂离子电池相关企业

公司名称	股票代码	公司及锂离子电池项目情况
宁德时代	300750CH	宁德时代是国内首家具有一定国际竞争力的动力电池制造商，它专注于新能源汽车储能系统的研发、电池系统的生产和销售，致力于为全球新能源供应提供一流解决方案；核心技术有动力和储能电池领域，材料、电芯、电池系统、电池回收二次利用等全产业链研发及制造能力
鹏辉能源	300438CH	主要生产各种二次充电电池，是国内最早一批从事电池研发、生产和销售的企业之一，也是品种最全的专业电池生产企业之一
比亚迪	1211HK/002594CH	业务横跨汽车、轨道交通、新能源和电子四大产业。2022年上半年，比亚迪超特斯拉成为全球新能源车销售冠军
亿纬锂能	300014CH	消费电池产品涵盖锂原电池、小型锂离子电池及圆柱电池，服务于全球一线工业和消费品牌，广泛应用于智能设计、汽车电子等领域
派能科技	688063CH	派能科技专注锂电池储能产品开发和应用，提供领先的锂电池储能系统综合解决方案，公司垂直整合锂电池研发生产、电池管理系统（BMS）研发、系统集成三大核心环节，以高性能储能锂电池和先进BMS技术为核心
国轩高科	002074CH	公司主要从事锂离子电池及其材料、电池、电机及整车控制系统的研发等
南都电源	300068CH	公司经营范围包括高性能全密封蓄电池的研究、开发、生产、销售，以及燃料电池、锂离子电池的研究、开发、生产、销售

资料来源：各公司数据、储能产业生态体系与发展前景课题组。

1. 钴酸锂电池

钴酸锂电池的正极材料是一种叫钴酸锂的无机化合物。该电池的优点是：技术相对成熟，充放电性能以及低温性能好，能量密度高。但是钴作为正极金属非常稀缺，导致其成本比较高，而且安全性比较差，使用寿命较短，只能适用于小型消耗电池。

2. 锰酸锂电池

锰酸锂电池其标称电压在 2.5~4.2 伏特。与钴酸锂电池相比，锰酸锂电池制作成本低廉，所以制备起来比较容易。并且电池的安全性较好、使用寿命也更长，循环充放电次数多。锰酸锂电池的缺点是：由于锰的溶解，导致其高温性能和循环性能不佳，衰减稍快。

3. 磷酸铁锂电池

磷酸铁锂电池是目前应用比较广泛的电池，它以电池能量密度高、充放电循环性能好、使用寿命长等优势，广泛应用在风力发电和太阳能发电的储能设备中，而且正极材料低廉。磷酸铁锂电池是目前除抽水储能外广泛应用的新型储能方式，已处于商业化阶段。该电池在电子产品与电动汽车领域已有较多应用，磷酸铁锂电池的缺点是在低温条件下性能较差。

4. 三元电池

所谓三元电池，就是由上述三种材料结合而成的电池，结合的主要目的是降低钴的使用量，从而节约大量的成本。三元电池综合了以上三种正极材料的优缺点：由于减少了钴的使用，价格降为钴酸锂电池的一半，但仍为其他正极材料的 3.5~5 倍；在循环寿命、充放电性能以及低温性能方面综合了以上三种材料的优点。

总结而言，锂电池的优点就是能量密度高、充放电速度快、能量转化效率高、循环寿命已实现万次突破（见表 3-9），其中宁德时代设计的福建晋江储能电站预计能够实现电池单体 12000 次的长寿命循环。同时，锂离子电池在商业化进程中也面临一些安全隐患，而且我国锂资源存量有限，目前的锂资源存量无法支撑锂电池技术的蓬勃发展（杨于驰和张媛，2022）。

表 3-9　锂离子电池储能方式对比

锂离子电池储能方式	优点	缺点
钴酸锂电池	电芯能量密度高，充放电及低温性能好	价格较贵，安全性差
锰酸锂电池	材料价格低，使用寿命长	电芯能量密度低，高温性能差，稳定性差
磷酸铁锂电池	循环使用性能好，寿命长，材料价格低	低温性能差
三元电池	能量密度高，循环寿命长	价格较高，安全性较差

资料来源：储能产业生态体系与发展前景课题组。

二、铅蓄电池

铅酸蓄电池主要是由正极板、负极板和电解液构成。铅酸蓄电池的正负极极板均由纯铅制成，上面直接形成有效物质，有些极板用铅镍合金制成栅架，上面涂以有效物质，正极（阳极）的有效物质为褐色的二氧化铅，这层二氧化铅由结合氧化的铅细粒构成，在这些细粒之间能够自由地通过电解液。

铅蓄电池按照材料不同可以划分为铅酸电池和铅炭电池，普通铅酸电池的正极活性材料是氧化铅，负极活性材料是铅，如果在负极活性材料中混合有活性炭，就会变成铅炭电池。

1. 铅酸电池

（1）铅酸电池的工作原理。铅酸电池由正极板、负极板和电解液构成，正极为二氧化铅，负极为纯铅，电解液为硫酸溶液。充电时，正负极电极板之间形成的电势差使电解液中离子移动，到达正负极与铅离子结合形成硫酸铅；放电时，正极为二氧化铅，负极为铅。

（2）铅酸电池的优缺点。铅酸电池的优点是成本低廉，铅酸电池是工业化生产时间最长、技术最成熟的电池，其性能稳定、可靠，适用性好。它的工作电压较高、工作温度范围较大，铅酸蓄电池组成简单，再生技术成熟，回收价值高，是最容易实现回收和再生利用的电池。它的缺点也很明显：能量密度偏低。传统的铅酸蓄电池质量和体积能量密度偏低，能量密度只有锂离子电池的 1/3 左右，并且体积较大，不利于携带。铅蓄电池的循环寿命偏短，仅仅为锂离子电池的 1/3 左右。此外，铅是铅酸蓄电池的主要原材料，而铅是重金属，故铅酸蓄电池制造中存在较大的铅污染风险。旭派电池是国内为数不多的成熟掌握电池无镉内化高新技术并成功运用于生产的厂家之一，所产蓄电池绿色环保。其他相关企业还有超威动力、天能股份，其相关业务如表 3-10 所示。

表 3-10　铅酸电池相关企业

公司名称	股票代码	企业及铅酸电池项目情况
旭派电池	未上市	专业从事电池研发、制造、销售和服务的高新技术企业。旭派在动力电池、锂电池、储能电池、通讯电池、UPS 电池、起动电池、起停电池方面拥有非常丰富的产品研发与制造经验，掌控核心制造技术，是行业内为数不多的成熟掌握蓄电池无镉内化成高新技术，并成功运用于生产的厂家之一，所产蓄电池无镉无砷，绿色环保
超威动力	00951HK	一家专业从事动力型和储能型蓄电池研发、制造、销售的高新技术企业。它是行业标准制定单位，致力于动力和储能电池的研发生产，提供专业绿色能源解决方案

公司名称	股票代码	企业及铅酸电池项目情况
天能股份	688819CH	一家以电动轻型车动力电池业务为主，集电动特种车动力电池、新能源汽车动力电池、汽车起动启停电池、储能电池、3C电池、备用电池、燃料电池等多品类电池的研发、生产、销售于一体的国内电池行业领先企业

资料来源：储能产业生态体系与发展前景课题组。

2. 铅炭电池

（1）铅炭电池的工作原理。铅炭电池是铅酸电池的一种，它在负极中混有了一定比例的活性炭，是从传统的铅酸电池演进出来，加入活性炭能够显著提高铅酸电池的性能和寿命。因此，铅炭电池结合了铅酸电池与电容器的优点，它拥有良好的充放电性能。铅炭电池生产商通过提升循环次数和倍率性能最终降低储能成本。[①]

（2）铅炭电池的优缺点。铅炭电池的优点是充电非常快，相比于普通的铅酸电池，充电速度大约提高了8倍。并且铅炭电池的放电功率相比于铅酸电池也提高了3倍，循环寿命提高到6倍，循环充电次数达2000次；性价比高，能量密度可以提升到$40{\sim}60W \cdot h/kg$，功率密度可达$300{\sim}400W/kg$，性能已经接近一部分锂电池的能力，具有很好的价格优势。同时，铅炭电池也面临一些缺点：铅炭电池和铅酸电池一样体积大、重量重，不适合用于电动汽车等移动型负荷。

铅蓄电池储能方式对比如表3-11所示。

表3-11　铅蓄电池储能方式对比

铅蓄电池储能方式	优点	缺点
铅酸电池	成本低廉，性能稳定，适用性好，再生技术成熟	能量密度偏低，体积较大，循环寿命偏短，制造过程污染环境
铅炭电池	放电功率大，性价比高，能量密度高，使用寿命长	体积大，重量大，不适合移动型负荷

资料来源：储能产业生态体系与发展前景课题组。

三、钠硫电池

1. 钠硫电池的工作原理

与一般的二次电池（铅酸电池）不同，钠硫电池是由熔融电极和固体电解

---

① https：//baike.baidu.com/item/%E9%93%85%E7%82%AD%E7%94%B5%E6%B1%A0/5526624?fr=aladdin。

质组成，负极的活性物质为熔融金属钠，正极的活性物质为液态硫和多硫化钠熔盐。钠硫电池结构和工作原理如图 3-10 所示。

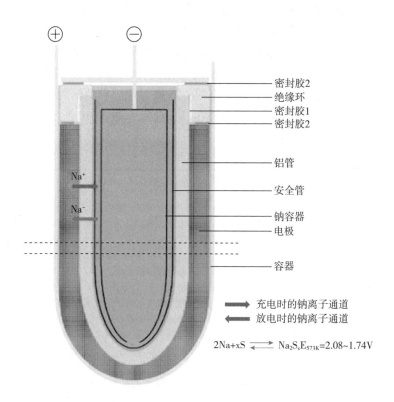

图中标注：
- 密封胶2
- 绝缘环
- 密封胶1
- 密封胶2
- 铝管
- 安全管
- 钠容器
- 电极
- 容器

Na^+　Na^-

➡ 充电时的钠离子通道
⬅ 放电时的钠离子通道

$2Na+xS \rightleftharpoons Na_2S_x E_{573K}=2.08\sim1.74V$

图 3-10　钠硫电池的结构和工作原理
资料来源：胡英瑛等（2021）[①]、储能产业生态体系与发展前景课题组。

2. 钠硫电池的优缺点

钠硫电池的优点是比能量（电池单位质量或单位体积所具有的有效电能量）高，其理论比能量为 $760W \cdot h/kg$，是前文提到的铅酸电池的 3～4 倍。另外，钠硫电池也可以大电流、高功率放电，其放电电流密度一般可达 $200\sim300mA/cm^2$，瞬时可放出其 3 倍的固有能量。由于钠硫电池采用固体电解质，因此没有通常采用液体电解质二次电池的自放电反应，充放电电流效率几乎为 100%。钠硫电池的缺点是其工作温度在 300～350℃，温度比较高，因此在电池工作时需要一定的加热保温。这也造成了钠硫电池的安全性很差。此外，钠硫电池的便携性较差，

---

① 胡英瑛，吴相伟，温兆银. 储能钠硫电池的工程化研究进展与展望——提高电池安全性的材料与结构设计 [J]. 储能科学与技术，2021，10（3）：781-799.

即钠硫电池作为方便式储充设备具有较差的可移动性。

3. 钠硫电池的现状与前景

钠硫电池目前多家公司正在布局，正处于加紧研发阶段，是一种充电电池，主要依靠钠离子在两极板内的移动来产生电能。钠离子电池安全性高，正负极材料易得，寿命长，并且投资成本低、回报高。钠离子的存量较锂离子多，规模化应用后成本会进一步降低。钠离子电池商业化在即，其中，中科海钠于2021年投运全球首套1MWh钠离子电池储能系统；宁德时代已启动钠离子电池产业化布局，2023年已形成基本产业链。钠硫电池相关企业如表3-12所示。

表3-12　钠硫电池相关企业

公司名称	股票代码	企业及钠硫电池项目情况
宁德时代	300750CH	宁德时代是国内首屈一指、拥有国际竞争力的动力电池制造商之一。它们专注于新能源汽车动力电池系统和储能系统的研发、生产和销售，致力于为全球新能源供应提供一流的解决方案。在动力和储能电池领域，宁德时代拥有材料、电芯、电池系统、电池回收二次利用等全产业链的研发和制造能力，以确保在电池行业中保持领先地位
华阳股份	600348CH	业务板块涵盖汽车电子、精密压铸、精密电子部件以及LED照明等，近年来重点围绕汽车电动化、智能化、网联化、轻量化进行产品布局，拥有较为全面的汽车电子产品线，精密压铸产品中汽车关键零部件种类日益丰富，并积极开拓其他业务板块在汽车领域的应用，逐步建立起产业链竞争优势
中科海钠	未上市	中科海纳是国内首家专注于钠离子电池开发与制造的企业，成立于2017年。2021年12月，中科海钠官宣联手三峡能源（600905.SH）等公司，在安徽阜阳建设1GWh的钠离子电池规模化量产线

资料来源：各公司数据、储能产业生态体系与发展前景课题组。

四、液流电池

液流电池又名氧化还原电池。液流电池由点堆单元、电解液、电解液存储供给单元以及管理控制单元等部分构成，是利用正负极电解液分开，各自循环的一种高性能蓄电池，根据其电解液中活性物质可分为全钒液流电池、铁铬液流电池和锌溴液流电池。

1. 全钒液流电池

（1）全钒液流电池的工作原理。全钒液流电池是一种采用钒作为活性物质的循环流动的液态新型电池。这种电池寻找硫酸电解液中不同价态的钒离子来存储电能，利用外界机械力的作用使这些离子在不同的储液罐和半电池的闭合回路中循环流动，隔膜使用质子交换膜制成的电池组，电解液溶液则通过电极表面的平行流动发生电化学反应，并且电流会被双电极板收集和传导（见图3-11）。

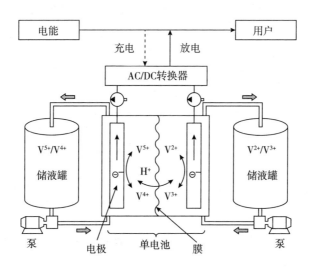

图3-11　全钒液流电池的工作原理

资料来源：朱顺泉等（2007）①、储能产业生态体系与发展前景课题组。

（2）全钒液流电池的优缺点。全钒液流电池的优点是：应用范围非常广泛，可应用在风能发电、电网调峰以及新能源电动车电源等各个方面；充放电性能非常好，电容量高，并且相比于铅蓄电池的高污染，该电池的制作过程绿色环保无污染；在该电池的反应过程中，也不会产生氢气等气体，无爆炸风险，安全性非常高，可深度放电而不影响电池寿命。

然而，全钒液流电池也存在着很多缺点：首先，能量密度低，但同时又是液流电池，所以占地面积大。其次，在储能技术中，存在成本费用过高，很难大规模、大面积应用的问题，并且生产技术还不稳定，一些关键性的技术亟待攻克。大连融科是全球领先的全钒液流电池储能系统服务商，由大连融科储能集团股份有限公司和中国科学院大学大连化学物理研究所共建，已成为全球领先的全钒液流电池全产业链开发、完整自主知识产权及高端制造能力的服务商，其他全钒液流电池相关企业还有北京普能、上海电气储能科技等，如表3-13所示。

---

① 朱顺泉，孙婳荣，汪钱，等．大规模蓄电储能全钒液流电池研究进展［J］．化工进展，2007（2）：207-211.

表 3-13　全钒液流电池相关企业

公司名称	股票代码/融资情况	企业及全钒液流电池项目情况
大连融科	未上市	全球领先的全钒液流电池储能系统服务商，成立于 2008 年，由大连融科储能集团股份有限公司和中国科学院大连化学物理研究所共同组建，已成为全球领先的拥有全钒液流电池全产业链开发、完整自主知识产权及高端制造能力的服务商
北京普能	未上市	主营产品为钒电池、储能系统、液流电池；PVC 板材、PVC 管件、磁力泵、变频器
上海电气储能科技	Pre-A 轮融资	公司经营范围包括储能装备、储能系统、储能模块、电堆、电池关键材料、电池管理系统以及储能电站系统的设计、集成、制造与销售

资料来源：各公司数据、储能产业生态体系与发展前景课题组。

2. 铁铬液流电池

（1）铁铬液流电池的工作原理。2020 年，国电投公司开发的铁铬液流电池在河北省张家口市光储示范项目中正式投产运行，这是铁铬液流电池技术在我国储能项目中首例百千瓦级项目，对铁铬液流电池在可再生能源等领域的应用具有里程碑式的意义。

铁铬液流电池使用铁离子的不同价态和铬离子的不同价态分别作为正极和负极，通常使用盐酸或者硫酸作为支持电解质，水作为溶剂。铁铬液流电池工作原理及应用场景如图 3-12 所示。

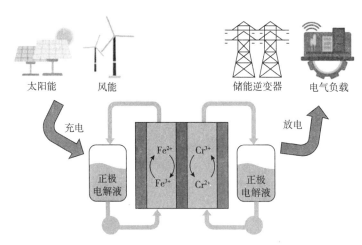

图 3-12　铁铬液流电池的工作原理及应用场景

资料来源：房茂霖等（2022）[①]、储能产业生态体系与发展前景课题组。

---

①　房茂霖，张英，乔琳，等．铁铬液流电池技术的研究进展［J］．储能科学与技术，2022（11）：1358-1367.

（2）铁铬液流电池的优缺点。铁铬液流电池的优点是：由于铁资源丰富，因此制作的成本较为低廉，具有更强的可持续发展性；它相较于锂电池具有较高的安全性，易扩容；废旧电池易于处理，电解质溶液可循环利用。铁铬液流电池还有一个优点是适应性强，运行温度范围广，并且其电解质溶液的毒性和腐蚀性相对较低，对环境危害小。

铁铬液流电池的缺点是：由于铬离子本身化学活性较差、易老化，因此电池不稳定；在电池运行期间，正负极活性物质的穿膜交叉反应导致自放电，也会使电池容量减小，电池性能下降。

3. 锌溴液流电池

（1）锌溴液流电池的工作原理。锌溴液流电池是液流电池的一种，属于能量型储能，能够大容量、长时间地充放电。该电池的正、负极电解液均为溴化锌的水溶液，电解液通过泵循环流过正/负电极表面（见图3-13）。充电时锌附着在负极上，而在正极生成的溴在电解液中经过反应，络合成油状物质，于是水溶液中的溴含量大幅度减少，并且由于该物质密度大于电解液，会在液体循环过程中逐渐沉积在储罐底部，因此大大降低了电解液中溴的挥发性，提高了系统安全性。

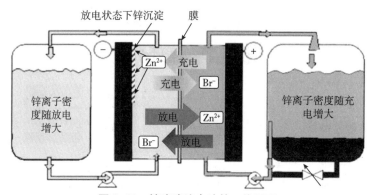

图3-13　锌溴液流电池的工作原理

资料来源：孟琳（2013）[①]、储能产业生态体系与发展前景课题组。

（2）锌溴液流电池的优缺点。锌溴液流电池的优点是：具有较高的能量密度；由于正负极两侧的电解液完全一致，因而也不存在电解液的交叉污染；相比于传统的电池，锌溴液流电池的电解液流动有利于电池系统的热管理；电解液为水溶液，且主要反应物质为溴化锌，因此系统不宜出现着火、爆炸等事故，安全性高。造价低廉，电极和隔膜材料的组成主要是塑料，其中不含重金属成分，使其具备可回收利用的特性，并且对环境十分友好。

---

① 孟琳. 锌溴液流电池储能技术研究和应用进展［J］. 储能科学与技术，2013，2（1）：35-41.

锌溴液流电池的缺点是：锌溴液流电池会面临溴挥发和泄露的风险。溴是锌溴液流电池中的重要组成部分，但同时也是一种易挥发的物质。在电池运行过程中，溴的挥发和泄露可能导致电池性能下降，甚至会对环境和人体健康造成危害。

液流电池储能技术对比如表 3-14 所示。

表 3-14　液流电池储能技术对比

液流电池储能方式	优点	缺点
全钒液流电池	应用范围广泛，充放电性能非常好，电容量高，电池制作过程绿色环保无污染，安全性非常高，可深度放电而不影响电池寿命	能量密度低，占地面积大，成本费用高，难以大规模应用，关键技术不成熟
铁铬液流电池	制作成本低廉，具有更强的可持续发展性；具有较高的安全性；寿命高，可循环利用；适应性强，运行温度范围广；对环境危害小	电池不稳定，容量较低
锌溴液流电池	较高的能量密度；对环境危害小；安全性高；造价低廉	能量密度低

资料来源：储能产业生态体系与发展前景课题组。

第五节　热储能

一、熔融盐储能

1. 熔融盐储能的原理

熔融盐储能是利用不同介质之间的温度变化达到储能目的。当介质吸收自然界中的辐射或太阳能等使自身温度升高时，也可以利用电能升温，将能量以热能的形式储存；当环境温度低于介质温度时，储热介质将自身的热能释放出来并转化为电能，实现能量转化和存储。熔融盐储能原理如图 3-14 所示。常见的熔融盐介质有硝酸盐、卤化物、碳酸盐和氟化物。

2. 熔融盐储能的优缺点

熔融盐储能的优点是：投资成本低，技术简单；利用熔融盐作为介质，传热性能好、比热容大，储热时间长；安全性能高。同时，熔融盐储能也面临不少缺点：氟化物作为介质存在成本高且有毒性的缺点；氯化物存在腐蚀性较高的缺点；碳酸盐具有高黏度，易分解，因此限制了其应用范围（王海军等，2017）。此外，在熔融盐储能中，能量转化过程为"电能—热能—电能"，能量转化效率低，受限于热发电场景。

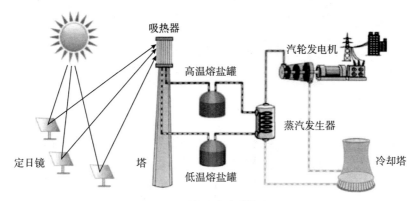

图 3-14　熔融盐储能的原理

资料来源：SolarReserve[1]、储能产业生态体系与发展前景课题组。

3. 熔融盐储能现状及发展趋势

熔融盐储能目前可细分为光电发热、清洁供热、移动设备供热、火电灵活改造以及综合能源服务五大应用场景。熔融盐储能因其安全性高，成本低于锂电池，有望迎来长时发展。首航高科是国内唯一一家典型的光热发电全产业链布局的公司，表 3-15 列出了熔融盐储能相关企业以及熔融盐储能项目简介。

表 3-15　熔融盐储能相关企业

公司名称	股票代码	熔融盐储能项目情况
首航高科	002665CH	主要从事光电发热、电站节水、清洁供暖等领域的研发、设计、制造、建设及项目总承包等服务。分别建投 10MW 和 100MW 的塔式熔岩光热发电项目，公司是国内唯一一家光热发电全产业链布局的公司
西子洁能	002534CH	主营业务涉及余热锅炉、生物质锅炉、燃气锅炉、盾构机等新设备的咨询、研发、生产、销售、安装服务。承建浙江省最大用户侧熔融盐储能项目，也是国内目前已建的最大规模熔融盐储能项目
山东北辰	835020CH	公司是一家专业制造销售军工核安全设备；热泵系列设备；提供清洁能源供暖的高新技术企业
三维化学	002469CH	是一家集化工化石技术和产品研发、工程技术服务生产销售于一体的特色化学科技公司。承接的"中广核德令哈 50MW 槽式光热电站"EPC 是国家首个商业化光热电站项目

---

[1]　https：//share. america. gov/salting-away-renewable-energy-for-future-use/.

公司名称	股票代码	熔融盐储能项目情况
蓝科高新	601798CH	2018年完成我国首个白兆瓦级熔融盐塔式光热电站熔融盐储罐制造安装项目后，2019年承揽迪拜950MW光热光伏混合电站项目

资料来源：各公司数据、储能产业生态体系与发展前景课题组。

二、储冷

1. 储冷的原理

由于峰谷电价差的存在，夏季用电高峰主要体现在制冷负荷方面，因此蓄冰制冷技术应运而生。利用这种技术，当电价较低时，制冰机开始制冰并将所储存的冷量保存下来；而在用电高峰期间，当电价较高时，制冰机停止制冰，同时利用之前所储存的冷量来制冷，从而实现能源利用在时间上的转移，降低了运行费用和成本。许多项目，如上海世博会中国馆、北京电信枢纽机房等都应用了这一技术。

目前，主要的储冷方式包括显热储冷、相变储冷及热化学储冷（喻彩梅等，2021）。相变储冷拥有远大于显热储冷的能量密度，并且较热化学储冷容易实现冷量存储及释放的循环，是目前受关注最多、使用最广泛的储冷方式（Zhai et al.，2013）。

2. 储冷的优缺点

储冷技术的优点是可靠性高，能量利用率高，能量密度高；缺点是初始投资大，受地理因素限制，占据大量的建筑空间。目前，仅通过共晶的方法改善单一的有机、无机相变储冷材料仍有局限性，在实际应用中十分受限。相变储冷材料的相变温度、传热系数、装置封装定型技术为目前相变储冷亟须解决的关键问题（李沐等，2022）。

热储热技术对比如表3-16所示。

表3-16 热储热技术对比

储热技术	优点	缺点	技术难题
熔融盐储能	投资成本低，技术简单；利用熔融盐作为介质，使用成本低、传热性能好、比热容大，储热时间长；安全性能高	能量转化效率低，受限于热发电场景	介质选择问题，转化效率问题
储冷	可靠性高，能量利用率高，能量密度高	初始投资大，受地理因素限制	储冷时需要克服介质与外界温度差；相变储冷材料的相变温度、材料传热系数、封装定型技术是待解决的问题

资料来源：储能产业生态体系与发展前景课题组。

第六节 化学储能

化学能储存在于原子和分子的化学键中，只有当它在化学反应中释放时才能看到。化学能释放后，原物质往往会变成完全不同的物质。化学燃料是发电和能源运输中最主要的能源储存形式。一方面，最常用的加工化学燃料是煤、汽油、柴油、天然气、液化石油气（LPG）、丙烷、丁烷、乙醇、生物柴油和氢气。都可以自由地转化为热能和机械能，然后通过使用热机作为原动机转化为电能。另一方面，储存的化学能可以通过电子转移反应释放出来，直接生产电能。

一、化学储能的原理

氢气是一种清洁、高度丰富和无毒的可再生燃料和能源载体。氢气是一种广泛使用的工业化学品，可以从任何一次能源中生产，如通过热解和电解从水中生产、化石燃料制氢、生物质制氢等。氢气燃烧后只释放出水蒸气。氢气的化学能为142千焦/千克，高于其他碳氢化合物基燃料。

储氢方法可分为两类：物理（气相或液相）储存和基于材料的储存。气相储存一般是在350~700帕的高压罐中进行（见图3-15）。氢气的沸点（在一个大气压下）为-252.8℃，因此氢气的液体储存需要低温冷却方法，在金属氢化物、化学储氢和吸收剂材料上可以进行基于材料的储存。氢气可以通过吸附在固体表面或被吸收在固体内部储存。典型的储氢系统包括一个氢气生成单元（如电解器）、一个储氢罐和燃料电池。电解器是一个电化学转换器，它在电力的帮助下将水分离成氢气和氧气。

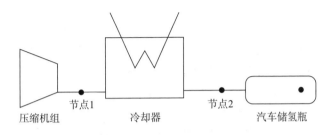

压缩机组　　节点1　　冷却器　　节点2　　汽车储氢瓶

图3-15 高压气态系统储氢原理

资料来源：韩利等（2022）[①]、储能产业生态体系与发展前景课题组。

---

① 韩利，李琦，冷国云，等. 氢能储存技术最新进展［J］. 化工进展，2022，41（S1）：108-117.

合成天然气（SNG）是指通过气化将固体原料部分转化为天然气，然后进行气体调节、SNG 合成和气体升级或类似过程，所生产的 SNG 可以储存在地下的压力罐中，或直接输入天然气网中。SNG 的生产最好是在二氧化碳和多余电力都可用的地方。蒸汽—氧气气化、加氢气化和催化—蒸汽气化可用于将煤转化为合成天然气的不同过程。生物质也可用于合成天然气的生产。水合甲烷化或催化蒸汽气化技术被认为比传统的甲烷化过程更具有能源效率。

二、化学储能的优缺点

制取氢气需要大量的电能，比传统制氢方式的成本高得多，但由于可再生能源并网的不稳定性，我国存在严重的弃风和弃光问题。为了解决电解水制氢的成本问题和解决风光发电的消纳问题，利用风电、光伏产生的富余电能制氢已经成为我国能源科技创新的焦点。但是，我国目前仍缺乏方便、有效的储氢材料和技术，并且氢储能能量转换效率较低，因此目前的应用还比较少，能否解决这两方面的问题将成为氢储能未来能否获得更多份额的关键。

第七节　优缺点对比

储能系统是实现可再生能源大规模接入、削峰填谷、改善电力质量以及优化功率以调节电网的关键之一。储能系统可以通过其不同的能量转化形式而分为电化学储能和物理储能。电化学储能主要包括各类电池储能，物理储能主要包括抽水储能、压缩空气储能、飞轮储能等（夏焱等，2022）。

如表 3-17 所示，在各类储能系统中，抽水储能以其储存容量大（100～3000MW）、工作时间长、寿命长（30～60 年）、储能释放时间可任意调控（4～16h）、性价比高等优势，目前占据着储能市场的主导地位。数据显示，截至 2020 年，抽水蓄能的总装机容量已经占到了全球储能装机总量的 99%，我国抽水蓄能电站总装机容量为 3149 万 kW，在建规模为 5373 万 kW，是我国能源电力的中流砥柱（赫文豪等，2022）。但是抽水储能也有着无法避免的缺陷，如响应速度慢、建设周期长、选址要求较高。

压缩空气储能技术是物理储能中的一种热门的新型储能技术，技术特点日趋成熟，相比于电化学储能设施，其安全性较高，并且具有储能规模大（10～1000MW）、放电时间长、使用寿命长（20～40 年）、热冷电综合利用面广等优点，因此被各大高校、研究院所、公司所重视（王富强等，2022）。然而，它转

表3-17 储能技术对比

储能技术	优点	缺点	应用	功率(MW)	循环次数或寿命	放电时长	能量密度(W·h/L)	效率	市场份额(%)	商业化进程	相关公司
锂电池	利用效率高，响应快，能量密度高	成本高，资源受限严重，安全性较差	备用电源，不间断电源，可再生储能	0.1~100	1000~10000次	1min~8h	200~400	85%~98%	11.21	商业化	宁德时代（300750CH）、鹏辉能源（30438CH）、比亚迪（1211HK/002594CH）、派能科技（300014CH）、亿纬锂能（688063CH）、国轩高科（002074CH）、瑞浦兰钧（未上市）、海辰储能（未上市）、远景动力（未上市）、南都电源（300068CH）
铅酸电池	成本低，回收链条完善，安全，响应快	能量密度低，污染环境，而且技术进步有限	电站备用电源	0.1~100	6~40年	1min~8h	50~80	80%~90%	0.74	商业化	旭派电池（未上市）、超威动力（0951HK）、天能股份（688819CH）
钠硫电池	利用效率高，响应快，能量密度高	安全性较差，温度要求比较高，并且处在技术阶段初期	电能质量，不间断电源，可再生储能	10~100	2500~4400次	1min~8h	150~300	70%~90%	暂无规模应用	商业化	宁德时代（300750CH）、中科海钠（未上市）、华阳股份（600348CH）
液流电池	循环寿命高，安全性能好	能量密度低，发电效率低	电站备用，可再生储能	0.1~100	12000~14000次	小时级	20~70	60%~85%	0.11	商业化早期	大连融科（未上市）、北京普能、上海电气储能科技（完成Pre-A轮融资）
氢能	储存能量大，储存时间长，有多种应用场景	储存电力效率低	电能转化为燃料	0.01~1000	5~30年	分钟级~星期级	600	25%~45%	—	商业化早期	—
熔融盐	安全性能好，储存能量大，对环境友好，平均成本低	有一定腐蚀性	谷点供暖、光电发热、调峰	1~300	30年	小时级	70~210	80%~90%	—	商业化早期	首航高科（002665CH）、西子节能（002534CH）、山东北岳（835000CH）、三维化学（002469CH）、蓝科高新（601798CH）

续表

储能技术	优点	缺点	应用	功率（MW）	循环次数或寿命	放电时长	能量密度（W·h/L）	效率	市场份额（%）	商业化进程	相关公司
飞轮储能	功率密度大、结构化程度高、寿命长、场地要求低、运维成本低	容量小、容量小、放电时间短、自放电率高、产生噪声污染	磁悬浮飞轮储能不间断电源、调频、不间断电源大功率放冲脉冲电源	0.001~20	20000~100000 次	秒级~分钟级	20~80	70%~95%	0.01	商业化早期	华阳股份（600348CH）、国机重装（601399CH）、广大特材（688186CH）、苏文科（300284CH）、湘电股份（600416CH）、泓慧能源（未上市）、玖德拉（深圳）新能源科技有限公司（未上市）、微控新能源有限公司（未上市）、盾石磁能、中核汇能有限公司（未上市）
压缩空气储能	容量大、充电循环次数多、寿命长、占地面积小、成本低	转换效率低、响应速度慢、选址十分有限、建设周期长	削峰填谷、备用电	10~1000	20~40 年	2~30h	2~6	40%~75%	0.40	成熟	佳电股份（000922CH）、陕鼓动力（601369CH）、金通灵（300091CH）、赣能股份（000899CH）、设研院（300732CH）
抽水储能	容量大、工作时间长、寿命周期长、技术成熟、性价比高	响应速度慢、建设周期长、选址要求高	削峰填谷、调频、黑启动	100~3000	30~60 年	4~16h	0.2~2	70%~85%	86.30	商业化	浙富控股（002266CH）、东方电气（1072HK）、哈尔滨电气（1133HK）、国电南瑞（600875CH）、中国能源建设（601868CH/3996HK）、粤水电（002060CH）、中国电建（601669CH）
超导储能	极其稳定、超快充放电、功率密度大	成本高、容量小、存在自放电损耗、比能量和比能量低	大功率激光器、输配电稳定	0.1~1	100000 次	毫秒级~分钟级	6	80%~95%	—	开发阶段	—
超级电容器储能	响应速度快、低成本能量质耗	容量小、技术不成熟、成本高、储能时间短、条件苛刻	调频、移动通信基站、卫星通信	0.01~1	1000~100000 次	毫秒级~分钟级	10~12	80%~98%	0.02	开发阶段	Maxwell（未上市）、宁波中车（未上市）、上海奥威（未上市）、江海股份（002484CH）、锦州凯美（未上市）

资料来源：储能产业生态体系与发展前景课题组。

换效率低、响应速度慢，并且同抽水储能一样，它的建设选址十分有限，建设周期较长。

飞轮储能也属于物理储能中的一个分支，由于其有功率密度大、寿命长、结构化程度高，并且相比于前两种物理储能形式而言，飞轮储能对于场地要求较低，运维成本也比较低，因此近年来有了长足发展（卢山、傅笑晨，2022）。但是，飞轮储能也有很多缺点，如自身存储容量小（仅有0.001~20MW），放电时间短（秒级），自放电率高。目前，飞轮储能处于商业化早期，华阳股份、国机重装、广大特材等公司开展了许多研究，应用于磁悬浮飞轮储能的不间断电源、不间断电源大功率脉冲放电电源等场景。

熔盐热储被广泛应用于光热发电领域，在首批20个光热发电示范项目中，18个采用熔盐储热发电（魏子敬，2022）。它的优势是安全性能好，储存能量大（1~300MW），对环境友好，平均成本低，但是具有一定的腐蚀性。该技术目前还处于商业化早期阶段，代表公司为首航高科（002665CH）、西子洁能（002534CH）、山东北辰（835020CH）、三维化学（002140CH）、蓝科高新（601798CH），其还应用于谷点供暖、光电发热、调峰。

电化学储能是将化学能转化为电能的一种储能方式，电化学储能容量大、响应快。随着新能源产业的发展，为了实现"双碳"目标，电化学储能技术将迎来广阔的发展空间。根据电极材料的不同，可将电化学储能分为钠硫电池、液流电池、铅炭电池以及锂离子电池四种。

锂离子电池以其利用效率高（85%~98%）、响应快、能量密度高（200~400W·h/L）等优点，广泛应用于电力系统、备用电源、可再生能源等领域（王德顺等，2022）。铅蓄电池的优势是工作电压平稳，使用温度及使用电流范围非常大、能充放电数百个循环，储存性能好（尤其适于干式荷电储存），其缺点是能量密度低，对环境腐蚀性强，电池整体重量偏大，持续大电流放电不适合于铅蓄电池。钠硫电池的优点是比能量高（760W·h/kg，铅酸电池的3~4倍），并且钠硫电池可以应用于大电流、高功率放电场景中，它的放电电流密度大，充放电效率也非常高，但钠硫电池的缺点是工作温度高，安全性差，便携性较差。钠硫电池在电力系统中已广泛应用于负荷平定、削峰填谷、应急电源、风力发电等方面（孙文和王培红，2015）。在锂电池储能技术中，液流电池储能技术具有安全可靠、生命周期内性价比高、对环境友好、循环寿命长等优点，近年来在电站备用、可再生储能等方面受到了高度重视。

加快发展氢能产业是应对实现"双碳"目标的战略选择。氢储能具有储存能量大、储存时间长的优势，并且具有快速响应能力，虽然其缺陷也很明显，即氢储能系统效率相对较低，成本较高，但是它在新型电力系统各个环节有很大的应用价值（许传博和刘建国，2022），目前仍处在商业化早期阶段，具有较高的开发潜力。

超导储能系统是目前唯一能将电能直接存储为电流的储能系统，超导储能系统的稳定性高，使用寿命较长（20年左右），充放电速度快，并且功率密度大，主要应用于提高电网的电能质量领域。目前，中国科学院电工研究所团队正在研究该方向，2008年完成1MJ/0.5MVA高温超导储能系统的研制，达到了世界领先水平（肖立业等，2017）。

超级电容储能是在电力系统应用中有吸引力的替代电能存储装置，应用场景主要是在工业电动驱动器中，并且在电动车辆、电梯、不间断电源上也有应用。此方式循环寿命长（是蓄电池使用次数的5~20倍），能够大大提高节能效果，并且能量密度高（张芳，2021），超级电容器的充放电速度也非常快，可以输出瞬时大电流，从而降低电池的功率输出。因此，利用超级电容储能系统实现高效动态储能，得到了快速的发展和推广，正处在开发阶段。

第四章 储能商业模式及其产业链分析

第一节 储能应用场景及其商业模式分析

随着气候的变化以及能源的消耗，储能的优势日益凸显。在不同的场合，储能都发挥着重要作用，储能的需求也日益旺盛。根据储能在电力系统中的应用可以分为表前侧储能和表后侧储能。表前侧包括发电侧储能和电网侧储能，表后侧包括用户侧储能。发电侧储能应用于电力系统的短时调节，平滑电网发电输出，协助解决新能源消纳问题；电网侧储能能够稳定电力系统，保障电力系统的安全；用户侧储能利用分时电价帮助工商业用户进行价差套利，能够使电能质量得到提高。

储能经济性的衡量标准有两部分：一是度电成本，即储能电站的投资总额与储能电站处理电量总额的比值；二是发电收入，也就是总发电量中新能源发电所占比重的大小。由度电成本的公式可知，降低储能成本以及提升储能系统的循环次数，即降低储能电站总投资或提升储能电站的总发电量，均有助于提高储能的经济性。在发电收益方面，储能在新能源发电中能发挥更大的作用，因此应着重关注新能源发电的占比情况。

相较于海外我国储能起步较晚，在政策、补贴及电力市场、系统的建设方面都较为落后，储能商业模式暂未具备良好的经济性，仍需投入更多进行建设。

对储能的商业模式将从以下三个方面进行分析，分别是发电侧、电网侧和用户侧。

一、发电侧应用场景及商业模式分析

1. 应用场景

在发电侧，储能起到解决新能源的消纳以及满足电网的"净负荷"（除去新

能源发电的负荷）的作用。储能通过多发电力，协助解决新能源消纳、弃风弃光、减少浪费能源等问题，并获取经济收益。

储能在发电侧能够帮助电网系统平滑输出、减轻用电负荷，并且能够应用于短时调峰调频，稳定电网，能够减少新能源发电的波动，在充分利用新能源进行发电的同时起到节省传统化石燃料的作用。储能在发电侧的应用如图4-1所示。

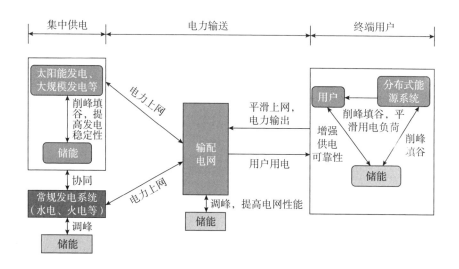

图4-1 储能在发电侧的应用示意图

资料来源：郑建华（2018）[①]、储能产业生态体系与发展前景课题组。

2. 商业模式分析

国外发电侧储能的商业模式：一是美国发电侧储能运行方式相对成熟。政策扶持和市场化大规模需求是美国发电侧储能的两个主要驱动因素，其作用主要有以下两个：①减少新能源弃电损失，甚至消除新能源弃电损失；②将多发的电能进行储存供夜间或者季度调配，减少能源浪费，实现电能短期或长期的时移。二是欧洲市场由于电价急剧上涨，同时电价差也不断扩大，为储能技术在电能市场的套利提供了有利条件。政府为保护消费者权益，采取限制政策控制电价在合理区间波动，这有利于储能技术长期稳定地在电能量市场获取收益。欧洲国家也采取了一系列政策和措施，以促进储能技术的发展和应用。德国减免储能所得税和增值税，英国为储能项目提供资金支持，降低储能技术的成本，提高其经济性。

---

① 郑建华. 储能行业战略研究［J］. 机械制造，2018，56（10）：1-8.

此外，英国引入容量市场和动态遏制等新的电力市场服务品种，为储能技术获得新的收益来源，同时提供了更广阔的市场空间。这些政策和市场机制，可以进一步推动储能技术的发展和应用，促进清洁能源的推广（鲁跃峰等，2023①）。

美国发电侧储能迅速发展主要依赖于以下两方面：一是在政策上推动储能技术的发展和普及。政策层面的补贴和扶持可以直接降低储能的建设和运营成本，从而提高储能系统的经济性。二是市场支持。市场化机制的发展可以进一步推动储能技术的发展和普及，为储能技术的应用提供更明确的市场需求和盈利途径，吸引更多的投资和参与者。美国政府采取了一系列精细化的储能补贴、减税、扶持政策，以支持储能技术的发展和应用。例如，美国联邦政府提供了一系列税收抵免和奖励，以鼓励企业和个人投资储能技术。同时，各州和地方政府也制定了针对储能的具体政策措施，如采购规定、容量市场和配电服务市场等，以促进储能技术的应用和发展。另外，美国的电力市场也较为成熟，为储能技术的商业化运营提供了良好的市场机制。例如，美国的电力市场采用了基于市场信号的定价机制，储能技术可以通过参与能源市场和容量市场等，获得稳定的收益和市场需求。此外，美国的电力市场还具有较高的灵活性，可以支持储能技术的多种应用场景，如调峰、备用电力等（李琪，2022②）。

国内发电侧目前不具备良好的经济性，各地政府正积极探索储能在发电侧的商业模式，主要依靠政策支持发展。发电侧储能主要用于两个方面：①在新能源发电方面，利用储能辅助解决新能源消纳、减少弃风弃光、平滑电网输出等方面的问题。由于新能源发电的电力调节能力较差，在进行发电作业时，容易出现波动和不稳定现象，因此，能调节新能源发电并保持发电系统稳定的储能就成为一种很好的辅助工具。②在传统的火力发电方面用于短时调频，帮助火电系统解决调度时间长等问题，平稳电力输出。

储能在发电侧辅助解决新能源发电消纳、促进能源互联网的发展，是发电侧良好的辅助手段，更是建设智能电网、提升新能源发电占比的重要技术。目前，国家及各地政府纷纷出台相应的政策支持储能发展，储能技术也在时刻更新，日益趋于成熟，储能成本不断降低，为我国发电侧储能的商业化发展提供了良好的条件。

二、电网侧应用场景及商业模式分析

1. 应用场景

电网侧储能是参与辅助服务的绝佳资源。电力系统在运行时是处于不断波动

---

① 鲁跃峰，郭祚刚，谷裕，等．国内外新型储能相关政策及商业模式分析［J］．储能科学与技术，2023，12（9）：3019-3032.

② 李琪．欧美储能模式经验及其对山西储能发展的启示［J］．科技创新与生产力，2022（10）：22-24+28.

状态的，且传统的调节方式不能很好地对电力系统进行短时调节，在用电高峰期，容易出现用电负荷过大，造成电力系统波动过大，不利于电力系统的稳定运行。储能具备响应快速的优点，可以协助辅助服务电力系统，实现电力系统的稳定运行。辅助服务包括一次性调峰调频、AGC 自动发电控制等，是其他用户向电力系统提供服务的过程，这些用户有储能企业、用电方以及其他发电厂商等，辅助服务为电力系统实现安全稳定运行提供了一种新的方式。

（1）调峰。用电时段的不同造成了用电负荷在不同时段是不均匀的。电力系统在用电高峰期往往会超负荷运行，为实现系统的稳定，需要其他辅助手段进行"削峰"，即通过对电力系统进行调峰。调峰的作用是将电力系统的多发电量进行能量的时移，将用电高峰期的电量进行储存供电力系统用电低谷时充电使用，从而实现电力系统的稳定。

储能具备能量时移、响应速度快等特点，是实现调峰的良好选择。新能源发电建设进程的加快，给电力系统带来了诸多的挑战，其中最为严重的就是弃光弃风问题。储能能够凭借其优势缓解这些问题，一方面，在传统的火力发电中，储能能够降低火电站用电高峰期的负荷，为火电站的稳定运行提供安全保障；另一方面，对于新能源发电，储能凭借各种技术，特别是电化学储能，实现新能源发电的能量时移，对减少弃风弃光问题具有重要意义。

（2）调频。单位时间内交流电实现的方向周期性变化次数定义为电网频率，单位为赫兹（Hz）。交流电网的频率是电网系统赖以控制电力系统运行的核心参数，其参数是否稳定也是电能质量高低的体现。频率波动轻则会影响用户端电器的正常使用，重则会危害电网系统，造成电网系统的崩溃，引发大面积的停电，对社会的影响巨大，这在国外有过惨痛教训。电网频率维持在额定频率的条件是发电方所产生的电量与用电方的消耗电量能够保持实时平衡。若不平衡，电网频率则将偏移额定频率，造成电网频率的升高或降低，对电网系统造成影响。若想保证电网系统的稳定运行，减少对电网系统的损害，需要将电网频率维持在允许偏差范围内，一般来说这个偏差范围不超过±0.2 赫兹（鲁宗相等，2022）。

目前我国多以火力发电为主，这是因为火力发电有着稳定性的输出电量。但火电机组在调频方面的时滞较长，不适用于短时调频。储能系统，特别是电化学储能，有着精准调节、时滞短等优势，相较于当前多使用的大型火电机组，更适合于短时调频。

2. 商业模式分析

电网侧的商业模式主要有调峰、调频，以及容量租赁等模式。容量租赁是指新能源发电站凭借其他供给方提供的储能容量，对自身的多发电量进行储存，从而减少储能设备的购买需求及维护成本，达到降低储能自建成本的目的。新能源发电站在获得容量服务的同时需要支付一定的租金费用，储能供给方通过此种方式获得经济收益。

在国际方面，英国在电网侧储能方面多采取效应叠加的方式，通过调频辅助服务以及容量市场竞标等方式获取收益；美国电网侧储能多采取电力辅助服务，用于缓解电网系统用电高峰期的压力，将多发电量进行储存，实现能量时移，供电网系统出力效率低时使用，从而达到延缓电力系统整体升级、稳定电网的目的；澳大利亚则通过与合作方建设储能电站的方式发展电网侧储能，用于减少极端恶劣天气给用户端使用带来的不便，从而完善电网系统。

在国内方面，我国电网侧独立储能项目处于发展初期，同样主要依靠调峰调频获取收益（已有至少19个省份明确调峰调频补偿标准）。目前，我国电网侧储能建设处于初期阶段，依靠电量、容量补贴的方式促进储能的建设。电网侧储能建设的中后期将形成调频、调峰、辅助服务以及容量服务的多方式储能商业模式。目前，国家出台了一系列政策支持电网侧储能的发展。国家能源局分别在2016年、2021年下发了《关于促进电储能参与"二北"地区电力辅助服务补偿（市场）机制试点工作的通知》（修晓青等，2019[1]）与《电力辅助服务管理办法》，为电网侧储能的发展建设提供了有力的支撑。各地政府也陆续出台相关储能补偿政策，扩大电力市场试点改革，为电网侧储能发展添砖加瓦。

三、用户侧应用场景及商业模式分析

1. 应用场景

储能在用户侧的应用主要有价差套利、需求响应、减少容量电费、减少电量电费等（鲁跃峰等，2023[2]）。其中，峰谷价差套利是当前最主要的用户侧储能的盈利模式。

峰谷价差套利是指利用不同用电时段的电价差进行套利活动，具体来说，用电量低时电价较低，工商业用户在这段时间可以将低价电进行储存，在用电高峰期时，将之前储存的电量放出，减少高价电的使用，达到降低用电成本、实现经济收益的目的。目前，我国大部分省份用户侧储能建设并不完善，这是由于这些省份采取每日一充一放的电站运营策略，并且在分时电价上没有完善的标准，峰谷价差较低（鲁跃峰等，2023[3]）。北京、长三角以及珠三角等地是当前我国用户侧储能发展较好的地区，这些地区的共性是峰谷价差较大。

---

① 修晓青，李建林，李文启，等. 储能系统商业模式及其优化规划方法［J］. 电力建设，2019，40（6）：41-48.

②③ 鲁跃峰，郭祚刚，谷裕，等. 国内外新型储能相关政策及商业模式分析［J］. 储能科学与技术，2013，12（9）：3019-3032.

需求响应是指从用户端出发，利用激励政策，包括降低价格或其他补贴政策等，响应电网调频，改变电网负荷特性，从而帮助电力系统实现稳定运行。例如，工商业用户可以通过储能系统进行谷时充电峰时放电，从而起到降低电网负荷的作用，帮助工商业用户提高负荷调控能力，间接减少电网系统的运行负担，帮助电网系统实现稳定运行，在满足需求响应的同时还能降低成本，获得经济收益。

2. 商业模式分析

储能在用户侧的商业模式包括工商业用户、户用储能两方面：①工商业用户通过储能系统进行价差套利，并且可以用作企业应急电源，保障用电稳定，部分储能相关企业通过需求侧响应获取相应收益，并且以较低的价格购入多发的弃风弃光电量，在用电高峰期售出获取收益。②户用储能方面，家庭可以通过户用储能系统降低用电成本，有余力可将多余电量进行储存后出售，获取经济收益。

美国在用户侧储能上主要采用配置分布式光伏配储能的方式，通过储存多发电量，减少高价的使用，从而帮助工商业用户以及家庭用户获得经济收益。欧洲的用户侧储能自 2014 年始快速发展，主要原因有两个：一是欧洲国家整体电价较高，给工商业用户以及居民带来了经济压力；二是储能度电成本的下降推动了用户侧储能发展（鲁跃峰等，2023①）。澳大利亚用户侧储能通过配置光伏发电系统得到大幅发展，澳大利亚拥有充足的光照，通过储能系统将光伏系统的发电量进行储能，实现用电端的自给自足，从而节省电费，实现经济收益。

以德国和澳大利亚为例。德国一方面采取高额的税收政策，导致整体零售电价的飙升，增加了工商业以及居民的用电成本，迫使用户考虑其他方式节省成本。另一方面德国大力推广户用储能的发展，多次推出光伏储能补贴计划，增加储能设备的建设。这些方式推动了用户侧储能的快速发展，使德国拥有了全球最大且最成熟的用户侧储能市场。用户侧储能不仅帮助用户节省成本、实现用电端的自给自足、增加经济收益，还能达到推动能源转换的目的（李琪，2022②）。

澳大利亚用户侧储能的发展受益于其电价的上涨以及充足的光能，用户有动力对电力进行储存。具体来说，通过储能系统对光伏出力的发电进行储存，供晚间高峰期使用，减少峰时高价电的使用，降低用电成本、实现经济上的收益。

澳大利亚在户用储能方面也有着大型项目的支持。例如，为防止 2016 年大规模停电事件的再度发生，澳大利亚通过招标大规模储能项目的方式保证电力系统的供应，2017 年，澳大利亚投运 100MW/129MW·h 电池储能项目，意在通过运营储

① 鲁跃峰，郭祚刚，谷裕，等. 国内外新型储能相关政策及商业模式分析 [J]. 储能科学与技术，2013，12（9）：3019-3032.

② 李琪. 欧美储能模式经验及其对山西储能发展的启示 [J]. 科技创新与生产力，2022，345（10）：22-24，28.

能项目解决电网调频以及新能源发电的消纳等问题。该项目的收益主要来自调频以及辅助服务现货市场。2018 年 1 月，因供电端的部分机组跳闸，导致了局部供电紧张，引起了维多利亚州和南澳大利亚的电价飙升。特斯拉储能选择在电价高峰时出力，如图 4-2 所示，在 2018 年 1 月 18 日和 19 日的价格上升期集中放电，在用电价格较低时向储能系统充电，低买高卖实现盈利，获得巨大收入（曾辉等，2019）。

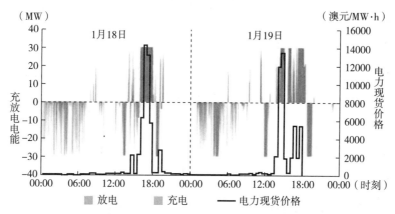

图 4-2　2018 年 1 月 18 日、19 日特斯拉出力与现货价格对比
资料来源：曾辉等（2019）①、储能产业生态体系与发展前景课题组。

目前，我国用户侧储能多应用于工商业领域，峰谷价差套利是当前我国用户侧储能的主要效益来源。例如，北京工商业用户可以通过用户侧储能降低用电成本，实现经济收益。北京普通工业用电成本相差较大，1kV 以内峰时电价可以达到 1.1506 元/kW·h，谷时电价为 0.5921 元/kW·h，相差 0.5585 元/kW·h（见图 4-3）。工商业用户通过储能系统可以减少峰时电的使用，套取峰谷价差，从而实现经济收益，降低用电成本。

国家不断推进电力改革，继续推动峰谷价差的扩大，促进新能源的转型。2023 年，国家能源局发布了《国家能源局关于加快推进能源数字化智能化发展的若干意见》中提到：持续挖掘需求侧响应潜力，聚焦传统高载能工业负荷、工商业可中断负荷、电动汽车充电网络、智能楼宇等典型可调节负荷，探索峰谷分时电价、高可靠性电价、可中断负荷电价等价格激励方式，推动柔性负荷智能管理、虚拟电厂优化运营、分层分区精准匹配需求响应资源等，提升绿色用能多渠道智能互动水平②。

---

① 曾辉，孙峰，邵宝珠，等．澳大利亚 100 MW 储能运行分析及对中国的启示［J］．电力系统自动化，2019，43（8）：86-92.

② 国家能源局，http://zfxxgk.nea.gov.cn/2023-03/28/c_1310707122.htm。

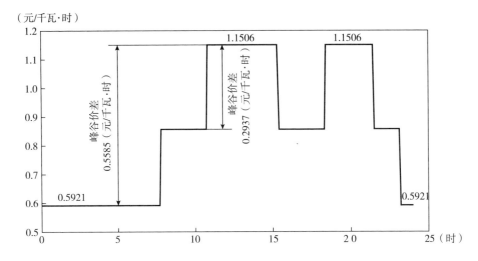

图 4-3　北京工商业用电（1kV 以内）分时电价

资料来源：国家能源局、储能产业生态体系与发展前景课题组。

当前，我国储能产业仍处于早期发展阶段，大部分储能项目处在探索阶段，商业模式较海外相比较差，经济性尚不明显，需要各方努力促进储能产业的发展。乘着新型储能技术的发展以及全球储能成本下降的东风，我国储能产业将得到进一步发展，商业模式将会进一步得到完善。

第二节　储能产业链细分

一、电化学储能产业链

当前，储能产业中最具发展潜力、应用前景最为广阔的便是电化学储能技术。可以将电化学储能产业链分成上游、中游、下游三个部分：上游为原材料的生产以及其他电化学储能设备的零部件供应；中游为核心部件的制造，包括电池、储能变流器以及其他部件；下游则为系统的应用，即将电化学储能应用到终端用户方（任智惠，2022[①]），电化学储能产业链如图 4-4 所示。

---

① 任智惠. 2021 年电化学储能产业链分析及相关上市公司发展情况［J］. 电气时代，2022，489（6）：26-29.

上游

原材料及零部件
供应商

中游

电池

储能变流器（PCS）

管理系统（能量管理
系统EMS和电池管理
系统BMS）

系统集成

下游

终端用户（发电侧、
电网侧及用户侧等）
应用场景

图4-4 电化学储能产业链示意图

资料来源：派能科技招股说明书、储能产业生态体系与发展前景课题组。

电化学储能技术近年来增长势头迅猛，在整个储能产业中受到极大的关注。当前，受益于国家政策的支持以及储能成本的下降，电化学储能技术乘行业东风将继续发展，前景辽阔。同时，电池技术的发展进一步提升了电池产业的收益，对促进电化学储能发展也有正向作用，电化学储能的应用成本仍存在着下降的可能。下面我们将围绕电化学储能产业链着重分析。

1. 上游产业链分析

当前，锂矿、钴矿、镍矿以及石墨等是市面上主要的储能电池原材料。其中，市场上需求量最大的原材料是锂资源。锂、钴、镍、锰等是电池正极的主要原材料，同时锂还是电池负极和电解液的原材料。石墨主要是负极的原材料。电池正极材料性能的优劣决定着储能电池的能量密度以及使用寿命等性能，在储能电池中发挥着十分重要的作用。电池负极则以石墨为主要构成材料，主要在电池效率、循环性能等方面发挥作用，决定电池能量的储存与释放，与电池的能量密度和循环寿命息息相关。

在众多种类电池中，锂电池具有续航时间长、充电时间短、寿命时间长以及绿色环保等优点，是储能电池领域应用最多的电池。以锂电池为例，正极材料是组成锂电池的关键部分，且成本占据了锂电池成本的30%~40%，也是锂电池成本中耗费最高的部分；负极材料占比不高，约为锂电池成本的8%[1]。在正极材料方面，《中国锂离子电池正极材料行业发展白皮书（2022年）》[2]的统计数据显示，2022年，我国锂离子电池正极材料出货量从2021年的109.4万吨增长到194.7万吨。与2021年相比，增长幅度为77.97%。在所有正极材料中，磷酸铁

---

[1] 《2022储能行业深度报告：双碳驱动能源革命，储能迎历史性发展契机》。

[2] 伊维智库，http：//www.evtank.cn/DownloadDetail.aspx？ID=483。

锂正极材料凭借其优良的性能，在出货量方面独占鳌头。相较于 2021 年的 45.5 万吨出货量，2022 年中国磷酸铁锂正极材料实现出货量 114.2 万吨，同比增长 150.99%，市场份额达到 58.65%，出货量居于行业首位。紧随其后的是三元正极材料、锰酸锂正极材料以及钴酸锂正极材料。整体上看，磷酸铁锂正极材料占据市场龙头地位。

当前，我国正极材料锂电池正极材料的生产企业多集中在新能源发展较为发达的地区，包括北京、长江中下游以及华南地区等；从竞争格局上看，磷酸铁锂生产企业与三元材料生产企业竞争力较强，整体市场竞争激烈，但目前市场集中度较低①。

负极材料方面，根据 GGII（高工产研）数据，我国锂电池负极材料出货量从 2021 年的 72 吨增长到 2022 年的 137 万吨，增长率达到 90%②。自 2023 年以来，我国负极材料进入到产能释放阶段。受当前新能源汽车行业增加速度放缓以及产能过剩问题的影响，部分负极材料生产企业宣布停产。当前，负极材料进入到转型的关键时期，如何使负极材料向高端化发展、解决落后产能问题是当前变革的首要方向。

2. 中游产业链分析

电化学储能系统为以电池组为核心，搭载储能变流器、管理系统等电气设备进行电能储存及释放的系统，一般包括：核心部件电池组、辅助系统管理系统（电池管理系统 BMS 和能量管理系统 EMS）、储能变流器（PCS）等辅助部分以及其他相关的辅助设施（胡旦等，2022③）。

（1）储能电池。储能电池是电化学储能的核心组成部分，主要用于充放电、调节功率等方面（李帅等，2023④），其成本也是整个电化学储能系统中占比最高的。储能电池系统由电池组和电池管理系统（BMS）组成。虽然电化学储能技术得到了迅猛发展，但对于"可再生能源+电化学储能"的产业周期来说，目前成本较高、经济回收期较长，商业模式仍需进行探索（姜景栋等，2023⑤）。电化学储能的经济性体现在系统建设成本、使用成本以及使用寿命上。试验数据结果显示，当储能电池的寿命从 4000 次增加到 7000 次时，储能系统的度电成本

① 前瞻经济学人，https：//www.qianzhan.com/analyst/detail/220/221125-0b42e3c7.html。

② 高工锂电，https：//www.gg-lb.com/art-45856.html。

③ 胡旦，杨智皋，顾正建.电化学储能系统接入电网现场检测方案［J］.电池工业，2022，26（3）：126-131.

④ 李帅，龚世敏，蔡亮亮，等.一种储能电池的数据解析及模型验证方法［J］.综合智慧能源，2023，45（3）：81-86.

⑤ 姜景栋，陈永翀，刘昊，等.储能电池全生命周期再生技术研究进展［J］.电源技术，2023，47（3）：276-281.

LCOE 将从 0.70 元减少到 0.43 元（何颖源等，2019），如图 4-5 所示。因此，提高循环寿命是除了降低系统成本外，提升储能经济性的另一重要途径。

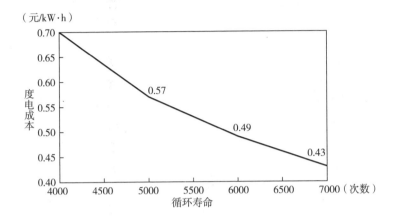

图 4-5　循环寿命对储能度电成本的影响

资料来源：何颖源等（2019）①、储能产业生态体系与发展前景课题组。

目前，我国储能电池行业出货量排名靠前的企业包括宁德时代、鹏辉能源、比亚迪等企业，详细排行如表 4-1 所示。从整体上看，储能电池行业的公司主要业务集中于储能系统和电池业务；所在区域主要集中在北京和广东两地，其次为环渤海地区以及西南地区；按照市场份额进行分类，2021 年，宁德时代、比亚迪和亿纬动力占据我国储能电池市场的前三名；按照新增装机规模来看，2021 年，宁德时代排在第一梯队，亿纬动力、鹏辉能源、南都电源位列第二梯队，其余企业为第三梯队，如表 4-2 所示。2021 年，我国储能行业的集中度高，竞争压力大，市场占有率排名前三的公司市场占有率高达 50%，行业龙头争先布局储能电池领域。

当前，我国已进入"十四五"发展时期，国家正加紧布局储能领域的建设，并出台相关政策促进我国储能电池行业的发展，储能电池仍有广阔的发展前景。

表 4-1　2021 年度中国储能技术提供商全球市场储能电池出货量排行

出货量排名	企业名称
1	宁德时代

①　何颖源，陈永翀，刘勇，等．储能的度电成本和里程成本分析［J］．电工电能新技术，2019，38（9）：1-10.

续表

出货量排名	企业名称
2	鹏辉能源
3	比亚迪
4	亿纬动力
5	派能科技
6	国轩高科
7	海基新能源
8	中创新航
9	南都电源
10	中天科技

资料来源：CNESA、储能产业生态体系与发展前景课题组。

表4-2　2021年中国储能电池新增装机规模市场格局　　单位：MW·h

装机规模	企业名称
大于1800MW·h（第一梯队）	宁德时代
300~500MW·h（第二梯队）	亿纬动力、鹏辉能源、南都电源
小于300MW·h（第三梯队）	中天科技、中创新航等

资料来源：CNESA、储能产业生态体系与发展前景课题组。

（2）储能变流器。储能变流器（PCS）是一种能够实现电能的存储和双向转换的装置，主要用于连接电池系统和电网，具备电流双向转换、并离网快速切换以及充放电能量控制等功能。在并网模式下，PCS可以将电网的交流电转换为直流电，向电池组充电。在电网负荷高峰期，PCS可以将电池组中的直流电逆变为交流电，反送到电网中，从而减少电网负荷。这一过程被称为储能并网。在离网模式下，PCS会与电网断开连接，并向本地提供电能，以满足电网电能质量的要求，从而进行局域供电。在这种情况下，PCS需要具备高效可靠的功率转换能力，并能够实现能量的高效储存和释放，以满足用户的需求。此外，PCS还需要具备高度的智能化控制能力，以保证整个系统的稳定性和安全性。储能变流器的原材料主要有IGBT（绝缘栅双极型晶体管）、电容、电阻、电抗器、PCB等电力电子元器件，机柜、机箱等结构件和其他辅材[①]。相较于光伏逆变器，储能变流器的应用场景更为广阔，其利润也高于光伏逆变器。

---

① 知乎网，https://zhuanlan.zhihu.com/p/344682194。

储能变流器既具备光伏逆变器的"逆变"功能，又在此基础上拥有"储能"的功能，两者在应用场景上均可用于光伏发电，同时也有着类似的技术，因此光伏逆变器厂商在切入赛道方面具有天然的优势①。光伏逆变器厂商的另一个优势在于，两者的用户有着较高的重合度，光伏逆变器厂商可以凭借之前积累的口碑、信誉等吸引新用户购买其储能变流器产品，老用户在选择产品方面会有惯性，更易购买已经熟悉的品牌。因此，储能变流器厂商多来自光伏逆变器行业②。

根据 CNESA（中关村储能产业技术联盟）发布的《储能产业研究白皮书2023》，2022 年度，阳光电源在全球储能变流器出货量榜单中居于榜首。全球储能变流器出货量排名前十的中国厂商依次为阳光电源、科华数能、上能电气、古瑞瓦特、盛弘股份、南瑞继保、固德威、索英电气、汇川技术和首航新能源③（见表4-3）。这些企业早先布局于光伏逆变器，在切入储能变流器赛道方面具备先发优势，也使得我国储能变流器行业集中度较高。

表4-3 **2022 年底中国储能 PCS 提供商全球储能 PCS 出货量排行**

出货量排名	企业名称
1	阳光电源
2	科华数能
3	上能电气
4	古瑞瓦特
5	盛弘股份
6	南瑞继保
7	固德威
8	索英电气
9	汇川技术
10	首航新能源

资料来源：CNESA、储能产业生态体系与发展前景课题组。

（3）系统集成。系统集成是指系统集成商在充分了解各种部件性能的基础上，根据储能应用场景或客户需求，自行研制储能系统，最终向终端用户提供储能系统。④ 目前，大电芯、液冷温控、高压级联、1500V 架构等系统集成技术正

---

① 《2022 储能行业深度报告：双碳驱动能源革命，储能迎历史性发展契机》。
② 《2021 逆变器行业，储能加持的广阔赛道》。
③ CNESA，http：//www.esresearch.com.cn/pdf/？id＝290&type＝report&file＝remark_file。
④ 北极星储能网，https：//news.bjx.com.cn/html/20210420/1148319.shtml。

在领跑行业发展，许多行业参与者已经不满足于电池提供商的角色，开始布局系统集成领域，使得系统集成行业的竞争程度加大。

大电芯：与以往电芯相比，大电芯的能量密度更高、精度更高、管理更易等特点，且拥有更长的循环寿命。宁德时代领跑大电芯领域的发展，率先布局于大电芯的制造，推出 280Ah 大电芯。众多企业看到大电芯领域的商机，纷纷开始布局。GGII 的数据显示，截止到 2022 年 6 月，国内已有 10 多家企业生产销售 280Ah 大电芯方面的产品[①]。中国 280Ah 大电芯生产企业及产品上市时间如表 4-4 所示。

表 4-4　中国 280Ah 大电芯生产企业及产品上市时间

企业名称	上市时间
宁德时代	2020 年
亿纬锂能	2021 年
瑞浦兰钧	2021 年
海辰新能源	2021 年
天津力神	2021 年
国轩高科	2021 年
鹏辉能源	2021 年
中创新航	2021 年
南都电源	2022 年
楚能新能源	2022 年
海基新能源	2022 年

资料来源：GGII、储能产业生态体系与发展前景课题组。

进入 2023 年以来，众多企业也开始布局更大容量的电芯。据不完全统计，瑞浦兰钧、蜂巢能源、鹏辉能源、南都电源等企业正着手规划 300Ah 大电芯，加速更大容量储能电芯产品的商业布局[②]。但电芯容量的增加也带来一些安全性问题，如何增加大电芯的安全性，保障大电芯使用过程中的稳定运行，是在发展更大容量产品的同时需要重点关注的问题。

液冷散热是指通过工作系统的驱动，使冷却液在电池板之间流动，从而带走热量，实现热交换（白晓天，2022[③]）。常见的冷却液包括水、乙二醇以及硅油等[④]。相较于传统的风冷温控，液冷温控的介质（冷却液）具备更大的传热系数，

---

①　高工锂电，https://www.gg-lb.com/art-44862.html。

②　腾讯网，https://new.qq.com/rain/a/20230614A06FL000。

③　白晓天. 电动汽车锂电池组的风冷液冷一体式散热研究［D］. 河南科技大学，2022.

④　高工锂电，https://www.gg-lb.com/art-46266.html。

通过冷却液吸收热量气化，能够带走更多的热量，在效率以及散热效果上更具优势。目前，我国并没有标准化的储能温控产品，众多储能厂商已经在液冷产品上发力，争取实现液冷产品上的突破，包括宁德时代、比亚迪、阳光电源等企业。

高压级联与1500V级联属于大型储能系统集成的技术路线。高压级联：多用于火储联合调频项目。表4-5对比了高压级联储能方案与低压并联方案。与传统的低压并联方式相比，高压级联在设计上采用去并联组合，在减少电池数量的同时，还对系统容量进行了提升，具有降低系统成本、节能降耗以及高循环效率等优点①。高压级联的最大特点在于可不经变压器而直接接入3kV及以上的电压等级的电网。2023年，南方电网河北保定电池储能站正式投入运行。该储能站用的是高压级联储能方案，是我国首个移动式大容量全场景电池储能站，其成功落地运行标志着我国高压级联关键技术研究取得成功②。

表4-5　高压级联储能方案与低压并联方案对比

	低压并联	高压级联
结构设计	简易	复杂
PCS拓扑结构数量	多	少
充电响应时间	>1s	<0.6s
放电响应时间	>1.5s	<0.7s
电芯一致性	差	良好
电池寿命	短	长
能量转换效率	低	高

资料来源：黄思林等（2022③）、储能产业生态体系与发展前景课题组。

1500V级联：目前，市场主流的集中式储能变流器所采用的电压等级为1500V，即将整个储能系统所需要的部件整体耐压等级提升至不超过1500V④。相较于以往1000V级联系统，1500V级联的能量及功率密度更高，循环效率也更高。目前，1500V级联还存在着安全问题以及成本问题，这是影响1500V级联大规模应用的两大因素。现已有国家电投海阳100MW/200MW储能电站项目采用

①　搜狐网，https：//www.sohu.com/a/669767126_120008270。

②　CNESA，http：//www.cnesa.org/information/detail/？column_id=58&id=5352。

③　黄思林，肖华宾，黄常抒，等. 高压级联式储能系统在火储联合调频中的应用及实践［J］. 储能科学与技术，2022，11（11）：3583-3593。

④　搜狐网，https：//www.sohu.com/a/421412230_470327。

1500V 级联系统，助力储能项目的稳定运行（陈海生等，2022①）。

当前，我国储能系统集成的发展模式大致有三种：①产品产业链全方位服务，即从产品设计、制造、集成到销售一体化的发展模式；②专注系统集成服务，即从使用外部购入材料设计自身产品的发展模式；③储能领域相关参与者转型发展，即设备供应商通过技术更新，完成产品升级转型②。

储能系统集成涉及电池管理、能量管理、热管理等方面，相较于电池系统更为复杂，并且系统集成中涉及的电芯高达数万个，储能系统集成也因此极大影响项目的成本及收益。长远来看，优秀的系统集成商能够凭借其技术获得高额利润。根据 CNESA（中关村储能产业技术联盟）数据，2022 年度中国储能系统集成商全球市场储能系统出货量排名前列的有阳光电源、比亚迪、海博思创、华为等企业③（见表 4-6）。

表 4-6　2022 年中国储能系统集成商全球储能系统出货量排名

出货量排名	出货量排名
1	阳光电源
2	比亚迪
3	海博思创
4	华为
5	中车株洲所
6	南都电源
7	远景能源
8	天合储能
9	采日能源
10	中天储能

资料来源：CNESA、储能产业生态体系与发展前景课题组。

3. 下游产业链分析

电化学储能的下游产业链主要是应用于终端用户，为终端用户提供服务，即为发电侧、电网侧以及用户侧提供服务。

第一，发电侧储能。电化学储能系统具有调节精度高、响应速度快等特点，

---

① 陈海生，李泓，马文涛，等. 2021 年中国储能技术研究进展［J］. 储能科学与技术，2022，11（3）：1052-1076.

② 腾讯网，https：//new. qq. com/rain/a/20220622A0641Y00。

③ CNESA，http：//www. esresearch. com. cn/pdf/？ id＝290&type＝report&file＝remark_file。

能够快速响应电网负荷变化，减少传统火电机组系统的调频问题，并有效配合其他新能源发电，解决电力消纳问题，实现电网系统的稳定。由于光伏、风力等新能源发电存在天气影响、波动性等固有缺点，加之输电线路等设备的不匹配，导致了弃风弃光现象的出现。而加入电化学储能系统则可以平滑电网输出，减少弃风弃光问题，提高电能质量，稳定电网系统输出。因此，发电侧储能已经成为新能源消纳的重要手段，促进了电力系统的可持续发展。

第二，电网侧储能。电化学储能在电网侧参与调峰调频，提供稳定的辅助服务电力，从而削峰填谷、稳定电网频率，在电力系统的安全运行和电能质量方面发挥着关键作用。同时，电化学储能还能够节省投资成本，提高经济收益。在调峰方面，可以利用分时电价策略，在用电低谷时向电化学储能系统充电，而在用电高峰时从储能系统中释放电力，以稳定电网。电化学储能系统响应速度快，能够降低电气设备的损耗，提高电网的稳定性。根据美国西北太平洋国家实验室研究报告显示，储能调频效果是水电机组的 1.7 倍，是燃气机组的 2.5 倍，是燃煤机组的 20 倍以上（栗峰等，2020）。此外，电化学储能的跟踪曲线几乎与 AGC 指令曲线重合，不会出现传统火电调频机组的反向调节以及延迟等问题，更适合于电网调频。因此，电网侧储能已经成为电力系统调峰调频的重要手段，推动了电力系统的高效运行和可持续发展。

第三，用户侧储能。电化学储能在用户侧也具有广泛的应用前景。其主要作用包括协助用户实现削峰填谷，降低用电成本，为可再生能源提供配套支持，以及在电路故障时保障电力供应等。此外，电化学储能还可以用于家庭中新能源汽车的充电。削峰填谷是当前最普遍的商业应用之一，通过利用谷时充电、峰时放电的方式，降低用电成本。电化学储能系统可以配合拥有充电设施的用户，增加户用发电比例，减少用电峰时的电网压力，平滑电网输出，降低户用用电成本。此外，电化学储能系统还可以作为家庭备用电源，在电力系统故障时为家庭提供电力，保障家庭的用电需求。总之，电化学储能在用户侧的应用有着广泛的潜力，可以为用户提供可靠的电力支持，促进能源的高效利用，推动电力系统的可持续发展[①]。

二、抽水储能产业链

作为一种大规模储能技术，抽水储能拥有使用寿命长、自放电率低、经济性强等方面的优势。抽水储能的基本原理是利用水泵将水从低处泵到高处形成水库储能，高峰期再利用水库的水流通过水轮机发电，将电能输出到电网中。抽水储

---

① 北极星储能网，https：//news.bjx.com.cn/html/20200116/1036941.shtml。

能是大型储能项目中应用最为广泛的技术，如电网系统调峰调频等领域，已具备成熟的产业链及商业模式，具有非常好的应用前景。我国抽水储能上游以设备供应商为主，相关的设备有水轮机、发电机、水泵、主变压器以及压缩空气系统等。中游主要是抽水储能电站的设计、建设及运营，其中，设计及建设企业以中国电建、国投电力等为代表性企业，电站运营商以国网新能、南方中网调峰调频等为代表性企业。下游为抽水储能技术在终端用户方的应用，主要涉及调峰调频和削峰填谷两个方面，起到平衡电网负荷，提高电网的稳定性和可靠性的作用。下游为终端用户应用，主要为抽水储能电站在电网系统中的应用，包括调峰调频、削峰填谷等（见图4-6）。

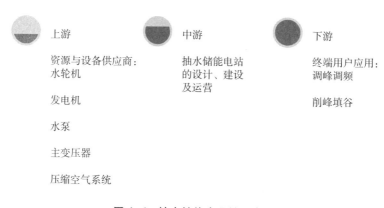

图4-6 抽水储能产业链示意图

资料来源：前瞻网①、储能产业生态体系与发展前景课题组。

1. 上游产业链分析

抽水储能领域的设备供应商处于我国抽水储能产业链的上游，涉及的公司有以水轮机主要业务的浙富控股、通裕重工等，以水泵为主要业务的大元泵业、东音股份、凌霄泵业等，以及以发电机为主要业务的国投电力、华能水电等。从地域分布来看，拥有最多数量抽水储能公司的省份是广东，其次是河北、山东以及湖南。其中，水轮机设备商多在山东、四川等地，发电机设备商多在北京、重庆等地②。

2003年之前，我国抽水储能设备产量并不高，多源于进口，主要有德国西门子、法国阿尔斯通等较为成熟的品牌。自2003年采取统一招标学习外国设备

---

①② 前瞻网，https://www.qianzhan.com/analyst/detail/220/211026-b2129cfb.html。

设计之后，我国抽水储能机组的产量逐渐好转①。当前，我国电力系统仍以火力发电为主，为实现"碳中和"的目标，2021 年国家发布《抽水蓄能中长期发展规划（2021-2035 年）》，提出到 2035 年，形成满足新能源高比例大规模发展需求的，技术先进、管理优质、国际竞争力强的抽水蓄能现代化产业，培育形成一批抽水蓄能大型骨干企业②。当前，东方电气及哈尔滨电气领跑我国抽水储能设备领域的发展。根据两公司 2022 年度报告，2022 年度东方电气、哈尔滨电气在水轮发电机的销售量分别为 2.73GW③、2.70GW④。

我国日益成熟的抽水储能制造技术带来了出货量的逐步提高。随着国内抽水储能机组自主化程度的提升，我国抽水储能领域的部分产品已达到国际领先水平，如成功研发了 600 米水头段及以下大容量、高转速抽水蓄能机组⑤。

2. 中游产业链分析

我国抽水储能产业链中游为抽水储能电站的设计、建设及运营，这是抽水储能产业链的核心环节。在抽水储能电站的建设上，我国主要分为混合式抽水储能电站和纯抽水储能电站。混合式抽水储能电站需要有一定的天然水资源，可以同时进行发电和储能，因此具有较高的灵活性和适应性。而纯抽水储能电站则适用于没有天然水资源的区域，利用抽水储能系统进行储能，从而进行调峰调频、削峰填谷等。但需要注意的是，纯抽水储能电站不能作为独立电源单独使用，必须与电网系统配合协调运行。

目前，国家电网和南方电网是我国主要的抽水储能投资运营商，它们在抽水储能电站的设计建设及运营上具有丰富的经验和专业技术。此外，中国电建、中国能建、国投电力等公司也在抽水储能产业链中发挥着重要作用。随着我国能源结构的调整和电网建设的加强，抽水储能产业链的发展前景将更加广阔。

从市场份额来看，国家电网控股的国网新源公司以及南方电网控股的南方电网调峰调频公司占据我国抽水储能电站九成的市场份额，市场集中度高。根据中国水力发电工程学会抽水蓄能行业分会发布的《抽水蓄能产业发展报告》，截至 2021 年底，正在运作的抽水储能电站中，国网新源和南方电网调峰调频公司在运的抽水储能电站规模分别为 23.51GW 和 8.68GW，分别占据我国在运抽水储能电站的 64% 和 24%，国网新源占据绝对领先地位，其他企业合计规模为 3.98GW，

①⑤ 东方财富网，https：//data. eastmoney. com/report/zw_industry. jshtml？ infocode＝AP202208161577260653。

② 国家能源局，http：//zfxxgk. nea. gov. cn/1310193456_16318589869941n. pdf。

③ 巨潮信息网，http：//www. cninfo. com. cn/new/disclosure/detail？ plate＝sse&orgId＝gssh0600875&stockCode＝600875&announcementId＝1216301205&announcementTime＝2023-04-01。

④ 巨潮信息网，http：//www. cninfo. com. cn/new/disclosure/detail？ plate＝hke&orgId＝gshk0001133&stockCode＝01133&announcementId＝1216517480&announcementTime＝2023-04-21%2017：19。

占比约 12%。正在建设的抽水储能电站中，国网新源在建规模为 45.78GW，占比 74%，其他公司在建规模为 16.08GW①。

在碳中和的背景下，各电网电力公司陆续在抽水储能领域提出方案。例如，2021 年国家电网宣布在"十四五"时期，将在新能源热点地区投入建设 20GW 以上的装机规模以及投资规模 1000 亿元以上的抽水储能电站；2021 年南方电网表明在"十四五"至"十六五"时期将加大投资力度，推进抽水储能电站的建设以及新型储能的研发，目标在 2035 年实现新增抽水储能装机规模 36GW。

3. 下游产业链分析

抽水储能产业链中的下游应用主要指抽水储能电站在电网系统中的应用。抽水储能电站可以利用抽水储能系统调峰调频、削峰填谷等操作，实现经济收益。在电力系统用电低谷期时，抽水储能电站可以利用低价电将水源抽至上水库，储存水能；在电网系统用电高峰时，抽水储能电站可以向电网系统供电，将储存的水能转化为电能，起到平抑新能源发电波动、稳定电网、减少能源浪费的作用。

抽水储能电站的应用，不仅可以提高电网系统的供电能力和可靠性，还可以优化能源的利用方式，减少能源的浪费。同时，抽水储能电站的投资建设和运营管理也为电力企业带来了经济效益。总的来说，抽水储能电站的下游应用是抽水储能产业链中非常重要的一环。随着电力行业的发展和新能源的不断普及，抽水储能电站的应用前景将会更加广阔。例如，广州抽水储能电站通过抽水储能机组协助中电电网解决发电量不足的问题，稳定电网系统。中电电网发电机组以热力发电机组为主，其自身启停时滞长，从启动到并网约 8 分钟。相比之下，抽水储能电站反应时间更短，从启动到并网为 2～3 分钟，并且抽水储能机组负荷转换的效率高，从并网开始到负荷转换完成仅约 1 分钟。因此，广州抽水储能电站凭借其抽水储能机组多次协助中电电网补发电量，在电网稳定上发挥了重大作用。②

三、压缩空气储能产业链

如图 4-7 所示，压缩空气储能系统是一种新型的储能技术，是利用电力在需要时压缩和储存空气，将压缩空气的能量通过膨胀机转化为电力。压缩空气储能系统储能效率高、容量大、响应速度快，是清洁能源储能的重要手段之一。压缩空气储能产业链可以分为上游的资源与设备供应商、中游的压缩空气项目的开发建设以及下游的电网系统运营及应用。上游的资源与设备供应商主要提供压缩空

---

①② 北极星水力发电网，https://news.bjx.com.cn/html/20210329/1144589.shtml。

气储能系统所需的核心设备，包括空气压缩机、膨胀机以及蓄热换热系统等。这些设备需要具备高效、稳定、可靠的技术和产品质量，以满足储能系统对设备的要求。中游的压缩空气项目的开发建设主要提供技术支持，包括项目规划、设计、建设、运营等方面。目前，压缩空气储能系统的开发和研究主要集中在蓄热式压缩空气储能、液态压缩空气储能系统、超临界压缩空气储能系统等新技术路径上。这些新技术路径的研发和应用，将进一步推动压缩空气储能系统的发展和应用。下游的电网系统运营及应用主要包括将压缩空气储能系统接入电网系统，实现削峰填谷、可再生能源发电的消纳等功能。这些功能可以帮助电网系统提高供电效率和可靠性，同时也可以为工商业、居民用电等领域提供更加稳定、可靠的电力供应。总的来说，压缩空气储能产业链的发展离不开上游的资源与设备供应商、中游的压缩空气项目的开发建设以及下游的电网系统运营及应用。随着技术的不断发展和应用的不断拓展，压缩空气储能系统将在清洁能源储能领域发挥越来越重要的作用。

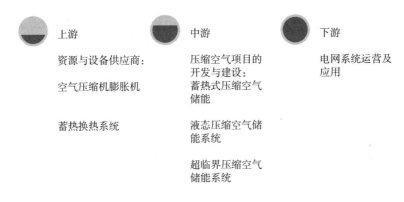

图 4-7 压缩空气储能产业链示意图

资料来源：储能产业生态体系与发展前景课题组。

1. 上游产业链分析

在压缩空气储能系统中，空压机和膨胀机是最核心的设备。空压机能将环境中的空气压缩成高压气体，从而达到收纳和利用的目的。而膨胀机则可以释放压缩空气下降的压力，转化为动能，从而产生动力。所以空压机、膨胀机的压缩空气储能系统性能的稳定与高效是必不可少的。此外，压缩空气储能系统中还需要蓄热换热系统来实现热能的传递和储存。在压缩空气储能过程中，压缩空气会产生热量，而在释放时则需要吸收热量。因此，通过蓄热换热系统来实现热量的传递和储存，可以提高压缩空气储能系统的效率和稳定性。

国内压缩空气储能核心设备制造厂家主要有陕鼓动力、沈鼓集团、金通灵、杭氧股份、川空集团等。其中，陕鼓动力作为我国空气压缩机的龙头企业，已经与中能建集团建立了深度合作关系，共同研发压缩空气新技术。金通灵与中科院工程热物理研究所深度合作，也在空气压缩机与膨胀机等设备的研制方面取得一定的成功，完成了毕节、肥城两个项目的中试。哈电汽轮机公司、东方汽轮机公司和上海汽轮机厂等也是我国压缩空气储能设备的主要制造厂商。这些企业在核心设备的研发、制造和应用方面都有较高的技术水平和市场竞争力。国外压缩空气储能核心设备制造厂家主要有阿特拉斯、科普柯、西门子等。这些企业在压缩空气储能系统的研发、生产和应用方面具有较为丰富的经验和先进的技术。它们在国际市场上占据着一定的市场份额，对于我国的压缩空气储能技术的发展和应用也有一定的影响。

从成本占比来看，2021 年，压缩机、膨胀机、蓄热换热装置、储气系统、厂房和其他分别占比 20%、20%、15%、25%、10% 和 10%。这些成本占比反映了压缩空气储能系统的主要成本构成，其中储气系统的成本占比最高，这也是储能系统中最关键的组成部分之一。随着我国节能政策日趋严格，各行业对节能设备的需求逐渐增加，空气压缩机得到了政策红利的支持。在 2016～2020 年空气压缩机行业产销量不断扩大，市场规模逐年上升，年均增长率为 4.4%。这表明，压缩空气储能系统的核心设备之一——空气压缩机的市场需求也在不断扩大①。

2. 中游产业链分析

压缩空气储能在储能技术中相对较新，相较于抽水储能和电化学储能来说，装机量占比较低。随着清洁能源技术的不断发展和应用，压缩空气储能技术逐渐获得了更多的关注和重视，成为储能技术领域的热门话题。国家层面也相继推出政策支持压缩空气储能行业的发展，加大对国内压缩空气、液流电池和飞轮等储能技术示范项目建设和产能投资的鼓励及引导②。我国在压缩空气储能发展上正加紧商业布局。2021 年以来，相继出现了一系列的压缩空气储能项目，如表 4-7 所示，包括：①湖北应城压缩空气储能电站示范工程是一项规模为 300MW 功率和 1500MWh 能量的储能项目。该项目旨在展示压缩空气储能技术的可行性和效益。②葛洲坝能源压缩空气储能调峰频电站安阳内项目的规模为 1000MW 功率和 6000MWh 能量，是一项较大的储能调峰项目，能够在电网负荷波动时提供稳定的电力支持。③经济技术开发区压缩空气储能电站是一个设计容量为 100MW 功率和 800MWh 能量的储能设施。该电站位于经济技术开发区内，旨在通过压缩空

① 腾讯内容开放平台，https://page.om.qq.com/page/OGpEsIcvn5WjUJn4MFTKCW0w0? source=cp_1009。

② 高工锂电，https://www.gg-lb.com/art-44794.html。

气储能技术为该区域的电网提供调峰和备用电源服务，增强电网的稳定性和可靠性。④中宁县共享储能项目由两个子项目组成，分别是第一个子项目的100MW/800MWh和第二个子项目的200MW/800MWh。这种设计允许项目在不同的电网条件下灵活运作，可以根据实际需求调整输出功率和储能容量，以优化能源使用和提升电网运行效率。⑤黄先进压缩空气储能电站是另一个100MW/800MWh的储能设施，它采用压缩空气储能技术来存储能量。该电站可以在电力需求低的时候压缩空气并储存起来，然后在高峰时段释放压缩空气发电，以此来平衡电网负荷，提供稳定的电力供应。这些项目的成功运营表明，压缩空气储能技术已经开始步入商业化阶段，具有广泛的应用前景和市场需求。总的来说，压缩空气储能技术在我国的应用仍处于起步阶段，但是随着储能示范项目的不断增多、政策的不断扶持以及技术的不断创新，其在未来的发展前景非常广阔。

表4-7　部分压缩空气储能项目

项目名称	规模
湖北应城压缩空气储能电站示范工程	300MW/1500MW·h
葛洲坝能源压缩空气储能调峰频电站安阳内	1000MW/6000MW·h
经济技术开发区压缩空气储能电站	100MW/800MW·h
中宁县共享储能项目	200MW/800MW·h
黄先进压缩空气储能电站	100MW/800MW·h

资料来源：高工产研（CCII）、储能产业生态体系与发展前景课题组。

3. 下游产业链分析

压缩空气储能技术的下游应用主要包括将储能系统接入电网系统，实现削峰填谷、可再生能源的消纳等功能。这些功能可以帮助电网系统提高供电效率和可靠性，并为工商业、居民用电等领域提供更加稳定和可靠的电力供应。通过将压缩空气储能系统接入电网系统，可以实现对电网系统的扩容和升级。在电网系统高峰负荷期间，压缩空气储能系统可以通过释放储存的压缩空气来产生电力，从而实现削峰填谷的功能。同时，在可再生能源发电不稳定的情况下，压缩空气储能系统可以提供稳定的电力输出，帮助电网系统消纳可再生能源。压缩空气储能技术还可以为工商业、居民用电等领域提供更加稳定和可靠的电力供应。例如，在工业生产过程中，电力供应的不稳定可能会导致生产线停机和生产效率下降，而压缩空气储能系统可以提供稳定的电力输出，保障工业生产的连续性和稳定性。在居民用电方面，压缩空气储能系统可以在电网故障或灾害等情况下提供备用电力供应，保障居民的基本生活需求。

随着中国经济的快速发展和城乡居民生活水平的提高，全社会用电量呈现持续增长的趋势，根据国家能源局统计，2022年，我国全社会用电量86372亿kW·h，同比增长3.6%。分产业看，第一产业用电量1146亿kW·h，同比增长10.4%；第二产业用电量57001亿kW·h，同比增长1.2%；第三产业用电量14859亿kW·h，同比增长4.4%。城乡居民生活用电量13366亿kW·h，同比增长13.8%[1]，这为压缩空气储能技术的发展提供了广阔的市场空间。同时，在技术不断升级和创新的推动下，压缩空气储能技术的成本不断降低，效率不断提高，具备了更好的市场竞争力。压缩空气储能技术在削峰填谷、可再生能源的消纳、电网备用等领域具有广泛的应用前景和市场需求，这为其在未来的发展奠定了坚实的基础。

第三节　储能产业链相关配套产业格局

一、储能温控

1. 基础介绍

温控是指利用加热或冷却技术对某事物的温度进行有效调节与控制。在储能系统中，储能温控系统与BMS共同作用，储能温控系统能够监测、控制和调节储能电池的温度，防止储能电池进入过热状态，引发热失控，从而保证储能电池的安全稳定运行。温度会对储能系统的电池组的容量、功率以及安全性等性能产生影响（钟国彬等，2018[2]），利用温控技术对储能系统进行管理。储能电池的温度是影响其性能和寿命的重要因素之一，过高或过低的温度都会对电池的性能和寿命造成不利影响。例如，在1C（C为电池充放电的倍率，1C代表电池1小时完全放电时的电流强度[3]）、在45℃的条件下，测试锂离子电池的寿命情况。在前40次循环中，电池的健康状态（SOH）下降至91%左右，而在经过之后的40~280次循环后，SOH降低至75%左右（见图4-8）。这表明高温对电池寿命的影响非常显著，因为常温下锂离子电池的循环寿命通常在2000次至3000次之间（石博文等，2023[4]）。

---

①　国家能源局，http：//www.nea.gov.cn/2023-01/18/c_1310691508.htm。

②　钟国彬，王羽平，王超，等. 大容量锂离子电池储能系统的热管理技术现状分析［J］. 储能科学与技术，2018，7（2）：203-210.

③　百度百科，https://baike.baidu.com/item/c/19973803。

④　石博文，李明哲，叶季蕾. 锂离子电池储能热管理技术应用现状分析［J］. 电源技术，2023，47（5）：562-569.

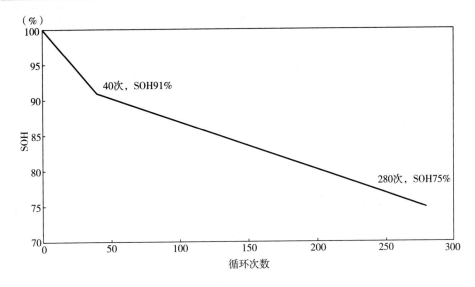

图 4-8 1C、45℃循环下锂离子电池健康状态变化示意图

资料来源：石博文等（2023）、储能产业生态体系与发展前景课题组。

高温会加速电池内部化学反应和腐蚀，导致电解液和电极材料的降解，从而降低电池的容量和健康状态。因此，在高温环境下使用电池时，电池的循环寿命将大大缩短。此外，高温也会导致电池内部压力升高，增加电池爆炸的风险。为了延长锂离子电池的使用寿命，需要避免在高温环境中使用电池，并采取适当的措施来保持电池的温度稳定。通过储能温控系统对电池的温度进行有效控制，可以最大限度地保护电池，提高电池的使用寿命和性能。另外，储能温控系统还可以提高电池的运行效率，降低能量损失，减少电池的损耗，从而提高整个储能系统的效率和经济性。

常见的储能温控技术包括风冷散热、液冷散热、相变散热和热管散热。风冷散热是通过风扇将热量带走，可以降低储能箱体的温度。液冷散热是通过循环液体来带走热量，具有更高的散热效率。相变散热是利用物质在相变时吸收或放出热量的特性来进行热管理。热管散热则是利用热管将热量从热源转移到散热器，具有较高的传热效率（王泽旭等，2022[①]）。风冷是当前储能温控领域采用的主流方式，但相较于其他技术，风冷在散热效率以及散热速度上处于劣势，因此储能相关参与者开始关注其他温控技术。其中，液冷技术在各方面表现优异，成为温控企业的关注重点。热管散热以及相变散热在使用成本上较高，不能很好地体

---

① 王泽旭，贺可寒，孙晨，等．采用相变热开关的软包电池热管理研究［J］．发电技术，2022，43（5）：810-822.

现经济性，目前较少应用于储能领域。四种温控技术比较如表4-8所示。

表4-8 温控技术对比

热管理技术	风冷	液冷	热管	相变
导热指数	*	**	****	***
比热容	**	***	****	***
散热速度	**	***	****	***
温降	**	***	****	****
温差	**	***	****	****
复杂度	**	***	***	**
寿命	****	***	****	****
成本	****	**	*	***

注：*数量越多代表该变量程度越高。

资料来源：朱信龙等（2022）[①]、储能产业生态体系与发展前景课题组。

2. 产业格局

目前，储能温控市场的格局还未定，多数企业仍处于布局阶段。在相关企业中，主要以精密温控企业、新能源车温控企业、工业温控企业为主。这些企业在温控领域涉足多年，具备较高的技术水平和先发优势。然而，这些企业的切入时间较短，其在储能温控市场的产品大多处于研发阶段。在国内温控企业中，英维克、黑盾以及同飞股份等企业走在了储能温控市场的前列。目前，储能温控主要应用于数据中心、电力机柜以及车用空调等方面。未来，随着大型储能的需求增加，储能温控将逐渐向大型储能领域发展，对温控系统要求更高，也将有望提高液冷的比重。

随着储能系统利用率的提高以及安全性的日益关注，温控系统的性能成为储能系统安全性的重要指标之一。液冷系统在散热效率和速度方面具有明显的优势，因此液冷系统有望在储能系统中加速普及和渗透。液冷系统可以帮助提高系统的散热效率和速度，从而保持系统的稳定性和安全性。此外，随着电池原材料价格的下降，液冷系统也将加速布局。液冷系统的成本一直是其普及的主要障碍之一，但随着电池原材料价格的下降，液冷系统的成本也将逐渐降低，从而加速其在储能系统中的应用和普及。液冷系统的加速布局也将带动整个温控行业的发展，未来储能温控的增长速度有望超过储能行业的平均增速。这将为储能温控企业带来更多的商机和发展空间，同时也将促进整个行业的技术进步和创新。

---

① 朱信龙，王均毅，潘加爽，等．集装箱储能系统热管理系统的现状及发展［J］．储能科学与技术，2022，11（1）：107-118.

二、消防系统

1. 基础介绍

造成锂电池失控的三大主要原因为机械滥用、热滥用和电滥用。因此，储能消防对于防止电池热失控十分重要。传统消防技术在电池热失控防治方面效果差、扑灭难度高，若发生电池热失控后无法采取有效防护，将导致热蔓延的发生，严重的话会引起储能系统的燃烧、爆炸，因此在消防防护方面的要求更为严格。储能消防是储能电站安全防护的重要组成部分，其作用在于减少热失控导致的财产损失和人员伤害。电化学储能系统由多个单电池连接而成，相比于电动汽车更容易发生热失控。2018 年 7 月 2 日，韩国灵岩发生了一起储能系统火灾事故，导致 708 米建筑和 3500 多个电池被烧毁，造成了约 46 亿韩元的经济损失。同样，2019 年 4 月 19 日，美国亚利桑那州 APS 公司的电池储能系统也发生了火灾爆炸事故，不仅造成了巨大的经济损失，还导致了 4 名消防员受伤（曹志成等，2022[1]），其他火灾事故不完全统计如表 4-9 所示。这些储能电站火灾事故的发生，再次突出了储能消防的重要性。由于电池储能系统中的单个电池很容易发生热失控，因此在消防防护方面的要求更为严格。传统的消防技术在电池热失控防治方面效果差，难以扑灭火灾并防止火灾扩散。因此，储能电站必须部署先进的消防解决方案，包括专为锂电池设计的消防剂、以及高效的火灾预警和监控系统。这些技术能够实时监测电池状态，一旦检测到异常立即启动灭火程序，从而确保储能设施的安全运行。

表 4-9　全球锂离子电池储能电站火灾事故不完全统计

国家	储能项目	电池类型	事故时间
中国	山西太原某储能电站	三元锂电池	2017 年 3 月
比利时	比利时某储能电站	三元锂电池	2017 年 11 月
中国	江苏镇江某储能电站	磷酸铁锂电池	2018 年 9 月
美国	亚利桑那 APS 储能电站	三元锂电池	2019 年 4 月
中国	北京丰台用户侧储能电站	磷酸铁锂电池	2021 年 4 月
澳大利亚	新南威尔士特斯拉储能电站	三元锂电池	2021 年 7 月
韩国	27 座储能电站	三元锂电池	2017~2021 年

资料来源：曹志成等（2022[2]）、储能产业生态体系与发展前景课题组。

2. 产业格局

消防行业可以分为消防产品和消防工程两个方面，其中消防产品占比 29%，

———————

　　[1][2]　曹志成，周开运，朱家立，等 . 锂离子电池储能系统消防技术的中国专利分析［J］. 储能科学与技术，2022，11（8）：2664-2670.

消防工程占比 71%[①]。消防产品包括消防器材、消防器具、消防装备等，而消防工程则包括消防设计、消防施工、消防维保、消防检测等。从消防产品的应用场景上看，可以将消防市场分为民用消防、工业消防以及储能消防。民用消防市场在近年来得以迅速发展，其中住宅领域是民用消防市场占比最高的部分（见图4-9），其次为办公消防、商业消防，最后为公共设施消防。这是因为消防安全已经成为民生工程，国家政策支持明显，消防法规逐步完善，消防安全意识日益增强，这些因素都推动了民用消防市场的快速发展。据华经情报网统计，2021年民用消防、商业消防和公共设施消防市场规模分别为 2223 亿元、589 亿元和550 亿元，合计 3362 亿元[②]。

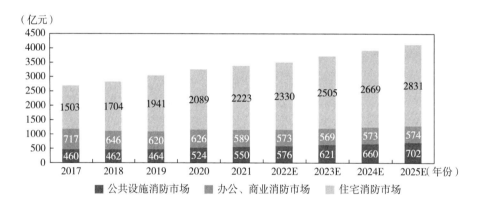

图4-9　2017~2025年中国民用消防市场规模及细分

资料来源：华经情报网、储能产业生态体系与发展前景课题组。

工业消防市场在工业企业、石化企业、航空航天等行业中应用广泛，市场规模较大。然而，由于我国在消防技术研发和创新方面相对滞后，技术壁垒较高，工业消防产品的技术含量和附加值较低，难以与国外竞争对手抗衡，高端市场存在国外垄断现象。为了应对这些挑战，国内工业消防企业需要加强技术创新和产品升级，提高产品的技术含量和附加值，以提升竞争力。青鸟消防作为国内知名的消防企业，于 2020 年布局工业消防领域，领跑国内工业消防行业发展，这将有助于提高国内工业消防企业在市场中的竞争力。随着我国工业的不断发展和对消防产品及消防工程需求的不断增加，工业消防市场的潜力仍然很大。国内工业消防企业可以通过技术创新，不断提高产品质量，不断扩大市场份额。

储能消防产品是一种特殊的消防产品，主要应用于储能电站、新能源汽车以

---

①② 华经情报网，https://m.huaon.com/detail/845674.html。

及户用储能等领域。随着全球能源的转型和储能技术的不断提升，储能消防产品的市场前景非常广阔。为了推广储能消防产品，消防企业与国内储能系统集成商进行深度合作，可以促进我国储能消防产品的研发和推广，扩大市场规模。同时，消防标准的日益严格也将促进储能消防产品质量的提升。储能消防产品的广泛应用将为我国消防企业带来巨大的商机和收益。消防企业可以通过与储能系统集成商合作，不断改进和创新储能消防产品，提高产品的性能和安全性，同时提升企业的市场竞争力。未来，储能消防产品将成为消防市场的重要组成部分。消防企业应该积极投入研发和生产，并与储能系统集成商深度合作，开拓市场，以获得更多的商机和收益。

第四节　储能产业链总结

随着全球能源的转型以及储能技术的升级进步，各种储能技术将在更多场合发挥重要作用，通过上述分析，我们对三种储能产业链进行了总结，结果如表4-10所示。

表4-10　储能产业链总结

储能分类	上游	中游	下游	应用场景	特点
电化学储能	原材料及零部件供应商	电池、储能变流器（PCS）、管理系统以及系统集成等	终端用户的应用场景（发电侧、电网侧和用户侧）	调峰调频、削峰填谷、需求响应以及户用储能等	应用最广、发展潜力最大的电力储能技术
抽水储能	以设备供应商为主，包括水轮机、发电机、水泵、主变压器以及压缩空气系统等	抽水储能电站的设计、建设及运营，代表性企业有中国电建、国投电力、国网新能、南方电网调峰调频等	终端用户的应用，主要为抽水储能电站在电网系统中的应用	削峰填谷、调频、黑启动等	最为成熟且应用最为广泛的大规模储能方式
压缩空气储能	资源与设备供应商，包括空气压缩机、膨胀机以及蓄热换热系统等	压缩空气项目的开发与建设	应用于电网系统及其运营，最终应用到工商业、居民用电等领域	削峰填谷、备用电等	可以实现大规模和长时间电能存储的电力储能方式

资料来源：储能产业生态体系与发展前景课题组。

第五章　全球储能市场发展与产业生态格局

第一节　全球储能市场规模测算与分布格局

一、全球储能市场发展现状与分布格局

近年来，为实现碳达峰、碳中和目标，助推能源结构转型，全球都在积极发展可再生能源。然而，可再生能源供电普遍存在间歇性和波动性问题，导致供电不够稳定，需要依靠储能技术进行改善（孙昌岳，2022）。因此，储能是全球能源技术革命的重中之重。在此背景下，全球储能市场正以一种前所未有的速度高速增长（见表5-1）。总体来看，根据CNESA发布的《储能产业研究白皮书2022》，截至2021年，全球已投运储能项目累计装机规模约209.4GW，同比增长9%。而全球新增投运电力储能项目装机规模约为18.3GW，同比增长185%。在新增投运中，新型储能规模最大，高达10.2GW，同比增长117%。此外，储能市场呈全球化趋势。目前，已有30多个国家和地区部署储能项目，其中美国、欧洲、中国装机规模占据了全球80%的储能市场，是全球储能市场的三巨头，引领全球发展。因此，本章着重从技术和区域两个方面对全球储能市场规模进行详细介绍。

表5-1　全球储能市场发展现状

划分标准	发展现状
总体来看	截至2021年底，全球已投运储能项目累计装机规模约209.4GW，同比增长9%；全球新增投运电力储能项目装机规模约为18.3GW，同比增长185%

续表

划分标准	发展现状
储能技术	全球储能市场仍以抽水储能为主，但比例有所下降，2021 年首次占比低于 90%，电化学储能发展迅猛
区域	美国新增储能项目规模同期增长 2.5 倍，首次突破 3GW；中国已投运电力储能项目累计装机规模为 46.1GW，占全球储能市场总规模的 22%；欧洲储能市场新增投运规模为 2.2GW

资料来源：CNESA、中国化学与物理电源行业协会、储能产业生态体系与发展前景课题组。

从储能技术来看，全球储能市场仍以抽水储能为主，但电化学储能发展迅猛。2021 年抽水储能的装机总量仍独占鳌头，但比例有所下降，首次占比低于 90%，同比下降 4.1%。抽水储能得以广泛应用的主要原因在于，相较于其他储能技术方式，抽水储能的功率大、成本低以及放电时间长的优势使其在发电侧表现良好，由此成为世界各国主要的储能方式。然而，抽水储能的劣势也很明显：一方面，建设抽水电站对地理条件的要求很高；另一方面，抽水电站通常和负荷中心距离较远，故资金投入量大且工期过长。抽水储能的这些缺点也使得近年来各国的发展重心逐渐向其他储能技术转移。在此背景下，电化学储能发展势头良好。根据中国化学与物理电源行业协会统计数据，2021 年全球电化学储能装机为 20.4GW，约占储能总装机的 10% 左右。虽然电化学储能度电成本高、规模小，但是电化学储能可以增强电网稳定性以及提高配电系统利用效率，而这些优势涉及发电侧和用户侧的各个环节。具体来说，在发电侧方面，一是电化学储能可以扩大电网备用容量，提供调频服务。二是可再生能源通过电化学储能系统向用户持续供电，这样既可以实现清洁发电，又解决了可再生能源供电的不稳定性问题。三是电化学储能可以提高电能质量，从而使得输电系统更加可靠。在用户侧方面，以电化学储能为代表的分布式储能系统在优化用户用电、提高电能质量的同时还可以降低用电费用。因此，电化学储能在全球市场得到广泛应用，而全球电化学储能市场仍以中国、美国、欧洲为主。

分区域来看，尽管美国 2021 年因电池价格上涨以及供应短缺等问题导致部分建设项目延期，但是美国储能市场仍有大幅发展。首先，美国新增储能项目规模同期增长 2.5 倍，首次突破 3GW，且增幅大多来自表前侧。其次，美国在 2021 年完成了佛罗里达州电力和照明公司的储能项目，美国也由此迈入吉瓦级项目的新时代。2021 年，中国在储能市场也交出了一分优秀的答卷。在总规模方面，截至 2021 年底，中国已投运电力储能项目累计装机规模 46.1GW，占全球储能市场总规模的 22%，同比增长 30%。其中，抽水储能仍是中国最主要的储能技术，规模高达 39.8GW，同比增长 25%，但占比相较于 2020 年下降了 3%。在新增方面，一方面，2021 年中国新增投运电力储能项目装机规模首次突破 10GW，其中抽水储能新增 8GW；另一方面，新型储能新增规模也首次突破 2GW，同比增长 54%，约为 2020 年同期的 1.6 倍，以电源侧新能源配置储能和独立储能应用为主。在储能项目方面，2021 年中国新增百兆瓦级项目多达 78 个，刷新历史纪录，超过 2020 年同期的 9 倍，规模达 26.2GW。自 2016 年以来，欧洲储能市场在可再生能源目标和承诺的驱动下始终保持高速增长。总体来看，2021 年欧洲储能市场新增投运规模为 2.2GW，其中户用储能市场规模突破 1GW。在应用场景方面，欧洲户用储能市场仍以德国为主，德国累计户用储能安装量高达 43 万套，意大利、奥地利、英国和瑞士的表后储能市场也在快速发展。欧洲的表前市场则主要集中在英国和爱尔兰（滕玥和王希，2022）。

二、全球储能市场未来走势

根据伍德麦肯兹（Wood Mackenzie）发布的研究报告《全球储能展望》[①]，未来十年仍是全球储能市场发展的黄金期。总体来看，得益于不断下降的电池成本以及不断升高的可再生能源渗透率，预计 2031 年全球储能市场需求量将扩大 9 倍，累计新增装机容量将达到 460GW。从地区层面来看，储能的绝大多数需求掌握在少数几个国家手中，其中，中美两国将达到 70% 以上。中国政府已明确表示 2030 年储能装机要达到 30GW，与此同时，各个省份也相继制订储能计划和目标。政策支持和电池成本的下降将助推中国储能市场的高速发展，预计 10 年后新增装机累计量将达到 165GW，中国将继续领跑全球储能市场。对于美国来说，ITC 政策则是决定美国未来储能市场走向的重要因素。保守估计，2031 年美国新增储能装机容量将呈现指数型扩张，达到 28GW。此外，美国仍是美洲储能市场最主要的国家，美洲新增装机 93% 的份额都来自美国。俄乌冲突引发的能源危机也引起了欧洲各国的警惕。为减少对俄罗斯能源的依赖，欧盟提出 RePower EU 计划，旨在推动能源绿色转型。为提高可再生能源渗透率和稳定性，2031 年欧洲总储能容量预计将增加 14 倍，达到 67GW。具体来说，英国在 2020～2022 年电价上涨超过 300%，这将会推动储能领域商业模式的发展；德国则仍是欧洲户用储能市场的领跑者，屋顶安装光伏系统也已成为德国的硬性要求，这也将进一步助推德国户用储能市场的发展。

---

① 华夏能源网，https：//www.hxny.com/nd-70312-0-77.html。

第二节 美国储能产业及其生态格局

一、美国储能产业政策

1. 联邦政策

美国一直以来都是碳排放大国，人均碳排放量居全球首位。减少碳排放、加快能源转型是美国未来发展的主基调。根据美国能源信息署（EIA）的统计数据，2020年美国新增光伏装机12.3GW，打破了历史纪录。新增风电装机17.1GW。由此可见，使用清洁能源发电将成为主流趋势。然而，电网本身的调节能力难以应对清洁能源发电所存在的波动性和不稳定性问题。此时，储能的重要性得以凸显。储能可以通过充放电来减小新能源供电的波动性，调节存储过量的光伏风电资源，从而维持电力系统的安全性和稳定性。由此可以看出，储能是实现能源转型的必经之路，也是实现碳排放、碳中和的关键。因此，美国联邦政府陆续出台了一系列涉及储能目标、财政补贴、市场机制以及税收抵免的政策来推动美国储能市场的发展（王冰等，2020），具体如表5-2所示。

表5-2 美国联邦政府储能产业政策

政策类型	日期	政策名称	政策内容
储能目标	2020年	ESGC	美国能源部针对储能的首个综合性战略
财政补贴	2020年	BEST法案	计划在未来五年内为储能创新提供10亿美元
	2021年1月	SCALEUP计划	美国能源部宣布拨款4700万美元用于支持储能商业化和进一步发展
	2021年9月	长时储能攻关	拨款116亿美元用于降低储能时长超过10小时的系统成本
市场机制	2008年	719号法案	允许储能进入电能批发市场
	2011年	755号法案	美国制定电力零售市场调频辅助服务按效果付费的补偿机制
	2013年	784号法案	美国推出电储能辅助服务结算机制
	2018年	841号法案	美国进一步放开电力市场，消除阻碍储能发展的不利因素，允许储能参与电力市场的竞争
税收抵免	2006年	ITC	安装可再生能源发电系统的用户，可以按照一定的比例进行税收抵免

政策类型	日期	政策名称	政策内容
税收抵免	2019 年	ITC	其他储能系统也可以获得 ITC 政策提供给太阳能光伏项目的 30% 的税收抵免政策的支持
	2020 年		将 ITC 政策延长，但抵税比例有所下降

资料来源：美国 EIA、储能产业生态体系与发展前景课题组。

从储能目标来看，2020 年 12 月 21 日，美国国家能源部发布储能大挑战路线图（Energy Storage Grand Challenge Roadmap，ESGC），这是美国针对储能的第一个综合性战略，为储能市场的未来发展奠定了基础。该报告指出，美国将层层递进、循序渐进地推动美国储能市场的发展，构造研发创新和商业一体化的储能产业链，并预期 2030 年美国将在储能的利用和出口方面占据绝对的主导地位，最终达到"美国创新、美国制造、全球领先"的终极目标。除联邦政府以外，美国各州也结合自身储能发展状况制定相应储能目标和政策，以确保储能项目真正落实到位。加利福尼亚州要求公用事业公司到 2024 年运营 1325GW 储能；马萨诸塞州预计 2025 年将达到 1000MW·h；新泽西州要求到 2030 年完成储能目标 2000MW·h；预计 2035 年弗吉尼亚州将完成储能计划 3100MW。

从财政补贴来看，2020 年美国通过了 *Better Energy Storage Technology*（BEST）法案，未来 5 年将为储能研发提供 10 亿美元的资金支持。此外，为应对储能多样化的应用场景，美国决定将设置新的竞争性拨款计划。2021 年 1 月，美国能源部宣布拨款 4700 万美元用于支持储能商业化和进一步发展。2021 年 9 月，美国能源部公布"长时储能攻关"计划（Long Duration Storage Shot），将拨款 116 亿美元用于降低储能时长超过 10 小时的系统成本，争取在 10 年内可以降低 90% 以上，并将数百吉瓦的清洁能源引入电网。

从市场机制来看，2008 年联邦政府修改市场规则放开市场限制，允许储能进入电能批发市场。2011 年，美国制定电力零售市场调频辅助服务按效果付费的补偿机制。2013 年，美国推出电储能辅助服务结算机制，进一步推动储能市场的发展（胡静等，2019）。2018 年，美国进一步放开电力市场，消除阻碍储能发展的不利因素，允许储能参与电力市场的竞争。

从税收抵免来看，2006 年美国联邦政府提出 ITC 政策，政策指出，安装可再生能源发电系统的用户可以按照一定的比例进行税收抵免。随着储能市场的不断发展，ITC 政策范围正在逐步扩大，部分储能项目也可进行税收抵免，且最高可减免 30% 的投资额度。2019 年美国国会发布《储能税收激励和部署法案》，旨在让其他储能系统也可以获得 ITC 政策提供给太阳能光伏项目的 30% 的税收抵免政策的支持。2020 年 12 月 22 日，美国联邦政府决定将 ITC 政策延长，但抵税比例有所下降，2022 年抵税比例下降至 26%，2023 年降至 22%。

2. 州政策

加利福尼亚州受到地理环境以及气温的影响，火灾频发。因此，加利福尼亚州出台自发电激励政策、市场机制以及净电量结算制度来保证电力供应的安全性和稳定性（周树鹏、尤培营，2019）。在自发电激励政策中，分五轮发放储能补贴资金，补贴标准随储能时长和容量的增加而降低。在市场机制中，一方面，为了储能更好地参加辅助服务市场，加利福尼亚州将资源模型细分为三类，即代理需求响应资源、分布式能源和非发电资源；另一方面，加利福尼亚州还提出调频能量管理方案，允许储能可以同时参与电能量市场和辅助服务市场（武魏楠，2021）。净电量结算制度的目的在于鼓励家庭用户采用光伏发电，从而便于用户回收投资。陈旧的基础设施和不断增长的峰值需求一直都是困扰美国各州的重要问题。为解决这一问题，纽约州制定了储能路线图，提出 2025 年储能装机容量将达到 1.5GW，2030 年装机容量再翻一番。在政策方面，除联邦政府的 ITC 政策外，纽约州还推出了零售侧和批发侧的激励政策以促进储能市场的发展。在市场机制上，一方面，纽约州打破储能市场的容量限制，允许储能周期低于 4 小时的储能系统参与电力市场；另一方面，纽约州采用分布式能源价值机制取代净计量电价政策，助推储能商业化（王冰等，2020）。美国各州储能产业政策如表 5-3 所示。

表 5-3 美国各州储能产业政策

州	政策类型	具体内容
加利福尼亚州	自发电激励	分五轮发放储能补贴资金，补贴标准随储能时长和容量增加而降低
	市场机制	加利福尼亚州将资源模型细分为三类，即代理需求响应资源、分布式能源和非发电资源；调频能量管理方案，允许储能可以同时参与电能量市场和辅助服务市场
	净电量结算	旨在支持家庭用户的光伏发电，便于用户回收投资
纽约州	激励政策	零售侧和批发侧激励政策
	市场机制	打破储能市场的容量限制，允许储能周期低于 4 小时的储能系统参与电力市场；采用分布式能源价值机制取代净计量电价政策

资料来源：美国 EIA、储能产业生态体系与发展前景课题组。

二、美国储能市场发展现状

持续下降的储能系统成本，不断加大的政策扶持力度，以及灵活调整的政府监管，使得美国储能市场迎来高速发展阶段。根据 BNEF 统计数据，截至 2021 年底，美国新增储能装机容量 3971MW，相较于 2020 年同期增长 341%（见表

5-4)，其中户用储能新增 343MW/960MW·h，占新增储能装机总量的 8.8%。根据 Wood Mackenzie 统计数据，2022 年第一季度美国新增装机 955MW/2875MW·h，同比增速高达 209%。美国储能协会预计 2025 年美国储能系统装机容量将会增长 5 倍。[①]

表5-4 美国储能市场发展现状

划分依据	发展现状
总体来看	截至 2021 年底，美国新增储能装机容量 3971MW，同比增长 341%
储能技术	抽水储能仍是美国最主要的储能方式，美国储能装机容量的 92% 都来自抽水储能，主要用于提供 4~16 小时的长时储能；电化学储能则是美国未来的主要发展方向，美国新增储能市场的九成以上都来自电化学储能
区域	加利福尼亚州仍是美国最大、最成熟的储能市场，全美已投运项目中 44% 的能量和 18% 的功率都来自加利福尼亚州，加利福尼亚州表前、户用、工商业储能均为全美第一

资料来源：BNEF、美国能源部、Wood Mackenzie、美国 EIA、储能产业生态体系与发展前景课题组。

从储能技术来看，抽水储能仍是美国最主要的储能方式，电化学储能则是美国未来的主要发展方向（见表 5-4）。根据美国能源部和 BNEF 统计数据，截至 2020 年底，抽水储能累计装机容量为 22.9GW，美国储能装机容量的 92% 都来自抽水储能，主要用于提供 4~16 小时的长时储能。相较于其他储能技术，抽水储能度电成本最低、技术最成熟、经济效益最高，因此装机规模最大。然而，抽水储能电站建设周期长、投资数额大等缺点也限制了其发展，美国现有抽水储能电站多建于 20 世纪，2004 年至今，美国一直没有新建抽水储能发电设施。与此同时，电化学储能正逐渐发展成长为美国储能市场的主力。根据 Wood Mackenzie 统计数据，2021 年美国新增电化学储能装机容量 3.58GW，约占全球新增装机的 38%，增速连续两年超过 200%。美国新增储能市场的九成以上都来自电化学储能。镍基电池、铅酸电池、钠硫电池和液流电池等都是电化学储能的典型代表。最早应用于储能的是镍基电池和铅酸电池。然而，随着电化学储能的发展，镍基电池和铅酸电池正逐渐被钠硫电池和液流电池所替代。钠硫电池的优势主要体现在功率密度和能量转换效率两个方面，但由于高温熔融的工作条件使其应用有所局限。美国 EIA 统计数据显示，仅有 2% 的装机容量和 4% 的能量容量使用了钠硫电池储能。作为新兴技术，液流电池在循环次数和转换效率方面都具有一定的优势，但较低的能量密度以及技术上的不成熟使得液流电池并没有得到广泛应用，仅有 1% 的储能系统中应用了液流电池，华盛顿州直到 2016 年才安装了第一个大型液流电池储能系统。而锂离子电池无论是在循环次数、能量密度、响应时

---

① 北极星储能网，https://news.bjx.com.cn/html/20220815/1248125.shtml。

间还是运营成本方面都占有极大优势，因此锂离子电池是电化学储能市场的主要组成部分，占比高达 90% 以上。

分区域来看，加利福尼亚州仍是美国最大、最成熟的储能市场，全美已投运项目中 44% 的能量和 18% 的功率都来自加利福尼亚州（见表 5-4）。2010~2020年，加利福尼亚州累计储能装机容量占美国总量的 54%。此外，加利福尼亚州表前表后储能均为美国第一。加利福尼亚州表前储能装机量为 309MW·h，占美国总量的 67.33%；在户用方面，加利福尼亚州户用储能装机达 149.4MW·h。

三、美国储能市场商业模式

1. 商业模式应用场景

按照储能市场的商业应用场景，可以将其划分为表前和表后。表前侧通常是指电网侧和发电侧，表后指用户侧，包括家庭和工商业。

（1）表前侧储能市场。根据 BNEF 统计数据，2020 年美国新增储能的 80% 都来自表前侧市场。同时，表前侧新增电化学储能装机量为 852MW，相较于2019 年同期增加 297%。从区域来看，美国表前侧储能市场主要包括马里兰州（PJM）、加利福尼亚州（CAISO）以及得克萨斯州（ERCOT）等。其中，马里兰州着重发展功率，主要用于电网调频；加利福尼亚州主打能量市场，主要用于电网调峰、负载管理等。从市场参与者来看，美国表前侧储能市场主要包括独立发电商（IPP）和投资者拥有的公用事业端（IOU）等。美国 EIA 统计数据显示，美国大型电化学储能现有功率容量的一半以上都来自独立发电商，而投资者持有的公用事业端仅占 20%。

（2）表后侧储能市场。根据 BNEF 统计的数据，2020 年表后侧市场新增电化学储能装机 209MW，其中，户用占比为 15%，容量为 154MW，同比增长63%；工商业占比为 5%，同比降低 24%，装机容量为 55MW。从用户来看，美国表后侧市场虽然是由户用和工商业储能共同构成，但是工业储能占比很小，以户用和商业为主。从区域来看，加利福尼亚州占据全美表后侧市场的 80% 以上。加利福尼亚州储能容量大多用于商业和住宅区域，两者所占比例基本持平，仅有10% 左右的储能容量用在工业区域。而在夏威夷州、得克萨斯州以及亚利桑那州中，住宅区储能占比高达 99% 左右。

需求和收益的提高以及成本的降低推动美国表后侧市场的快速发展。从用户需求来看，美国电网的不稳定性提高了用户的储能需求。美国电网不稳定主要是由以下三方面原因造成的：一是美国各区域电网系统之间相对独立，很难进行大规模的跨区调度；二是美国大部分电网系统都修建于 20 世纪末，老化的系统容易供电不稳并阻塞高峰输电；三是美国冬天极端暴雪天气频发，现有供电系统难以应对。因此，居民迫切希望能够提高供电的可靠性和稳定性，户用储能需求随之大幅提升。从收益来看，不断扩大的峰谷价差以及自发自用的光储系统都极大地提高了储能安装的经济性。从成本来看，美国ITC政策规定安装储能可按一定比例抵税，降低了储能投资成本，储能经济性进一步凸显。

2. 商业模式

美国储能市场侧重于分布式储能，其具体的商业模式主要包括以租代售、共享收益、虚拟电厂以及社区储能四种形式。具体来说，以租代售指的是储能项目开发商通过将储能系统出租给用户来收取每月固定租金，从而获取收益的一种投资运营模式。以租代售的目标群体主要是居民用户，其在分布式储能领域应用最为广泛。共享收益和以租代售类似，都是储能项目开发商通过收取租金来赚取收益，但两者的区别主要在于以下两个方面：一是租金的支付不同。在共享收益的商业模式中，租金的支付以节余电费为基础，并按照收益的比例进行分成。因此，每月的租金并不是固定不变的，而是随每月的节余电费数额而变动的。二是目标群体不同。与以租代售不同，共享收益的客户群体主要是工商业。此外，共享收益模式往往都是结合其他商业储能模式使用。虚拟电厂模式是指家庭的户用储能系统先由公用事业单位或第三方公司控制起来，并通过储能的电网服务获得一定的收益。社区储能模式的受众主要是分布式光伏用户。具体操作流程为：居民使用电池存储光伏所发电力，并以租金来换取电力的使用权。存储的电力不仅可以自用，还可以用于社区之间的电力交易或者参与电网服务，从而获取经济收益（张莉，2021）。

四、美国储能市场优势及发展趋势

相较于其他国家，美国储能市场最大的优势在于市场化机制成熟（孙玉树等，2020）。成熟的市场化机制有利于储能参与市场竞争以获得经济收益。如图5-1所示，美国的储能市场可以划分为监管、批发和零售三个部分。美国储能市场的监管主要是由美国联邦能源监管委员会（FERC）、北美可靠电力公司（NERC）以及公用事业委员会（PUC）构成。在电力批发市场中，按照区域可以将美国电力系统划分为东部网（Eastern Interconnection）、西部网（Western Interconnection）和德州网（Electric Reliability Council of Texas，ERCOT）三大电网，然后又在这三大电网内继续划分出区域传输组织（RTO）或独立系统运营方（ISO）。区域传输组织的职责是组织电能买卖，而独立系统运营方则负责组织实时市场，用于平衡发电与用电负荷。发输配售则是由一体化的公司来完成。在零售市场中，部分用户可以通过直接竞价购电，也可以作为负荷调节资源参与辅助服务。除此之外，用户还可以通过售电公司购电。

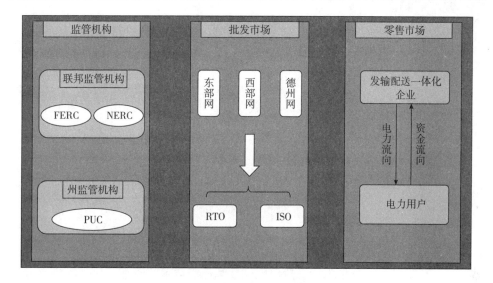

图 5-1　美国电力市场结构

资料来源：美国 EIA、美国能源部、储能产业生态体系与发展前景课题组。

　　政策激励以及规范的市场化操作将推动美国储能市场继续保持高速和高质量的发展。其中，光储项目是美国未来的重点发展方向。美国太阳能产业协会（SEIA）统计数据显示，2021 年美国新增光伏装机量为 23.60GW，同比增长 19%，创下历史新高。此外，美国表前市场新增也大多来自于光储项目（李丽旻，2022）。SEIA 预测，2025 年户用新增光伏装机将达到 5.4GW，所占比例将提升至 24%；2025 年工商业新增光伏装机将达到 2.15GW。

第三节　欧洲储能产业及其生态格局

一、欧洲储能产业政策

　　2020 年欧盟成员国统一做出承诺：相较于 1990 年，2030 年温室气体排放量将减少一半以上。此外，俄乌冲突导致欧洲能源面临巨大缺口，能源缺口又导致电价升高。虽然欧洲也可以从美国和卡塔尔进口能源来弥补缺口，但是成本和风险都很高。因此，应对能源缺口的最佳方式就是进行能源转型。为落实碳中和目标，应对能源缺口，欧洲将加快能源结构转型步伐。随着能源结构转型的不断推进，可再生能源成为供电主力军。然而，可再生能源发电不稳的问题一直以来都是阻止可再生能源大规模应用的主要原因。而储能正是解决这个问题的最佳方案。因此，欧洲各国纷纷制定储能政策以推动储能市场的快速发展，本书以英国和德国为欧洲储能市场的代表对其储能产业政策进行分析。

英国主要是通过制定政策、提供资金帮扶和改革市场机制三个方面来支持储能市场的发展（见表5-5）。从政策方面来看，2017年英国提出"智能灵活系统发展战略"，旨在为储能发展扫清障碍并提升电网对储能的兼容性；2020年，英国在"绿色工业革命十点计划"中指出，要充分利用储能来建设电网基础设施；2021年，"智能系统和灵活计划2021"指出，要提高电网灵活性，同时研发电力存储和电网互联技术。从资金支持方面来看，英国在2017年发布"法拉第挑战计划"（Faraday Challenge），宣布划拨2.46亿英镑来推动电池技术由实验室走向市场。"法拉第挑战计划"实现了科研院校、机构和企业的三者联动，利用新的储能技术和理念来解决储能商业化难题。此外，2020年英国政府推出"净零创新组合项目"，拨款10亿英镑支持储能创新和储能技术的改进。从市场机制方面来看，英国对调频辅助服务市场、类别属性、审批限制和电价征收规则方面做出了改进。在调频辅助服务市场中，2015年英国引入新的调频辅助服务类型来解决供需不平衡引发的频率波动。在类别属性方面，2017年英国将储能定义为发电资产类别的一个子集，以便于让储能作为电力系统的一个组成部分进行产业布局。在审批限制方面，2020年英国取消电池储能项目容量限制，以此来缩短大型储能项目的建设周期，激励大量投资进入储能领域。在电价收费方面，2020年英国废除了对电储能征收的系统使用费和平衡服务系统使用费的双重收费政策，只需支付发电时的网络使用费（朱寰等，2022）。

表5-5　欧洲储能产业政策

国家	政策类型	政策时间	政策内容
英国	基本政策	2017年	智能灵活系统发展战略：旨在为储能发展扫清障碍并提升电网对储能的兼容性
		2020年	绿色工业革命十点计划：要充分利用储能建设电网基础设施
		2021年	智能系统和灵活计划2021：要提高电网灵活性，同时研发电力存储和电网互联技术
	财政支持	2017年	法拉第挑战计划：宣布划拨2.46亿英镑来推动电池技术由实验室走向市场
		2020年	净零创新组合项目：拨款10亿英镑支持储能创新和储能技术的改进

续表

国家	政策类型	政策时间	政策内容
英国	市场机制	2015 年	引入新的调频辅助服务类型来解决供需不平衡引发的频率波动
		2017 年	将储能定义为发电资产类别的一个子集
		2020 年	废除了对电储能征收的系统使用费和平衡服务系统使用费的双重收费政策，只需支付发电时的网络使用费
		2020 年	取消电池储能项目容量限制
德国	政策补贴	2013 年	德国宣布为户用光伏储能设备补贴 30%
		2016 年	补贴额度下降至 19%
		2018 年	光储补贴下降为 10%
		2021 年	EEG-2021：最大装机容量 30kW 或年最大耗能 30MW·h 的屋顶太阳能储能装置可以免除 EEG 附加税

资料来源：CNESA、储能产业生态体系与发展前景课题组。

德国储能政策以补贴为主（见表 5-5）。2013 年德国宣布为户用光伏储能设备补贴 30%，2016 年补贴额度下降至 19%，到 2018 年光储补贴下降为 10%。2021 年德国 EEG-2021 附加税减免政策中指出，最大装机容量 30kW 或年最大耗能 30MW·h 的屋顶太阳能储能装置可以免除 EEG 附加税。除德国政府外，德国各州也出台了一些补贴政策。柏林制定了"Energiespeicher PLUS"计划，决定提供 300 欧元/kW·h 的补贴，补贴上限为 15000 欧元。巴伐利亚州在"Energy Bonus Bavaria"中指出，购买储能装置可享受补贴。下萨克森州为新建大功率光伏系统的电池存储系统提供 40% 的补贴。

二、欧洲储能市场发展现状

总体来看，得益于欧洲各国可再生能源承诺和政策以及不断开放的电网服务市场，欧洲储能市场始终保持高速增长态势。根据 CNESA 统计数据，截至 2021 年底，欧洲新增储能项目投运规模达到 2.2GW（见表 5-6），其中户用储能市场规模突破 1GW，发展潜力巨大。

表 5-6　欧洲储能市场发展现状

划分依据	发展现状
总体状况	欧洲储能市场自 2016 年以来一直保持高速增长态势。根据 CNESA 统计数据，截至 2021 年底，欧洲新增储能项目投运规模达到 2.2GW
储能技术	抽水储能占比最高，欧洲储能市场 90% 以上来自抽水储能，但电化学储能最具潜力

划分依据	发展现状
区域	英国是欧洲最大的表前储能市场，德国是欧洲户用储能市场的龙头

资料来源：CNESA、Data Europa、EASE、BNEF、储能产业生态体系与发展前景课题组。

从储能技术来看，欧洲与美国储能市场相似，抽水储能占比最高，但电化学储能最具发展潜力（见表5-6）。欧盟数据门户（Data Europa）统计数据表明，欧洲储能市场的90%以上都来自抽水储能，其中又以德国为主。根据欧洲储能协会（EASE）统计数据，截至2020年底，欧洲电化学储能累计装机容量为5.3GW·h，同比增长45%，电化学储能新增装机为3GW·h。从电化学储能新增装机容量来看，欧洲电化学储能市场以德国和英国为主导。在电化学储能中，又以锂电池为主。欧盟统计数据显示，德国运行的大型储能系统累计装机容量中81%是锂电池，钠硫电池占3%，铅酸电池仅占1%。

分区域来看，英国和德国是欧洲最大也是最具代表性的两个市场（见表5-6）。据EASE统计，欧洲新增装机规模八成以上来自英国和德国。英国是欧洲最大的表前储能市场。从总体状况来看，2020年英国累计装机容量为1.3GW/1.6GW·h，新增电化学储能294MW/399MW·h，因疫情原因同比下降29%。从项目容量来看，储能项目容量随辅助服务市场需求的上升而上升，尤其是2020年英国放开储能项目容量的限制以后，大型储能项目更是呈爆发式增长。从市场发展重点来看，英国储能市场发展重心由早期的配网侧储能项目转向调频辅助服务市场。德国是欧洲户用储能市场的龙头。BNEF统计数据显示，德国2020年新增电化学储能626MW/1.1GW·h，同比增长36%，其中新增户用储能552MW/1.02GW·h。截至2020年，德国户用储能装机达2.3GW。

三、欧洲储能市场商业模式

英国是欧洲最大的表前侧储能市场，而德国则是欧洲最大的户用储能市场。因此，本书以英国和德国为例，来分析欧洲储能市场的商业模式。

1. 商业模式应用场景

（1）英国表前侧储能市场。2016年，英国国家电网增强频率响应（EFR）项目中标，储能装机容量迎来爆发式增长。英国自2019年起放开对平衡市场的限制，允许分布式电源进入。同时，英国还搭建分布式能源服务平台以供运营商使用，储能市场愈加成熟的商业模式使得储能在英国能源体系中的地位得到进一步的提升。2020年，为促进英国表前市场大型储能项目的发展，英国的部分地区取消了对储能项目的容量限制。英国政府的种种部署使得其表前侧储能市场发展迅速，装机规模也在向着大容量的方向发展。Solar Media 统计数据显示，2021年英国正在建设的大型储能项目为 1.8GW，批准的项目为 6.9GW，计划中的项目为 6.2GW，总储能容量为 14.9GW，其中英国准备建设的储能系统主要分布在英国的东南部。

（2）德国户用储能市场。德国是目前全球最大的户用储能市场。德国户用市场发展迅速主要是由于政策补贴的支持以及高昂的电价。政策补贴主要是政府对安装光储系统的用户进行财政补贴。电价的飙升则是由于德国希望可以加快能源转型进程，因此德国决定到 2022 年关闭所有的核电站，从而导致零售电价飙升，而户用储能可以通过家用电价将全额上网电价转换成自用电价，降低电费支出。

2. 商业模式及其经济性

（1）英国。从收益渠道来看，英国储能市场的收益主要来源于容量市场和辅助服务市场。在容量市场上，英国将储能项目定义为需求侧响应资产。这是因为需求响应运营商会被授予最长可达 15 年的合同，因此，此举会使得储能项目的收入更加稳定持久。在辅助服务市场方面，调频辅助服务是英国储能电站的主要收入来源。英国在经历 2019 年的停电事故后开始陆续设立快速调频响应的辅助服务类型，拓宽了储能项目的获利渠道。动态遏制服务便是英国最典型的一种频率响应辅助服务。动态遏制服务指的是储能系统供应商不仅可以从动态遏制服务中获取收入，还可以通过平衡机制获得新的收入。动态遏制服务为储能系统供应商提供了丰厚的收益，其收入是其他频率响应服务的 2~3 倍。此外，由于动态遏制服务允许叠加收入，电池储能系统获得的收益还将会持续增长。[①]

从商业模式来看，英国大部分储能项目是采取效益叠加的方式。尽管调频服务的价格有所下降，但是仍处于高位，因此参与调频辅助服务成为大量储能项目的首选。而容量市场的项目收益具有兼容性，部分项目在参加调频服务的同时还可以参与容量市场的竞标，从而获取额外的补充收益。

（2）德国。德国商业模式主要有虚拟电厂、社区储能、协议收费以及"免费午餐"（Free Lunch）四种形式。其中，虚拟电厂是指将能源管理和储能系统进行合并，由企业统一进行管理。实施管理的企业需要为用户提供调频控制备用等服务，而用户则在需要时购买储能系统。社区储能则是指为最大限度地利用电池，让安装光伏装置的用户和安装热电联产的用户的需求和发电形成互补（薛澳宇等，2022）。协议收费指的是企业事先为电力存储服务收取费用，然后按照参数范围对储能系统进行充电或者放电。可以按照小时收费也可以按照固定容量收

---

① 全球技术地图网，http://www.globaltechmap.com/。

费，抑或将两者进行结合①。而最具德国特色的商业模式是"免费午餐"，其具体商业模式如图 5-2 所示。对企业来说，电池的控制权掌握在企业手里，当企业发现电网零电价时，将会使用电池对电网进行充电。对用户来说，用电有两个渠道：一是使用屋顶光伏所发的电力；二是使用企业免费给用户存储的电力。因此，"免费午餐"的商业模式不仅降低了电费支出，还可以获得收益。

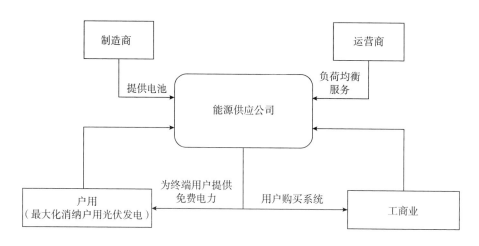

图 5-2　德国"免费午餐"商业模式

资料来源：北极星储能网、储能产业生态体系与发展前景课题组。

四、欧洲储能市场优势及发展趋势

欧洲储能市场的高速发展主要有以下两个原因：一是市场化程度高，灵活性强。欧洲是最早对电力市场化进行改革的地区，目前欧洲的电力市场已经达到较高水平。因此，储能可以自由参与现货市场、辅助服务市场等，从而提高储能的经济性。二是政策的扶持。行业发展初期，政策的扶持可以有效促进储能产业大规模的增长，而随着技术的不断成熟，欧洲的补贴政策也做出了相应调整。未来，随着渗透率的进一步提升，欧洲储能市场也将迎来新一轮的发展。②

从表前侧储能市场来看，根据 Solar Power Europe 的预测，欧洲光伏新增装机量预计 2025 年将达到 40.46GW，风电新增装机量将增加到 25.2GW。表后侧储能市场包括户用市场和工商业市场。对于户用市场，根据 IEA 预测，欧洲户用光伏新增装机将在 2023~2025 年年均新增 5.7GW。对于工商业市场，根据 IEA

---

① 绿色能源网，https：//www.lvsenengyuan.com.cn/cn/37370.html。
② 江苏节能网，http：//www.jsjnw.org/news/221117-2196.html。

预测，欧洲工商业光伏新增装机将在 2023~2025 年年均新增 9.6GW。

未来，欧洲储能市场的发展重点将会落在自动频率恢复储备上。目前，欧洲储能收益来源相对单一，投资者正在积极寻求其他收入来源。而自动频率恢复储备的目的是将电网运营频率恢复到标准值。自动频率恢复储备的收益模式为预留付款和激活付款的组合。中国储能网的数据显示，目前自动频率恢复储备在欧洲的收益可高达 10 万欧元/（MW·年）以上。因此，经济利益的驱动使得自动频率恢复储备在欧洲拥有广阔的发展前景。

第四节　亚洲储能产业及其生态格局

一、亚洲储能产业政策

亚洲是全球碳排放量最高的地区，占全球的半数以上。2022 年 IEA 发布的报告显示，电力需求的增长绝大多数来自亚太地区。这意味着亚洲地区的能源转型来到了关键阶段。可再生能源的利用和发展是解决能源结构转型问题的必然选择。2022 年上半年，根据 Ember 的报告，光伏发电在中国、印度、日本、韩国、越南、菲律宾和泰国七个亚洲国家贡献巨大，避免了约 340 亿美元的化石燃料成本。由此可见，可再生能源不仅具有清洁优势，还可以带来经济效益。然而，可再生能源也存在一些缺陷。以太阳能为例，阴天或日照不足时太阳能就无法提供稳定的电力，此时就需要借助储能技术来维持电网的稳定运行。因此，亚洲各国也立足本国国情，为储能技术的发展制定了各种政策，下面我们以日本、韩国和印度为例介绍亚洲地区最具代表性的储能产业政策（见表 5-7）。

表 5-7　亚洲储能产业政策

国家	政策类型	时间	政策内容
日本	政策补贴	2014 年	拨款 100 亿日元用于补贴户用锂离子电池储能
		2015 年	再次拨款 8 亿美元用于建设工商业和家用储能系统
		2022 年	拨款 240 亿美元用来推动储能和电动汽车领域的发展
	技术研发	2014 年	NEDO 拨款 83 亿日元用于支持电化学储能的创新性研究和商业化发展
		2016 年	《能源环境技术创新战略 2050》：要加快储能技术研发进程，实现低成本、高成效的蓄电池供电

国家	政策类型	时间	政策内容
韩国	市场	2011 年	韩国宣布"能源储存技术开发和产业化战略",旨在推动储能技术的发展和研发
		2012 年	将储能系统进行并网,初步形成商业化雏形
		2014 年	韩国政府制定"第二能源总体规划",推动储能系统市场化和商业化
	家庭	2004 年	韩国政府会对光伏系统的初始安装费用予以补贴,补贴比例高达 60%
	建筑物	2017 年	在建筑物屋顶安装光伏系统会给予补贴;符合条件的公共建筑必须安装储能系统
印度	激励政策	2019 年	发布变革性移动和电池储能国家任务和分阶段制造方案,鼓励电池储能建厂
		2021 年	印度重工业部宣布拨款 1810 亿卢比用来鼓励国内外投资者在印度建立电池储能工厂

资料来源:KE 科日光伏网[①]、中国储能网[②]、储能产业生态体系与发展前景课题组。

在日本,储能产业政策以政策补贴和技术研发为主。在政策补贴方面,2014年,日本政府宣布拨款 100 亿日元用于补贴户用锂离子电池储能,从而有效应对可再生能源发电不稳定的问题。2015 年,日本再次拨款 8 亿美元用于建设工商业和家用储能系统。2022 年,日本发布《蓄电池产业策略》,宣布将拨款 240 亿美元用来推动储能和电动汽车领域的发展。持续性的政策补贴推动了日本表后侧户用储能市场的快速发展与成熟。在技术研发领域,日本致力于降低电池成本、提高电池寿命,其资金投入一直位于世界前列。2014 年,日本新能源与产业技术综合开发机构(NEDO)拨款 83 亿日元用于支持电化学储能的创新性研究和商业化发展。2016 年,日本在《能源环境技术创新战略 2050》中提出,要加快储能技术研发进程,实现低成本、高成效的蓄电池供电。以钠硫电池为例,钠硫电池早期研发资金一半以上来自日本政府,且在钠硫电池投入市场以后,日本政府仍提供适当补贴,帮助其商业化运营。得益于政策和资金的支持,日本目前在电化学储能领域处于全球领先地位,日本的钠硫电池、液流电池以及铅酸电池等性能都非常卓越。在钠硫电池方面,日本的专利数量更是居全球之首。2020 年,日本推出新一代储蓄电池,其成本比锂离子电池低九成(朱文韵,2018)。

---

① https://www.kesolar.com/headline/120109.html.

② https://baijiahao.baidu.com/s? id=1738317386816774584&wfr=spider&for=pc.

在韩国，储能产业政策主要聚焦于市场、家庭以及建筑设施三个方面。对于市场，2011 年，韩国宣布"能源储存技术开发和产业化战略"，旨在推动储能技术的发展和研发。2012 年，韩国为减少成本将储能系统进行并网，初步形成商业化雏形。2014 年，韩国政府制定"第二能源总体规划"，推动储能系统市场化和商业化（罗晔，2020）。对于家庭，韩国政府会对光伏系统的初始安装费用予以补贴，补贴比例高达 60%。对于建筑物，韩国政府也会给予一定的补贴来鼓励在建筑物屋顶安装光伏系统①。此外，韩国规定符合条件的公共建筑必须安装储能系统。

在印度，储能产业政策涉及储能目标、储能项目、市场机制以及储能系统本土化四个方面。在储能目标方面，由于印度政府要求在 2030 年实现 500GW 非化石燃料能源的目标，因此根据印度储能联盟（IESA）的推测，印度至少需要在 2030 年前部署 160GW·h 的储能系统才能顺利兑现承诺。在储能项目方面，2019 年，印度开通了第一个电池储能系统。2021 年，印度太阳能公司（SECI）和印度国有电力集团（NTPC）都宣布将部署电池储能系统。其中，印度太阳能公司的电池储能项目被印度政府批准成为试点项目。此外，根据 Mercom India Research 调查结果，印度还有 6 个储能项目正处于部署阶段。在市场机制方面，印度电力部修改电价竞标流程，推动印度储能系统的商业化发展。在储能系统本土化方面，2019 年，印度政府先后发布"变革性移动和电池储能国家任务"和"分阶段制造方案"，鼓励电池储能建厂，完善储能产业链。2021 年，印度重工业部宣布拨款 1810 亿卢比用来鼓励国内外投资者在印度建立电池储能工厂，以此来实现印度电池储能系统的国产化。②

二、亚洲储能市场发展现状

亚洲地区国家众多，各个国家储能市场起步时间不同，发展状况不同，部分国家甚至还没有迈入储能时代。因此，本书选取日本和韩国为例分析亚洲地区储能市场的发展现状（见表 5-8）。

表 5-8 亚洲储能市场发展现状

国家	发展现状
日本	日本抽水储能电站的装机容量处于世界领先地位，同时日本一直致力于电池储能的研发
韩国	韩国政府宣布将联合韩国电池企业三巨头投资 50 亿韩元共同打造电池联盟

资料来源：北极星储能网③、储能产业生态体系与发展前景课题组。

---

① KE 科日光伏网，https：//www.kesolar.com/headline/120109.html。
② 中国储能网，https：//baijiahao.baidu.com/s? id=1738317386816774584&wfr=spider&for=pc。
③ https：//news.bjx.com.cn/html/20221107/1266596.shtml.

2011 年福岛核电站事故使日本意识到其过度依赖化石燃料进口，因此日本政府随即对国家能源政策进行全面调整，希望可以通过可再生能源发电实现日本电力的自给自足。受限于地理环境和资源匮乏，日本很早就开始应用光伏发电。2021 年，日本在《第六次能源基本规划》中明确指出，到 2030 年可再生能源发电要占比 36% 以上。然而，可再生能源供电不稳定的问题使储能技术愈发重要，显然日本政府也意识到了这一点，因此格外注重储能市场的发展。目前，在储能技术方面，日本抽水储能规模大但发展重心在电化学储能。就抽水储能而言，日本抽水储能电站的装机容量处于世界领先地位。抽水储能可用于调频调压、调峰填谷以及维持电网稳定。就电化学储能而言，日本一直致力于电池储能的研发。目前，日本已是世界上最大的电池储能测试商。在储能项目方面，日本正在全面部署虚拟电厂的建设，预计将向电网提供 750kW·h 的容量。

同日本类似，韩国储能技术的发展重心也聚焦于电化学储能。韩国政府宣布将联合韩国电池企业三巨头投资 50 亿韩元共同打造电池联盟，此举旨在超越中国成为电池最强国。预计到 2030 年韩国实现电化学储能占全球 40% 的份额，2060 年实现新一代全固态电池技术的商业化发展。[①]

三、亚洲储能市场商业模式

韩国储能市场起步较早，也曾有过高速发展阶段。然而，自 2017 年起，韩国储能企业火灾频发，导致韩国储能行业暂时停滞，发展势头大不如前。印度储能市场规模相对较小，商业模式并不成熟。而日本储能市场起步早、规模大，商业模式较为成熟。因此，本书以日本为例来研究亚洲储能市场的商业模式。

1. 商业模式应用场景

不同于中国和美国强劲的表前侧市场，日本储能市场应用端以表后侧户用为主，其户用渗透率较高，仅次于德国，居全球第二位。

从发展历程来看，日本与德国户用储能市场的发展路径极为相似。首先，在发展初期都是由政府设置经费补贴储能设备；其次，随着户用储能市场的发展，政府逐步降低补贴标准；最后，实现居民自发自用的目标。从发展现状来看，日本在表后侧户用储能发展成效显著。总体来说，2021 年日本表后侧储能装机量为 931MW·h，其中 90% 来自户用储能。在储能项目方面，作为日本公用事业服务商和电网运营商之一的东京电力公司宣布将为用户推出家庭太阳能光伏电池储能系统。从发展重心来看，光储占户用储能市场的一半以上，说明日本居民对光储自发自用的供电方式接受程度较高。从收益方式来看，户用光储的收益主

---

① https://news.bjx.com.cn/html/20221107/1266596.shtml.

要来自自用收益。光储系统可以存储多余电量，以此来满足无光或弱光时期的用电需求。电价越高，居民使用光储系统自发自用的收益也就越高。而日本电价高昂，约为中国的 5 倍，因此，使用光储系统自发自用可以节省很大一笔电费支出。

2. 商业模式及其经济性

由于虚拟电厂兼具电力供给、备用服务和平衡服务三大功能，且在批发市场、容量市场和辅助服务市场中都可适用，因此以虚拟电厂为代表的新生态、新模式正在日本迅速崛起，并逐渐成为日本储能市场的支柱。下面从含义、服务、优势、动因以及收益五个方面来具体介绍日本虚拟电厂的商业模式。第一，虚拟电厂的含义是指利用 "ABCD" 等数字技术来优化市场运行和交易，为电网提供电能、调峰、调频、备用等多种服务，从而实现电源侧多能互补以及负荷侧的灵活互动。由于各国电力结构不同，虚拟电厂在不同国家的侧重点也不同。与欧美国家不同，日本能源短缺，出于节能的目的，日本要兼顾容量市场和辅助服务市场，推动虚拟电厂与这两个市场的融合发展。第二，在服务方面，虚拟电厂的服务对象包括售电企业、系统运营商以及用户。对于售电企业而言，虚拟电厂需要向其提供电力供给；对于系统运营商而言，虚拟电厂可以平衡电力系统，保障电力服务质量；对于用户而言，虚拟电厂则提供能源管理服务。第三，虚拟电厂具有以下四个优势：一是虚拟电厂可以以较低的成本实现电网供需平衡；二是虚拟电厂可以通过需求响应实现削峰填谷；三是虚拟电厂可以解决高比例可再生能源消纳问题；四是虚拟电厂可以防灾减灾。第四，虚拟电厂的发展动因可以分为技术、政策和市场三个层面。从技术层面来讲，数字通信技术的发展为日本虚拟电厂的商业化运行奠定了底层技术架构。从政策层面来讲，日本自 2015 年发布 "日本再兴战略（2015）" 起就开始对虚拟电厂进行布局，2016 年又进行了细化和完善。从市场层面来讲，日本先后针对容量市场、供需调节市场以及批发市场的市场机制做出修改，增强了虚拟电厂的适应性和多重效益性。第五，虚拟电厂的经济收益主要来自三个方面：一是通过低边际成本的发电资源参与电力市场交易；二是通过调节电源的出力和需求响应来实现峰谷价差套利，获取经济收益；三是利用微燃机、生物质等发电灵活和启动速度快的特点参与辅助服务市场，从而获取一定的收益。日本虚拟电厂商业模式可总结如图 5-3 所示。

四、亚洲储能市场优势及发展趋势

与其他国家不同，日本储能市场最大的优势就是储能技术的研发、创新及其完备的产业链。在研发、创新方面，日本一直以来都极为重视电池储能技术的研发和创新，并处于领先地位。日本政府多次拨款支持电池基础创新研究、新电池材料与储能技术开发以及电池商业化，日本希望通过研发、创新来振兴和提高电池储能的竞争力，从而实现能源多样化发展。在产业链方面，日本储能市场起步较早，其产业布局也相对完善，产业链全面覆盖了储能研发、制造以及商业化应用的各个环节。

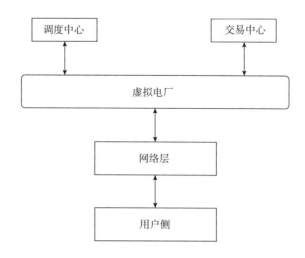

图 5-3　日本虚拟电厂商业模式

资料来源：北极星火力发电网、储能产业生态体系与发展前景课题组。

得益于虚拟电厂的优良特性，日本未来储能市场商业模式的发展重心仍是虚拟电厂。根据日本经济产业省的预测，2030 年日本虚拟电厂的分布式电源装机容量将达到 37.7GW，约为 37 座百万千瓦级大型火电厂。从应用场景来看，表后侧储能市场在未来很长一段时间仍会是日本储能市场的支柱，但预计表前侧市场也将逐步跟上表后侧市场的发展，最终实现表前、表后的均衡发展。

第五节　美欧亚储能市场对比

通过上述分析发现，美国、欧洲和亚洲储能市场的发展大不相同。为了便于比较，我们通过表格的形式对各个国家和地区储能市场的政策、主要应用场景、商业模式、优势以及发展趋势进行比较（见表 5-9）。

表5-9 美欧亚储能市场对比

国家/地区	政策	主要应用场景	商业模式	优势	发展趋势
美国	储能目标； 财政补贴； 市场机制； 税收抵免政策	表前表后 均衡发展	以租代售； 共享收益； 虚拟电厂； 社区储能	市场机制成熟	光储
欧洲	英国：资金支持、市场机制 德国：政策补贴	英国：表前侧 德国：表后侧	英国： 容量市场 辅助服务市场 德国： "免费午餐"	市场化程度高； 政策扶持	自动频率 恢复储备
亚洲	日本：政策补贴、技术研发 韩国：市场、家庭、建筑物 印度：储能目标、储能项目、 市场机制以及储能系统本土化	日本：表后侧	日本： 虚拟电厂	日本： 技术研发 产业链完善	日本： 虚拟电厂

资料来源：储能产业生态体系与发展前景课题组。

由表5-9可知，美国、欧洲和亚洲储能市场的发展既有相似之处也有不同之处。相似之处主要在于以下两个方面：一方面是政策变动路径。在储能市场发展的早期，各国通用的储能政策以政策补贴和税收减免为主。随着储能市场的发展，现有的一些市场规则可能会禁锢储能市场的进一步发展，此时各国政府就会削弱原有的政策补贴标准，转而对市场机制和规则做出调整。另一方面则是发展模式相似。日本和德国作为全球户用储能市场的龙头，其政策和发展模式等方面存在一定的相似之处。不同之处则表现在以下三个方面：在应用场景方面，日本和德国都以户用储能为主，表前侧储能市场发展较慢。与之相对的是英国，表前侧储能市场发展迅猛。而美国储能市场则是表前表后均衡发展。在商业模式和发展趋势方面，以租代售、共享收益、虚拟电厂、社区储能以及"免费午餐"是较为常见的五种商业模式，但各国的主要商业模式也因各国地理环境、国情等有较大区别。在优势方面，欧美市场化程度较高，为储能市场的发展奠定了良好基础，而日本则专注于储能技术的研发和创新。

第六章　中国储能产业的生态及全球竞争力分析

第一节　中国储能产业简介

一、中国储能产业概况

工业科技的发展使得人类对能源的需求不断扩大，而大量的煤、石油、天然气等化石燃料的使用对环境造成了严重的破坏，不利于人类社会的可持续发展。同时，化石能源的有限性也是不得不考虑的问题，按照现在的开采和消耗速度计算，煤、石油和天然气可使用的年限分别为 100~120 年、18~30 年和 30~50 年。实现碳达峰、碳中和成为全球各国的共同目标，现在全球共有 60 个国家承诺在 2050 年及以前实现零碳排放，随着时间的临近，构建以新能源为主体的新型电力系统已经成为全球共识，而储能在全球电力市场上发挥着至关重要的作用。像风能、水能等清洁能源发电是瞬时而不可控的，为了使产生的能量能更方便地为人所用，我们必须添加对应的储能设施，实现能量在时间和空间上的可控性。我国提出"二氧化碳排放力争于 2030 年前达到峰值，努力争取 2060 年前实现碳中和"的景愿，该目标的实现除了需要加大新型清洁能源的利用，更需要配套储能产业的发展。

在前期发展过程中，储能设施的建设带来的多是直接成本的提升，并且小容量的储能设备很难带来明显的收益，企业方面缺乏足够的投资动机。近年来，国内的储能产业规模逐渐成形，运营模式的成熟使得产业的收益实现了可见的发展。传统的储能模式适用范围较窄，盈利能力有很大的局限性。为提高储能的适用性，进一步拓宽储能产业的收益渠道，当下推出了独立/共享储能模式。通过帮助电网互通串联、实现动态平衡，新的储能商业模式将进一步拉动需求，推动储能市场的发展。随着预期上游价格下调，整体成本将会下降，储能项目将迎来更进一步的加速发展。在第十二届中国国际储能大会上，中国化学与物理电源行业协会秘书长刘彦龙在采访中透露，2021年中国储能生产制造商的产业链规模比2020年增长了120%，整体规模达到500亿~600亿元。与此同时，需求的增加将提高上游原材料的成本，储能系统成本预计上涨30%~50%。[1] 中国紧紧地跟随全球新能源的风潮，储能产业稳步发展，构建了新型的储能创新体系，目前已处于全球顶尖的行业地位。

二、储能产业的规模介绍

2021年底，国内已统计的200个备案储能项目的总容量约为60GW·h，累计装机规模达43.4GW（见图6-1），约占全球的20.7%[2]，其中当年新增装机量达7.8GW（见图6-2）。截至2022年底，根据CNESA的不完全统计，全球累计储能装机量为237.2GW，中国累计装机量达到59.8GW，占全球总规模的25%。

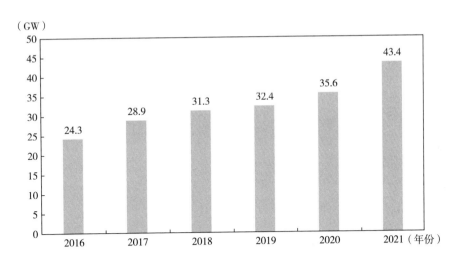

图6-1　2016~2021年中国储能产业累计装机量

资料来源：CNESA、储能产业生态体系与发展前景课题组。

从产业的市场规模来看，2014年到2021年储能市场实现了迅猛发展，整体

---

① 雪球网，https://xueqiu.com/8283482531/230222939。
② 前瞻产业研究院.2013—2017年中国储能行业市场前瞻与投资预测分析报告［R］.2018.

市值保持着高速增长，从 2014 年整体市值的 41.88 亿元增长到了 2021 年的
395.25 亿元①。

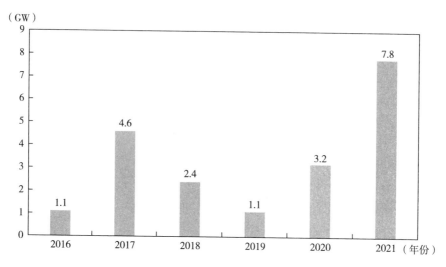

图 6-2　2016~2021 年中国储能产业新增装机量
资料来源：CNESA、储能产业生态体系与发展前景课题组。

第二节　各类储能产业的生态及其发展

各种储能技术具有不同的特点，决定了其适用场景的不同，因而在实际运用
中会造成各类储能多线并行的局面。整体而言，长时储能技术可以分为机械储
能、化学储能和储热类储能三大类，本书对其中应用较多、前景较广的六种储能
方式进行展开介绍。

一、抽水蓄能

抽水蓄能利用上下水库抽水、放水的方式来实现储能的功能，在一定程度上
缓解了电力系统的供需不平衡，是当下技术最成熟、单位储能成本最低、整体装
机规模最大的储能技术。现在抽水蓄能已经成为世界各国普遍运用的储能方式，

---

① 储能行业进入规模化发展阶段，有望打开增长空间［EB/OL］．锐观咨询，https：//m. 163. com/
dy/article/HMRQAVSU0553BKOF. html？spss＝adap_pc.

对我国的能源结构平衡、构建新的能源体系以及实现"双碳"目标有着重要意义。即使在新型储能大力发展的今天，虽然抽水蓄能在整体上的占比上略有下降，但是其在整个储能体系中仍处于无可替代的龙头地位。

相比于欧美和日本等发达国家和地区，我国的抽水蓄能起步较晚。但我国对抽水蓄能较为重视，研发投入巨大，近年来建设的抽水蓄能电站已经处于国际的先进水平。同时，我国抽水蓄能的规模增长明显（见图6-3），到2020年底我国抽水蓄能规模为31.79GW，而到2021年底，我国投入使用的抽水蓄能规模已达到36.39GW，占全球抽水蓄能总规模的比例达到20.14%，已经处于全球之首的地位。然而，从我国整个电力系统中的占比来看，截至2021年底，我国的抽水蓄能规模仅占电力总装机量的1.5%，显著落后于欧美等发达地区，距满足我国电力系统的需要和新能源发展的需求仍存在一定的距离。我国"十四五"时期批准开工的抽水蓄能项目规模将达到270GW，抽水蓄能预期会有更为显著的发展，在整个电力系统中占有一席之地，对我国的储能产业体系发挥更为关键的作用。

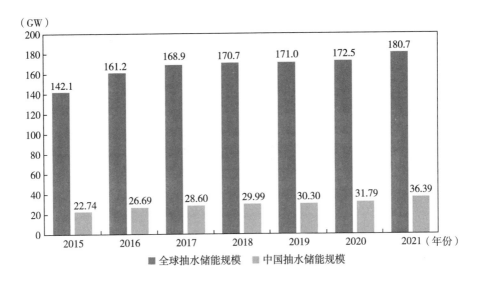

图6-3　2015~2021年全球及中国抽水储能规模

资料来源：CNESA、储能产业生态体系与发展前景课题组。

抽水蓄能的产业链主要包括投资商、承包商、设备商以及终端用户。国家电网、南方电网是主要参与者，到2021年底，国家电网已建成和在建的储能项目规模分别为23.51GW、45.87GW，在全国占比分别为64.6%、74.4%，处于抽水蓄能产业的头部。中国电建是电站承包领域的龙头企业，以EPC模式承接项目为主（指承包方受业主委托，按照合同约定对工程建设项目的设计、采购、施工实行全过程或若干阶段的总承包）。根据该公司的官方公示，其计划承接的项目总额占国内市场份额的90%，负责建设的总额占国内市场份额的80%。在设备供应环节，市场格局相对稳定，主要有两家大型企业——哈尔滨电气和东方电气，以及一家小型企业——浙富控股。总结而言，我国抽水蓄能产业链及相关公司如图6-4所示。

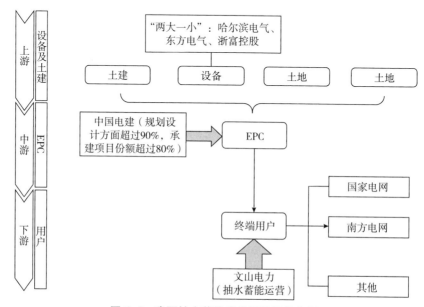

图6-4 我国抽水蓄能产业链及相关公司

资料来源：相关公司公告、储能产业生态体系与发展前景课题组。

1. 上游

抽水蓄能产业链的上游包括土地、土建和设备等要素，其中设备部分涵盖发电机、水轮机和水泵等要件。设备是整个产业链的核心，占建设总成本的20%，而在这一关键领域，上述提及的"两大一小"公司扮演着至关重要的角色。在早期发展阶段，我国抽水蓄能建设十分依赖进口设备，但随着国内抽水蓄能行业的不断推进，如今国产设备已经基本替换了进口设备。国内现有十余家大中型水电机组制造商，但能够规模化生产大型抽水蓄能机组的企业比较有限。哈尔滨电气和东方电气是最主要的大型抽水蓄能机组生产商，几乎垄断了抽水蓄能领域的水轮机设备市场。截至2022年上半年，两者的水轮机总市场占有率达87%，其中哈尔滨电气的市场占有率为47%，东方电气的市场占有率为40%。同时，哈尔滨电气公司签订订单总额较上年周期增长73.61%，已达155.43亿元。其中，水电设备订单额同比增长 31.33%，已达 22.16 亿元。虽然水电设备订单额在公司的总订单额中占比仅为 14%，但是 2022 年上半年该项业务是唯一实现收入增长及毛利率提升的业务，对公司整体盈利水平以及未来发展有着较大的影响[①]。截至 2022 年哈尔滨电气业务规模分布如图 6-5 所示。

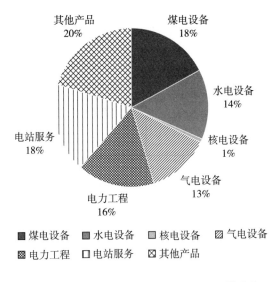

图 6-5 截至 2022 年哈尔滨电气业务规模分布

资料来源：国泰君安（香港）、储能产业生态体系与发展前景课题组。

国泰君安预期"十四五"时期哈尔滨电气公司的水电订单额将达"十三五"时期的两倍以上，超过 200 亿元。[②] 东方电气公司水轮机目前的年产能为 12 台，容量达 8101MW，预计在 2024 年扩产至 40 台。2022 年上半年，公司水电设备收入同比下降 12.97%，收入为 12.54 亿元。水电设备收入的下降主要与抽水蓄能的交付周期有关，由于抽水蓄能交付、建设周期较长，即使设备厂商有很大规模的订单，仍可能难以在收入上反映。目前，抽水蓄能的前景十分宽广，在可见的未来会继续带动上游设备厂商的发展。

2. 中游

抽水蓄能的产业链中游主要指电站建设。由于电站建设的专业性较强、复杂程度较高，其市场份额绝大部分被龙头企业占据，市场集中度非常高。电站建设

---

① 新浪财经，http://stock. finance. sina. com. cn/stock/go. php/vReport_Show/kind/search/rptid/714867
480/48/index. phtml。

② 智通财经网，https://www. zhitongcaijing. com/content/detail/838632. html。

的承揽主要采取 EPC 模式，目前国内最大的建设公司为中国电建。在"十四五"时期，中国电建成为抽水蓄能电站重点项目的主要参与者，承担了超过 85% 的项目勘测和设计工作。该公司在电站项目承建中占据约 80% 的份额，而在电站设计方面更是占据约 90% 的份额。在"十四五"时期中国电建计划在 200 个以上的县市建设 200 个以上的抽水蓄能项目，总投资超过 1600 亿元，总装机规模约为 23GW。① 能够在该领域有着如此举足轻重的影响并不是一蹴而就的，这与其早期对抽水蓄能的投资和布局有着较大的关系。中国电建率先响应国家号召，积极承建多个抽水蓄能的试点项目（见表 6-1），在这一过程中不断累积经验、更新技术，打响了自身在储能领域的品牌。除中国电建之外，中国安能和中国铁建也参与部分抽水蓄电站的设计与施工，但它们主要是在特定的场景进行更为专业性的作业，承揽的项目规模占整体份额很小。

表 6-1　近年来中国电建中签的 5 亿元以上的抽水蓄能项目

中签时间	项目名称	金额（亿元）
2018 年 1 月	福建厦门抽水蓄能电站土建及金属结构安装工程施工	18.70
2019 年 3 月	湖南省平江抽水蓄能电站工程	7.60
2019 年 6 月	河北省易县抽水蓄能电站筹建期间洞室及道路工程施工	5.20
2019 年 10 月	河南省洛宁抽水蓄能电站主体土建及金属结构安装工程	17.50
2020 年 3 月	河北省抚宁抽水蓄能电站筹建期洞至道路及业主营地工程	6.30
2020 年 12 月	河南省五岳抽水蓄能电站上水库工程施工	7.80
2020 年 12 月	新建哈盛抽水蓄能电站筹建期间洞室道路及房建工程	6.60
2021 年 2 月	内蒙古芝瑞抽水蓄能电站主体土建及金属结构安装工程施工	21.70
2021 年 3 月	河北易县抽水蓄能电站主体土建及金属结构安装工程施工	19.60
2021 年 8 月	河北抚宁抽水蓄能电站水库工程	8.49
2021 年 10 月	山东省潍坊抽水蓄能电站水库工程	13.43
2021 年 12 月	吉林省敦化大沟河抽水蓄能电站及配套新能源项目	45.00
2022 年 2 月	河北尚义抽水蓄能电站上水库土建及金属结构安装工程施工	9.53

资料来源：中信证券、储能产业生态体系与发展前景课题组。

3. 下游

产业链的下游主要指电站运营，这方面主要的企业为国家电网、南方电网等大型电网公司。国家电网和南方电网在储能产业上的运营主体分别为国网新源控

---

① 财联社网，https://www.cls.cn/detail/1172178。

股有限公司（国网新源）和南方电网调峰调频发电有限公司。截至2021年，国网新源和南方电网调峰调频公司占据了绝大多数抽水蓄能运营的市场份额，是当之无愧的行业龙头。其中，在运抽水蓄能方面，国家电网和南方电网分别占据市场份额的65%、24%，规模分别达到23.51GW、8.68GW（见图6-6、图6-7）；在建抽水蓄能方面，国家电网和南方电网分别占市场份额的74%和7%，规模分别达45.78GW、4.33GW（见图6-6）。2022年6月，文山电力计划以资产置换和发行股权的形式购买南方电网调峰调频100%的股份，这不仅是文山电力自身重大的资产重组，也是整个抽水蓄能下游产业链的重大变革。

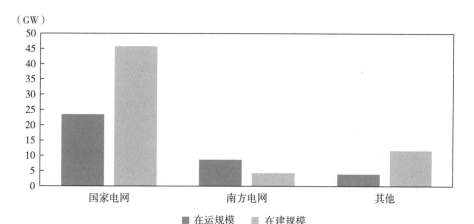

图6-6　2021年底国内在运、在建抽水蓄能规模

资料来源：CNESA、储能产业生态体系与发展前景课题组。

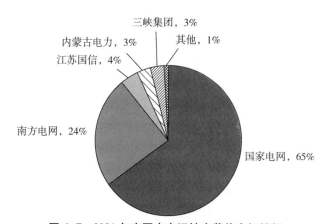

图6-7　2021年底国内在运抽水蓄能市场份额

资料来源：CNESA、储能产业生态体系与发展前景课题组。

二、压缩空气储能

压缩空气储能是一种在电网负荷低谷时期通过压缩空气储存电能，而在电网负荷高峰时通过放出空气来推动汽轮机发电的储能方式。当下压缩空气储能在国内的发展尚处于初级阶段，是一种在目前阶段整体应用规模较小的新型机械储能技术，具有稳定性强、储能时间长、储能规模大等特点。压缩空气储能的劣势在于：当下阶段其效率仅为50%~70%，相比于抽水储能平均76%的效率还有一定的不足。但与抽水储能相比，压缩空气储能可以通过储气罐的形式储存压缩气体，克服了地理环境的限制。随着压缩空气储能规模的发展，其设备成本可能会大幅度下降，整体开始由试点阶段向商业化转型。同时，伴随着该项技术的发展和储能效率的提高，储能度电成本将进一步降低，目前已建成一些大规模项目（见表6-2），试点效果良好，发展前景较为乐观。

表6-2　我国重点的压缩空气储能项目

投运或施工时间	项目名称	储能容量
2013年	廊坊超临界压缩空气储能示范项目	1.5MW
2014年	安徽芜湖压缩空气储能示范项目	500KW
2017年	贵州毕节压缩空气储能示范项目	10MW
2021年	山东肥城压缩空气储能调峰电站项目（一期）	10MW
2021年	金坛盐穴压缩空气储能试点项目（一期）	60MW
2022年	湖北应城压缩空气电网侧储能示范工程	300MW

资料来源：中国科学院工程热物理研究所、储能产业生态体系与发展前景课题组。

压缩机、膨胀机是压缩空气储能中的核心部件，其他设备还包括油气换热器、透平等，这些设备的制造商构成了压缩储能产业链的上游。中游的主要参与者包括中国科学院工程热物理研究所等掌握了高新热物理科技的机构或公司，下游则包括EPC系统安装商以及相关终端用户。我国压缩空气储能产业链如图6-8所示。

1. 上游

由于气罐储能目前尚处于试点阶段，成本较高，当前阶段的压缩空气储能项目多使用盐穴来进行地下储气储能。苏盐集团和中国盐业集团利用本身在盐业中的优势，较早地在盐穴储能上进行布局，成功"变废为宝"，使地下盐开采后的盐穴成为储能利器，同时这对于我国盐产能过剩状态下盐企的供给侧结构性改革有着重大的意义。关于核心设备压缩机制造，龙头企业是陕鼓动力，经过不断的

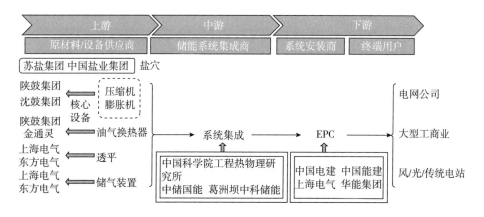

图 6-8 我国压缩空气储能产业链

资料来源：相关公司官网、储能产业生态体系与发展前景课题组。

改进，其生产的压缩系统整体效率达到 90%，国内市场占有率已达 82%①。近年来，诸多大型压缩空气储能项目中都能看到陕鼓集团的身影，2022 年 11 月 10 日陕鼓集团公告签订了总规模 300MW 的世界级压缩空气储能项目，合同总额为 2.26 亿元。沈鼓集团大力投资于核心技术的研发，目前已经拥有了 10～300MW 非补燃式压缩机空气储能装置，并为国家试点项目"金坛盐穴压缩空气储能"提供设备，助力此项目并成功建设了我国首个按照商业电站标准设计的压缩空气储能电站。截至 2021 年 9 月，沈鼓集团共有接近 3000 套的大型压缩机在储能市场上应用，每年可实现减碳约 398 万吨，共减少了能源耗损约为40 亿 kW·h。

2. 中游

压缩空气储能产业链的中游主要包括储能系统的集成。中国科学院工程热物理研究所旗下的中储国能以及清华大学等高校是这一领域主要的技术支持者。依靠中国科学院热物理研究所的支持，中储国能已具备先进的百兆瓦级压缩空气储能系统的研发设计能力，是中国综合储能领域的佼佼者。虽起步较晚，但在压缩空气储能的技术上，中储国能现已处于国际领先的地位（见表 6-3）。

表 6-3 中储国能的压缩空气储能系统与海外压缩空气储能项目的对比

项目（系统）名称	投运时间	效率及规模
德国 Huntorf 电站	1978 年	规模达 290MW，电对电效率为 44%～46%

① 雪球网，https://xueqiu.com/5525633543/235158484。

项目（系统）名称	投运时间	效率及规模
美国 Alabama 州的 Mclntosh 电站	1991 年	规模达 110MW，电对电效率为 52%~54%
日本上砂川町电站	2001 年	规模达 2MW，电对电效率小于 40%
英国液态空气储能电站	2010 年	规模达 2MW，电对电效率约为 40%
河北廊坊压缩超临界空气储能系统	2013 年	规模达 1.5MW，电对电效率达 52.1%
贵州毕节压缩空气储能系统	2016 年	规模达 10MW，电对电效率提升至 60.2%
河北张家口压缩空气储能系统	2021 年	规模达 100MW，电对电效率为 70.4%

资料来源：中储国能官网、陈海生和吴玉庭（2020）、储能产业生态体系与发展前景课题组。

3. 下游

中国能建、中国电建等大型电站建设公司承担起了绝大部分压缩空气储能电站的建设项目。目前中国能建的总签约项目规模达 3550MW，仅在 2022 年初的一个月内就签约了三个 300MW 级的压缩空气储能项目，同年中国电建也与山东签约了肥城空气储能电站的二期工程，预期规模将达 300MW。产业链下游的另一端为终端用户，涵盖了风光电站、传统电站、电网公司以及大型工商业等。通过储能配合可再生能源、用户侧进行峰谷套利及电网侧的供需调节等商业模式，压缩空气储能对电力系统的绿色发展正在发挥愈发重要的作用。

三、锂离子电池储能

随着"双碳"目标的提出，国家出台了各项政策来推进新能源行业和储能行业的发展，而锂离子电池储能正是当下阶段最为成熟、应用最广的新型储能技术。根据 CNESA 的相关资料，2021 年的锂离子电池储能规模占中国新型储能装机量的 89.7%。它的应用场景多为短时储能，广泛用于 1~2 时的储能，少量用于 4~8 时的储能。

与抽水蓄能和传统压缩空气储能不同，锂离子电池储能的适用范围更为广泛，其可以不受地理环境的限制。截至 2021 年，我国电化学储能累计装机量达到 5.1GW（见图 6-9），其中新增装机量达到 1.8GW（见图 6-10）。

锂离子电池储能存在两大缺点，影响其体量的进一步扩张。一是锂离子电池储能提升容量需要同时增加功率装置和储能装置的配置，成本较高。而对于抽水蓄能等储能方式来说，要提高储能容量只需相应地加大储能装置的配置。二是由于全球电池需求量的不断增加，锂资源面临资源紧张的问题。同时，我国的锂资源总量仅占全球的 6%，且开采难度较大，这就使得我国锂资源对外依赖程度较大。

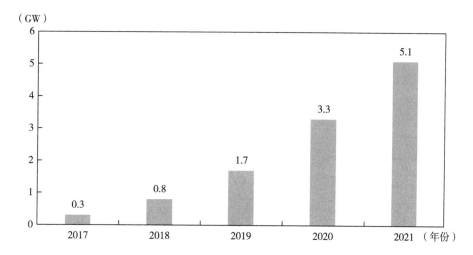

图 6-9 2017~2021 年我国电化学储能累计规模

资料来源：CNESA、储能产业生态体系与发展前景课题组。

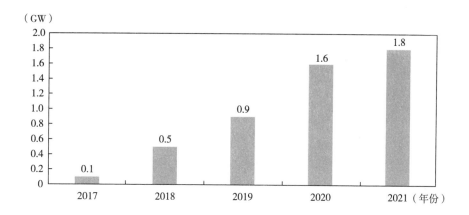

图 6-10 我国电化学储能新增规模的变化

资料来源：CNESA、储能产业生态体系与发展前景课题组。

总的来说，我国的锂电池产业起步较早，已呈规模化发育，因此在向储能领域进军时发展迅速，目前锂离子电池储能产业链已经十分完善（见图 6-11）。

1. 上游

锂离子电池储能产业链的上游包括资源及原材料供给商和零部件提供商。其中，磷酸铁锂是原材料中最为核心的部分，其生产的龙头企业为湖南裕能和德方纳米，行业地位稳固。2021 年，湖南裕能和德方纳米的磷酸铁锂市场占有率分别达到 22%、20%，市场 CR2 达到 42%。由于头部企业产能的继续扩充，磷酸铁锂的预期产量十分充足，为产业链的稳定打下了良好的基础。同时，我国正负极材料、电解液、隔膜的生产已具备极大的规模，特别是负极材料的出口量在2021年已达到62.8万吨，处于国际龙头的地位。但我国锂资源匮乏，国际锂价的变动将会对上游原料的价格产生较大的影响，这也增加了上游产业链的不稳定性。

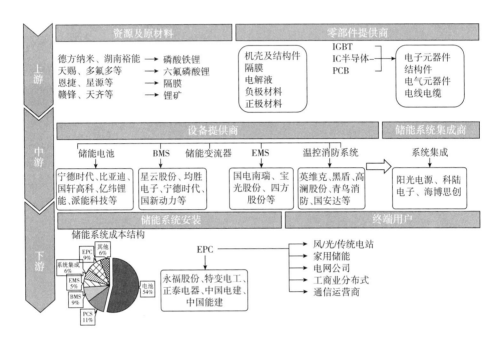

图6-11 我国锂离子电池储能产业链

资料来源：光大证券、储能产业生态体系与发展前景课题组。

2. 中游

产业链中游的主要参与者为设备提供商、储能系统集成商。其中，系统的集成是以设备为基础的，两者之间关系密切。电池的成本在整个储能系统的成本中占比高达54%，是储能系统中至关重要的一环。随着下游需求的进一步增加，我国动力电池企业也加大对储能电池领域的投资。目前，我国锂离子储能电池的龙头企业包括比亚迪、宁德时代、国轩高科、亿纬锂能等。这些企业在锂离子储能电池领域的投入和发展具有重要影响。

（1）宁德时代。宁德时代是全球电池产业的龙头，不光是动力电池领域的旗舰，也像比亚迪一样通过内生外延的方式扩大其公司在电池储能领域的实力和市场份额。对内，公司加大了研发投资，在2020年定向增加募集投资30亿元用于电化学储能前沿技术研发项目。同时，公司采取成立、合资、入股等方式携手科士达、易事特、永福股份等，扩大外延布局（见表6-4）。凭借着自身强大的资源整合能力和对上游资源的累积，公司正在引领行业助力国家实现"双碳"目标。

表6-4　宁德时代在储能领域的参股及合资公司

公司名称	成立/入股时间	合资方
晋江闽投电力储能科技有限公司	2013 年 6 月	闽投配售电、中国电建
福建时代星云科技有限公司	2019 年 2 月	星云股份
宁德时代科士达科技有限公司	2019 年 7 月	科士达
新疆国网时代储能发展有限公司	2020 年 1 月	国网综合能源服务集团
国网时代（福建）储能发展有限公司	2020 年 4 月	国网综合能源服务集团
新能易事特有限公司	2020 年 4 月	易事特
永福股份	2020 年 12 月	永福股份

资料来源：相关公司公告、储能产业生态体系与发展前景课题组。

（2）比亚迪。对于储能行业，比亚迪在很早的时期就进行了布局。2008 年，比亚迪电力科学研究院的成立标志着比亚迪在储能布局的初步启动。比亚迪将重心放在产品的研发上，并于 2013 年成功开发和积累了核心技术。与国内各大厂商疯狂"内卷"，比亚迪更加专注于积极开拓海外市场，并创造了一种利润更高、各环节更清晰的先进商业模式。2019 年，比亚迪和 LG、三星、特斯拉处于同一合作阵营，进行了多方面、深层次的合作，储能系统的全球出货量超750MW·h。2020 年，比亚迪与青海政府、金风科技展开合作，并于 8 月推出采用了无模电池组（CTP）设计理念的 BYDCube，其面积能量密度有了大幅度的提高。截至 2021 年，比亚迪在欧洲家用储能市场占有率位列第二，销售的电池容量规模相较于 2020 年翻了一番，首次超过 1GW·h。

（3）亿纬锂能。2020 年，亿纬锂能斩获了中国移动通信的磷酸铁锂电池储能订单，中标份额为 13.04%。[①] 在户用储能方面，该公司也有一定的进展。2016年，亿纬锂能投资了沃太能源，并获得其 10.04% 的股权。沃太能源在欧洲等的家用储能市场具有显著影响力。这项投资使得亿纬锂能有望进一步开拓家用储能市场。据国信证券研报的估计，截至 2021 年，亿纬锂能的动力储能电池全球出货近 13GW·h，电力储能电池的全球出货量约为 2GW·h，其中国内电力储能电池的出货量约为 0.4GW·h，市场占有率居于国内第三位。2022 年上半年，公司

---

① 雪球网，参见 https://xueqiu.com/3385848615/149838451。

动力储能电池出货量接近 2021 年全年的总和，达 12GW·h。同时，公司大力投资建设超级工厂，计划在 2025 年实现电力储能电池 100GW·h 的生产规模。

（4）国轩高科。国轩高科于 2014 年就开始布局储能领域的业务，其核心业务是磷酸铁锂电池的研发和销售。这种电池类型在储能领域应用广泛，需求量巨大，目前市场仍供不应求。国轩高科积极响应国家政策，计划将储能业务发展成为公司营业收入超过 30% 的支柱性产业。2020 年，国轩高科成功向国家电网安徽省分公司交付了 40MW·h 的储能系统，并积极开拓海外市场。国轩高科 2022 年年报显示，其储能电池的业务营收占总收入的 14.8%，达到 12.79 亿元。相比于其他电池龙头企业，国轩高科更加注重与上游的联合，近年来在产业链上游进行了多项布局（见表 6-5），有利于保证生产成本的稳定。

表 6-5　国轩高科在产业链上游的布局

时间	项目	简介
2021 年 1 月	庐江三元正极材料	预计 2023 年竣工，届时年产 3 万吨低成本、高规格的三元正极材料
2021 年 3 月	肥城电池原材料生产基地	成立两家全资子公司；积极进行电池的回收及负极材料的研发与生产
2021 年 9 月	与江特电机签订战略协议	建立长期供货关系
2021 年 12 月	与盐湖股份签署战略协议	通过合作发力盐湖提锂
2022 年 3 月	宜春市割石里矿区开采	获得了矿区水南端瓷土开采权，预计可采伴生锂金属氧化物 10 万吨

资料来源：国轩高科公司官网、储能产业生态体系与发展前景课题组。

储能变流器是连接电池系统和电网之间的重要设备，约占储能系统成本的 11%。国产储能变流器的发展迅速，其核心技术已经相当成熟，并成功实现了对进口产品的替代，大量产品也出口到海外市场。在 2021 年中国新型储能项目中，储能变流器出货量排名前五的厂商依次为上能电气、科华数能、索英电气、南瑞继保和阳光电源。在全球市场中，储能变流器出货量最大的厂商是阳光电源，其次为科华数能、比亚迪、古瑞瓦特和上能电气。作为该领域的龙头企业，阳光电池不仅在全球储能变流器出货量方面占据了行业榜首，还积极拓展储能领域的其他方面。该公司 2014 年与三星 SDI 合资成立了子公司，进一步尝试储能系统的一体化发展。

储能系统集成商同样是产业链中游重要的参与者。储能系统集成涉及了诸多领域，需要在考虑各个方面的同时从整体的角度进行改善和优化，具有较强的专业性。我国储能系统集成领域发展较晚，整体规模较小，但近年来仍涌现了一些具有一定规模的专业储能系统集成商，如阳光电源、科陆电子、海博思创、库博能源等。2021 年储能系统集成商国内出货量排名如图 6-12 所示。除此之外，我国一些储能企业在海外储能系统市场的开发上已经取得一定的成绩，比如阳光电源的储能系统销售到世界各地，比亚迪的储能系统目前已经在欧洲被广泛运用。2021 年储能系统集成商全球出货量排名如图 6-13 所示。

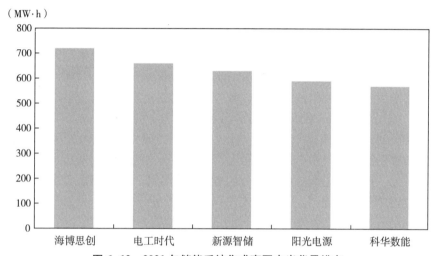

图 6-12　2021 年储能系统集成商国内出货量排名

资料来源：CNESA、储能产业生态体系与发展前景课题组。

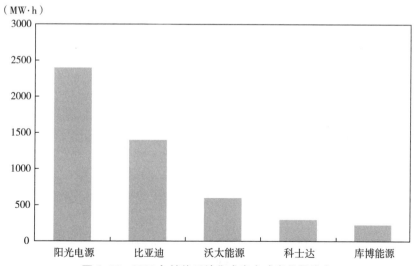

图 6-13　2021 年储能系统集成商全球出货量排名

资料来源：CNESA、储能产业生态体系与发展前景课题组。

3. 下游

产业链的下游包括储能系统安装商和终端用户。我国较早地推行了 EPC 模式，目前 EPC 模式较为成熟，但其在新型储能电站建设中的运用尚处于试验阶段。目前，锂电池储能建设的 EPC 承包商主要有永福股份、特变电工、中国电建和中国能建等大型传统电站承包商。锂电池储能的应用场景广泛，可分为用户侧、发电侧和电网侧三大场景，具体包括风/光/传统电站、家用储能、电网公司、大型工商业及通信运营商等。

（1）用户侧。我国城镇人口多集中于社区生活，缺少安装户用储能的条件和需求，同时居民缺少对户用储能的认知，户用储能在我国尚未打开市场，派能科技、比亚迪和阳光电源等户储龙头的生产设备多销于海外。因此，我国的用户侧储能终端用户主要为个体工商户，具有数量较多、整体规模较小的特点。

（2）发电侧。该应用场景的用户为新能源电站和传统电站，其中新能源电站是最主要的用户。概括来说，锂电池储能在电网侧主要分为大规模新能源并网、电力辅助服务以及微电网。在微电网领域，锂电池储能利用自身的稳定性为其提供帮助，使得微电网能更好地利用本地发电资源，实现自发自用的目的。但由于锂电池储能度电成本较高，安全性和稳定性仍存在问题，目前在发电侧仍多以试点项目进行（见表6-6），尚未能够像抽水蓄能一样完成规模的商业化。

表 6-6　近年来我国发电侧的锂电池储能项目

年份	项目名称	储能类型
2010	中国张北风光储输示范工程（一期）	磷酸铁锂电池 14MW/31MW·h
2011	中国深圳宝清储能电站	磷酸铁锂电池 4MW/16MW·h
2011	北京市新能源产业基地微电网建设项目	液流电池、锂离子电池等电化学储能共 2.6MW/3.7MW·h
2014	国家能源集团北镇储能型风电场	磷酸铁锂电池 8MW/14MW·h
2016	北京市新能源产业基地微电网建设项目	液流电池、锂离子电池等电化
2018	鲁能海西多能互补示范工程储能电站	磷酸铁锂电池 50MW/100MW·h

资料来源：CNESA、储能产业生态体系与发展前景课题组。

（3）电网侧。电网侧对应的用户为我国的各大电网公司，包括国家电网、南方电网等。目前，电网侧对于储能的需求主要来自调峰和调频。锂电池储能安装速度快，规模设置较为灵活，能够积极应对电网侧各种情况。例如，2018 年国家电网江苏公司受燃煤机组退役的影响，可能面临调峰电力不足的情况，为了缓解供电压力，国家电网江苏公司及时进行储能布局，于当年 7 月建成总容量 202MW·h 的锂电池储能电站，并投入使用。虽然电源侧的锂电池储能规模占整体比重不断提高，但是截至 2021 年，电网侧的锂电池储能规模占整体比重仍居于第一位。

2018~2021 年锂电池储能在不同应用场景下的分布如图 6-14 所示。

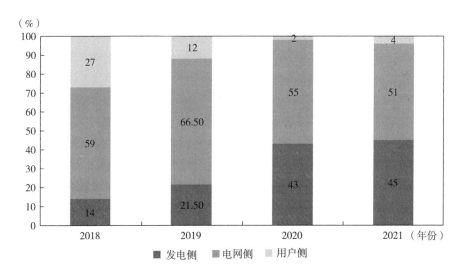

图 6-14　2018~2021 年锂电池储能在不同应用场景下的分布

资料来源：CNESA、储能产业生态体系与发展前景课题组。

四、钠离子电池储能

钠离子电池储能的工作方式及构成结构和锂离子电池储能相似，但由于全球钠资源非常丰富，钠离子电池的各种材料成本都比锂离子电池更低。然而，钠离子电池储能也有其内在的劣势，即钠离子电池的使用寿命和储能效率都比锂电池低。同时，目前钠离子电池储能尚处于试点阶段，尚未形成规模化的商业模式和成熟的产业链。但随着这几年来钠离子电池储能技术和规模的发展迅速，有望在未来形成一条相对完整的产业链。根据国泰君安的分析，钠离子电池将在 2023 年开启规模化应用，快速迈进商用阶段，整体行业持续被市场看好。我国钠离子电池储能产业链如图 6-15 所示。

中科海钠不仅是我国钠离子电池领域的先行者，还是全球范围内该领域的领跑者。中科海钠于 2019 年推出全球第一个 30kW 规模的钠离子电池储能电站，同年该企业与中国科学院物理所合作建成了世界首座 100kW·h 钠离子电池储能电站并成功供电。2021 年，中科海钠继续深化与中国科学院物理所的合作，双方共同设计了 1MW·h 的钠离子电池储能系统，并顺利投运。

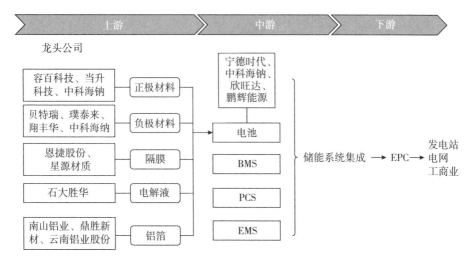

图6-15 我国钠离子电池储能产业链

资料来源：相关公司官网、储能产业生态体系与发展前景课题组。

宁德时代作为锂离子电池领域的巨头，不仅专注于自身领域的发展，还积极布局钠离子电池领域。2021年，该企业率先推出了首款钠离子电池，其单体密度可达160W·h/kg。借鉴其在锂电池领域取得的成功经验，市场普遍看好宁德时代能够快速推动钠离子电池在储能领域的规模化应用。因此，公司正在全力优化产业链，到2023年实现了钠离子电池的大规模生产。

五、全钒液流电池储能

作为一种高效的电化学储能方式，全钒液流电池储能适用于大规模的储能需求。锂离子电池储能由于自身结构上储能容量和放能功率的耦合、锂资源的短缺，度电储能成本相对较高。而全钒液流电池储能则实现了两者的分离，且钒资源相比锂资源更加丰富、成本更低，这就降低了大规模全钒液流电池储能的度电成本。但全钒液流电池储能也具有一定的局限性，比如其前期建设成本较为高昂，约为7000元/kW·h，在一定程度上限制了其商业化进程。[①]

全钒液流电池储能的产业链上游主要包括五氧化二钒、全氟磺酸膜两大原料的生产。中游包括储能系统的各个部件的制造，其中电堆和电解液是最为关键的部件。下游则涵盖了全钒液流电池储能的具体应用，包括新能源发电、电网调峰、大型工商业储能等。我国全钒液流电池储能产业链如图6-16所示。

---

① 中商产业研究院. 2022年中国全钒液流电池产业链上中下游市场分析［R］. 2022.

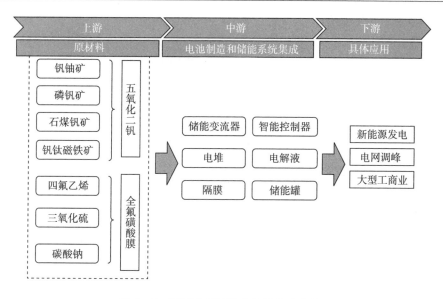

图 6-16 我国全钒液流电池储能产业链

资料来源：中商产业研究院、储能产业生态体系与发展前景课题组。

我国的钒储量丰富，并在近年来大力提高产能，2021 年，我国的钒产量达到 7.3 万吨，已占全球产量的 67.4%（见图 6-17、图 6-18）。庞大的产能为我国全钒液流电池储能的发展打下了良好的基础。上游钒的生产领军企业有钒钛股份、安宁股份、西部矿业等。

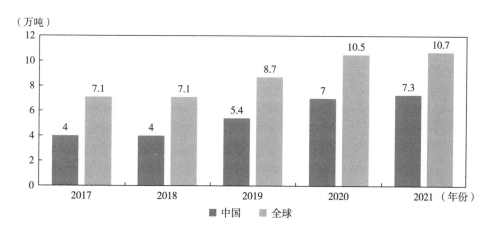

图 6-17 2017~2021 年全球及中国矾产量统计情况

资料来源：美国地质勘探局、储能产业生态体系与发展前景课题组。

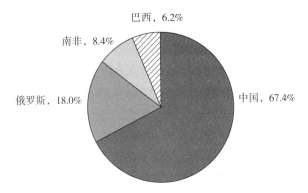

图6-18　2021年全球钒产量占比情况

资料来源：美国地质勘探局、储能产业生态体系与发展前景课题组。

自2013年我国正式开启全钒液流电池储能项目以来，全钒液流电池储能行业发展迅猛，几个试点项目的成功激励了市场（见表6-7），当下正处于产业化的前夕，将在下一阶段实现商业化收益。根据伊维经济研究院（EVTank）的资料调查，我国2021年的全钒液流电池储能新增规模为0.13GW，预计到2025年新增装机量将达到2.3GW以上。

表6-7　国内全钒液流电池储能项目

年份	项目名称	储能功率及容量
2013	国电龙源卧牛石全钒液流电池储能电站	5MW/10MW·h
2020	河北石家庄赵县全钒液流电池储能电站	600MW/800MW·h
2020	上海电气全钒液流电池储能项目	200MW/1000MW·h
2021	北京普能世纪湖北襄阳全钒液流电池集成电站	100MW/500MW·h
2021	宁夏伟力得电网侧共享储能电站项目	200MW/800MW·h
2022	大连液流电池储能调峰电站国家示范项目	100MW/400MW·h（一期） 200MW/800MW·h（二期）

资料来源：北极星储能网、储能产业生态体系与发展前景课题组。

六、熔盐储热储能

熔盐储热储能是通过其介质的相变或显热变化来实现能量存储、释放和转化。熔盐的主要成分是硝酸钠和硝酸钾盐，是非常容易获取的常见化学材料，但它的能量转换方式也限制了其应用场景。由于它是通过储热来储能的，这就决定了其只适用于火电站、光热电站等热发电的场景。同时，熔盐储热储能的发展受到投资成本的约束，系统中需要配置蒸汽发生器等关键的大型设备，前期投资规模很大。但在完成前期建设后，后续的扩张性投资成本会有相当幅度的下降。我国熔盐储热储能尚处于试点阶段，整体规模不大，但产业链相对完整。在2021年国内各类储能累计装机规模中，熔盐储热储能的累计装机规模排名第三，占比约为1.2%。我国熔盐储热储能产业链如图6-19所示。

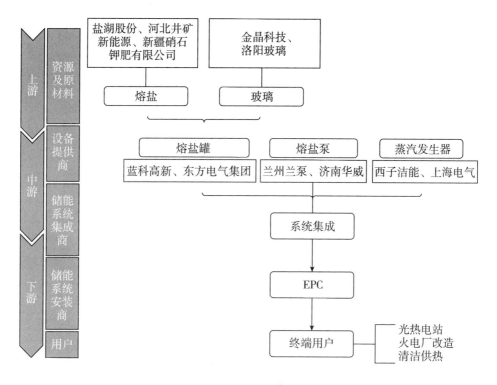

图6-19 我国熔盐储热储能产业链

资料来源：清洁供热平台（CHPlaza）、储能产业生态体系与发展前景课题组。

熔盐储热储能的上游产业链包括熔盐和玻璃等原料的各大生产商，中游包括熔盐罐、熔盐泵、蒸汽发生器等关键设备的制造商，下游的终端用户主要有光热电站、火电厂、清洁供热公司，其中光热电站储配能是目前熔盐储热储能的主要应用场景。

2018年12月28日，我国首个百兆瓦级光热发电项目——首航高科敦煌熔盐塔式光热电站成功并网运行。该电站的设计年发电量为3.9亿kW·h，同时也是全球目前聚光规模最大、储热罐容量最大、吸热塔高度最高的百兆瓦级熔盐塔式光热电站。该电站可以实现24小时不间断发电，并且建设周期也是同类项目中最短的。近年来，熔盐储热储能技术得到了快速发展。国海证券的研报显示，截至 2022 年，我国已经立项并正在建设的熔盐储热项目共计 16 个，总规模达 3074MW。这显示出我国在熔盐储热储能技术领域积极的发展态势。

第三节　储能产业的发展及预期

一、储能产业的发展历程

2005 年，我国《可再生能源产业发展指导目录》的出台标志着我国储能产业布局的开始。自 2009 年起，我国科技部、财政部和国家电网共同启动了首个大型储能示范工程，总投资约 150 亿元。该示范工程的综合规模包括 100MW 光伏发电、500MW 风电发电和 110MW 化学储能系统。这一重要举措标志着我国储能技术正式从实验室走向产业化应用，并为未来储能领域的发展奠定了坚实基础。

在 2010 年以前，我国的风光发电规模很小，化学储能产业基本处于空白的局面。这时虽然有一些光伏产业，但是发电成本的高昂使其产品难以在国内具体应用，相关光伏发电产品多用于出口。2010 年出台了《可再生能源法修正案》，第一次在国家法案中提到储能产业的发展。2011 年，我国政府又颁布了《国家"十二五"规划纲要》，其中详细规划了储能行业和新能源行业在该阶段的重点发展方向和试点项目，以进一步促进储能行业的蓬勃发展。同时，各部委相继发布了一系列政策纲领，为行业提供指导和支持。这一时期，中国的储能正处于试点发展阶段，通过各类示范性项目来验证储能技术和储能材料的研究，以推动行业的进一步创新和发展。

"十二五"时期，我国储能行业的主要项目仍然以试点的形式进行，并且主要应用于新能源并网和微网领域。尽管电化学储能的累计装机量不断增加，但增长速度却放缓。特别是在 2015 年，新增的储能装机规模仅为 37.5MW，其中电化学储能的新增装机容量仅为 11.8MW，相比 2014 年有所下降。其增长速度放缓的原因可能与技术成本、市场需求以及政策支持等因素有关。然而，储能行业在"十二五"时期取得的试点成果和累积经验为行业的进一步发展奠定了基础。这段时期的探索为储能技术在更广泛的应用领域，如电力调峰、储能电站方面的推广打下了坚实的基础。随着技术的不断进步和政策的支持，储能行业有望在未来实现更快的发展。

"十三五"时期，我国储能行业商业化开始，国内储能行业的发展迈上了高速公路。2018 年成为中国国内电网侧储能领域迎来爆发性增长的转折点，储能规模从以兆瓦/兆瓦时（MW/MW·h）计量跨越到千兆瓦/千兆瓦时（GW/GW·h）计量。根据中国储能协会（CNESA）的数据，2018年，仅国内电网侧新增投运的电化学储能规模就占据全年新增电化学储能规模的36%，达到了206.8MW。紧接着在2019年，政府发布了《关于进一步严格控制电网投资的通知》和《输配电定价成本监审办法》，设立了费用上限，并规定不应将重复建设和未实际投入应用的项目纳入输配电成本，以遏制电网侧储能投资过热的现象，导致电网侧储能建设步伐放缓。然而到了2020年，随着调峰调频的补偿机制理顺，电网侧新增投资再次明显回升。2020年，新增运行的电化学储能仍然集中在电网侧和发电侧，其中电网侧储能规模达到497.9MW，发电侧储能规模为259.4MW。这一系列的发展趋势表明，中国电网侧储能正经历着迅速增长，并逐渐成为电力系统调峰调频的重要支持手段。政策引导和市场需求将继续推动储能技术在电力系统的广泛应用。随着技术进步和成本降低，预计电网侧储能将在未来继续发挥重要作用，促进清洁能源的高效利用和电力系统的可持续发展。

中国储能产业在国家各类政策的支持下，不仅在规模上实现了长足的扩张，而且产业结构也得到了明显的改善，新型储能在整体储能规模中所占的比例越来越大。作为一种成熟且可靠的储能技术，抽水蓄能在我国储能系统中占据着主导地位，但电化学储能是未来的主要发展方向。2021年发布的《关于加快推动新型储能发展的指导意见（征求意见稿）》明确规定了30GW的新型储能发展目标，力图实现新型储能的跨越式发展。目前，我国储能产业已经从商业化初期发展到规模化阶段，正在从小范围试点向大规模的应用转变。2014~2021年我国储能产业市场规模如图6-20所示。

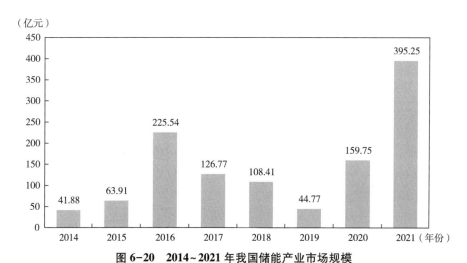

图6-20 2014~2021年我国储能产业市场规模

资料来源：中商产业研究所、储能产业生态体系与发展前景课题组。

二、储能产业的商业模式

2021 年 7 月，自国家发展和改革委员会发布了《关于加快推动新型储能发展的指导意见》以来，针对储能行业的制度设计不断完善，整体储能产业的商业环境得到了改善，商业模式也得以优化。根据储能场景和目标的不同，我国储能行业的商业模式可以分为发电侧储能、电网侧储能和用户侧储能三个主要方向（见图 6-21）。

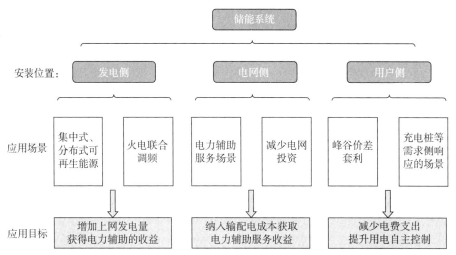

图 6-21　储能在电力系统各场景下的应用

注：纵轴数值为电力负荷 pu，其值为实际电压与标称电压的比值。

资料来源：公开资料、储能产业生态体系与发展前景课题组。

1. 发电侧储能的商业模式

随着我国新能源发电装机量的迅速增多，其自身不稳定性带来的弃电等问题也更多地暴露出来，储能系统通过并网服务可以在一定程度上改善这一问题。同时，储能系统可以为传统火电机组提供调频服务，进行电力辅助。发电侧储能主要是为了减少弃电，增加上网发电量，获得电力辅助的收益。除此之外，多余的储能空间可以通过调峰策略和调频策略更好地进行电网输配，储能系统减少弃电、调峰运行策略如图 6-22 所示。

发电侧储能的应用主要是通过削峰填谷来对新能源电站进行供需调节，但在目前，储能产业面临着一个困境，当储能系统仅具备削峰填谷的功能时，其内部收益率未能达到 8% 以上，回收弃电所带来的额外收益无法抵消储能成本。这是当前储能产业发展所面临的挑战之一。我国储能产业目前在各个应用场景下的商业模式均不具有普遍的经济性，政策因素是当下推动储能产业发展的关键因素①。国家的储能补贴政策对发电侧储能的收益有着重要影响，从全国性的政策来看，国家对发电侧储能的重视程度更高。在接下来发电侧储能的发展过程中，需要通过进一步降低成本、积极参与调频市场来提高辅助服务收益，进而实现规模的经济性。

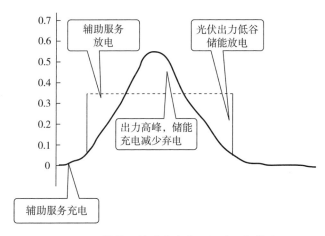

图6-22　储能系统减少弃电、调峰运行策略

注：纵轴数值为电力负荷 pu，是实际电压与标称电压的比值。

资料来源：中国电力企业联合会、国家能源局、储能产业生态体系与发展前景课题组。

2. 电网侧储能的商业模式

通过在电网侧安装储能系统，可以保证电力输配的稳定，推动电力价格的市场化。随着电力辅助市场的不断完善，电网侧储能系统可以根据用户需要提供各种差异化服务，并相应地进行定价。在这一过程中，电化学储能发挥着关键的作用。作为一种高质量的灵活性资源，电化学储能可以保证电力供需平衡，减少或延缓对电网的直接投资需求。

目前我国电网侧尚未形成成熟的商业模式，但根据国家政策的要求以及投资回收机制，电网侧储能正在形成输配电成本监管的商业模式和竞争性业务的商业模式（见图6-23）。

（1）输配电成本监管的商业模式：储能系统作为应急储备，应对电网系统的故障。电化学储能具备快速响应的特点，能够及时处理突发问题。将其应用于电网侧的储能系统，能够显著提升电网系统的稳定性和可靠性。同时，在电网出现意外情况时，电化学储能系统能够迅速为用户提供能量，大大缩短了断电时

---

① http：//stock. finance. sina. corn. cn/stock/go. php/vReport _ Show/kind/Lastest/rptid/68057278252 7/index. phtml.

长，保障用户的用电需求。这种灵活而可靠的特性使得电化学储能成为电力系统中的重要支撑，为能源转型和可持续发展提供了有力的支持。

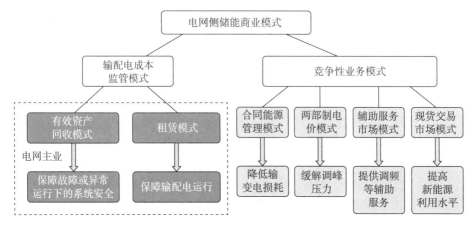

图 6-23　我国电网侧储能的商业模式

资料来源：国网能源研究院、储能产业生态体系与发展前景课题组。

（2）竞争性业务的商业模式：通过参与调峰调频，储能系统能够灵活调节电力供需平衡，为电网提供稳定可靠的支持。同时，储能系统的参与也提高了对清洁能源发电的消纳能力，有效应对了可再生能源波动性的挑战，进一步促进了清洁能源的大规模应用。新能源发电由于自身特点，送电能力波动较大，不利于电网的输配。通过储能系统将电力"高储低放"，可以缓解电网峰期的压力。

3. 用户侧储能的商业模式

用户侧储能的商业模式可以分为大型工商业储能和户用储能两种。

我国对工商业实行分时电价，将一天分为三段，分别是谷段、平段、峰段，不同时段采用不同的价格收费。我国的大型工商业储能一方面通过储能系统低谷充电、高峰放电来进行峰谷套利；另一方面通过减少高峰用电的方式来减少容量电费成本。

在户用储能方面，由于欧洲、美国等地区居民多为一户一栋，且电力价格市场化程度较高，电价相对高昂，这些地区的户用储能发展较快。比亚迪、派能科技及阳光电源的户用储能系统在海外占据了很大的市场，海外家庭通过"光伏+储能"的方式减少外购电量。受限于社区的居住方式，我国在户用储能方面发展难度较大。同时，储能理念在我国家庭尚未普及，且电网电价相对较低，国内家庭装置户用储能的动机不强，因此我国的户用储能市场发展较为迟缓。但随着国家对清洁能源的推广以及国内储能龙头企业对小型户用储能设备的研发，我国户用储能市场未来大有可为。

三、中国储能市场的预期

根据郭剑波院士在《中国高比例新能源带来的平衡挑战》一文中的研究指出，我国在"十四五"时期计划完成对 2 亿 kW 存量煤电机组的灵活性改造，并新增 1.5 亿 kW 具备调节能力的灵活煤电机组。预计到 2025 年，我国的抽水蓄能规模将超过 6200 万 kW，而新型储能装机规模将达到 3000 万 kW 以上。随着时间的推移，新型储能将逐步成为电力调节的主力。预计到 2030 年，我国的抽水蓄能规模将达到 1.2 亿 kW。

截至 2021 年，中国的电化学储能累计装机容量达到 5790.8MW。根据 CNE-SA 的保守估计，预计 2021~2025 年，电化学储能装机容量将以 57.4% 的复合年增长率稳步增长。在乐观场景下的预期，CNESA 估计到 2024 年，我国的电化学储能累计装机规模将达到 32.7GW，到 2025 年将增长至 55.9GW。因此，2021~2025 年的年均复合增长率预计将达 84.5%。从这些数据中不难看出，中国电化学储能市场呈现出稳定增长的态势，电化学储能存在巨大的发展潜力。

第四节 中国储能产业全球竞争力的 SWOT 分析

伴随着新能源的高速发展，我国储能产业也实现了腾飞，并面临着前所未有的机遇。然而，在一片向好的情况下，我国的储能产业仍具有内在的不足和缺陷。在我国储能产业加速奔向全球化的过程中，我们应该继续发挥优势，认识并弥补不足。我国储能产业全球竞争力的 SWOT 分析如图 6-24 所示。

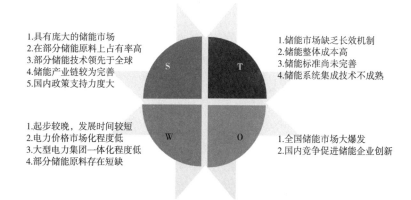

图 6-24 我国储能产业全球竞争力的 SWOT 分析

资料来源：梅生伟等（2022）、储能产业生态体系与发展前景课题组。

一、优势

1. 中国具有庞大的市场规模

庞大的市场规模有利于国内储能产业链的发展，助力国际龙头企业的产生。到 2020 年末，全球投运的储能项目累计装机规模为 191GW。还有正在建设的 345GW 的储能项目，这些储能项目的投资规模共达 2620 亿美元。预计到 2030 年全球累计装机量总规模达到 358GW 以上。

2. 中国在部分重要的储能原材料上占有率高

中国目前在全球动力电池市场中扮演着举足轻重的角色。截至 2020 年，中国负极材料出货量占据全球市场份额的 71%，位居全球之首。在电解液方面，2020 年中国在全球市场的占有率高达 65%，居于全球首屈一指的地位，日本和韩国分别占据了 23% 和 12% 的份额。中国在隔膜材料领域也取得了显著成绩，2020 年中国的全球市场份额达到 51%，紧随其后的是日本占 29% 和韩国占 20%。在正极材料方面，2020 年中国市场份额超过全球市场的一半，展现出强大的竞争实力。至于动力电池，韩国所占市场份额最高，而中国紧随其后，占据 36% 的市场份额。中国的锂电池产业链规模庞大，在全球市场中占据领先地位①。

3. 中国在部分储能技术上领先全球

我国虽然在储能领域起步较晚，但发展十分迅猛，在一些细分领域中已经具有了领先全球的优势技术。作为储能领域的龙头企业之一，派能科技的储能电池技术领跑行业。公司的主要产品包括磷酸铁锂储能电池及其系统，广泛应用于工商业、电网、通信基站和家庭等多个领域。作为一家国家级高新科技企业，派能还是全球认证的储能厂商之一。公司软包电池寿命超过 10 年，电芯循环次数更是能达到 1 万次以上，同时模块化的电池系统设计也非常贴合海外市场的小型户用需求。公司以自主产品为核心，与旗下各个子公司形成了完整的产业链条，产品远销各大洲。2013 年，派能科技在欧洲销售了首套商用的户用储能系统。2016 年，派能成功开发并投运了集装箱式大型储能系统。几年来，派能科技专注于科技的投入及核心竞争力的提升，实现了储能产品全系列化的覆盖。随着新型清洁能源的普及，海外市场对于家庭户用储能的需求巨大，而我国作为锂离子储能电池的生产大国将会因此受益。目前，国内的户用储能锂电池 90% 出口到海外，在全球市场上牢牢地占据了一席之地。

我国的钠离子电池研究较早，部分企业的技术实力目前处于国际领先水平。中科海纳公司的实力和电池技术就处于国际领先水平，其在 2019 年发布了世界

---

① 户用储能龙头，布局全球市场（西部证券，2021）。

上首座 30kW/100kW·h 的钠离子电池储能站。同年，辽宁星空钠离子电池进入量产阶段，这也是全球第一条投入运行的钠离子电池生产线。虽然目前钠离子电池产业尚处于试点阶段，不具备规模化的经济效益，但是在可预见的未来有较大的产业化潜力。

尽管我国在压缩空气储能领域起步较晚且规模相对较小，但中国储能等相关企业一直致力于推动压缩空气储能技术的研究与创新。2021 年，中储国能成功推出了先进的张家口并网压缩空气储能系统，该系统的设计效率达到了 70.4%，位居世界领先水平，标志着我国在压缩空气储能技术方面取得了重要突破。这一成就不仅凸显了我国的技术实力，也为压缩空气储能技术的发展开辟了新的道路。目前，我国正积极推进新型压缩空气储能的试点工作。与传统压缩空气储能系统相比，这些新型系统更加注重环保，不依赖化石燃料，并且摆脱了对储气洞穴的依赖。此外，这些系统还具有储能周期不受限制的优势，为能源存储提供了更大的灵活性和可持续性。这一系列进展标志着我国在压缩空气储能领域的迅速发展，为清洁能源的应用和能源转型提供了新的解决方案。

4. 中国储能产业链较为完善，有望形成全球竞争力

动力电池的行业巨头都进行了储能行业的布局和竞争，他们本身的技术优势可以使储能电池行业以性价比更高的方式发展，同时他们也能更快地占领行业的头部，形成头部效应。动力电池行业的龙头企业比亚迪、宁德时代、国轩高科和亿纬锂能等早早地进入了储能行业：一方面，通过自己产业链的便利整合资源，进行储能电池的研发和生产；另一方面，通过对其他储能公司的投资和成立合资公司的方式，进一步提高自己在储能行业的影响力，在能源的变革浪潮中占据领跑的优势。

锂电池储能产业链的发展有望构建全球竞争力强劲的格局，类似于新能源汽车产业链。在产业链的中游设备技术方面，不断进行技术革新，且出货量增长相比稳定。特别是在电池环节，我国磷酸铁锂电池技术成熟，具有较长的使用寿命和更低的成本。在逆变器和其他关键的零部件方面，我国同样具备成本和技术优势，正在突破海外竞争对手的客户壁垒，积极开拓海外市场。同时，我国动力电池产业已经十分成熟，储能电池和动力电池的产业链相似度很高。储能业务作为增量业务对动力电池产业链的相关公司更具有吸引力。这种相似性为我国储能电池产业链的发展提供了有利条件。随着储能电池业务的增长，我国相关公司正积极开拓海外市场，打破竞争对手的客户壁垒，推动储能电池产业链的全球化发展。

5. 我国的政策支持力度大，发展前景乐观

2017 年 7 月 21 日，国家发展和改革委员会、国家能源局发布了《关于加快

推动新型储能发展的指导意见》，明确提出到 2025 年，我国新型储能（除抽水蓄能的储能系统）的装机总容量应达到 30GW 以上的目标。这一指导意见为推动新型储能领域的发展制定了明确的方向。2022 年 6 月 7 日，国家发改委、国家能源局发布了《关于进一步推动新型储能参与电力市场和调度运用的通知》。该通知的关键内容包括以下几点：首先，建立储能参与电力市场的机制，确保储能项目能够获得合理的回报，实现市场化的价格。其次，允许符合相关标准的储能产业独立参与电力市场，并鼓励储能与电源联合形成市场。再次，通过拉大峰谷价差的措施，积极鼓励用户侧储能的应用。最后，完善我国的政策规划，落实政府的领导和监督管理功能。国内储能政策梳理如图 6-25 所示。

图 6-25　国内储能政策梳理

资料来源：国家能源局、国家发展改革委、国家电网、招商证券等，储能产业生态体系与发展前景课题组。

二、劣势

1. 起步较晚，发展时间较短，供电侧结构仍然较为传统

与美国和欧洲相比，我国仍处于传统火力电力供给过剩的阶段，从供需关系的角度来看，储能产业在吸引强有力的投资上存在一定的困难。"十二五"时期及"十三五"时期，我国的火力发电仍然保持高速增长，新增火电装机发电量分别达到 2.71 亿 kW、2.39 亿 kW，在新增电力装机总量中的占比分别为 53%、35%。新能源发电装机的作用更多地体现为补充而不是替代，因此在发电侧配置储能设备的必要性相对较弱。

2. 电力市场化程度低，不利于储能系统发展成本的传导

海外发达地区（如欧洲、美国等）电力市场化的改革较早，在发电侧和用电侧已实现高度的市场化。在这些地区，发电侧的成本能较好地传导至整个产业链。但国内目前的电力系统体系下，储能设备的成本主要由应用场景下的企业独立承担，不能很好地传导至整个产业链。海内外电力改革进程梳理如表 6-8 所示。

表 6-8 海内外电力改革进程梳理

国家	年份	标志性法案	储能功率及容量
美国	1992	Energy Policy Act，EPACT	允许非公用事业公司进入电力批发市场
	1996	FERC Order No，888	要求控制输电设施的公用事业公司开放电网的无歧视接入，鼓励成立的独立系统运营商（ISO）
	1999	FERC Order No，2000	鼓励各类输电公司加入区域输电组织（RTO）
	2005	Energy Policy Act of 2005	正式终结了新政以来的电力监管框架，重申促进电力批发市场竞争
欧盟	1996	Directive 96/92/EC	要求垂直一体化的电力公司实行发输配售环节的财务、管理分离
	2003	Directive 03/54/EC	进一步开放市场，所有用户都拥有自由选择权，垂直一体化电力公司须将其输电、配电业务实行法律分离
	2009	Directive 09/72/EC	确保电网业务与竞争性发电、售电业务独立；增加售电市场透明度；增强市场监管力量
中国	2002	电改"5号文"	实施厂网分离，重组发电和电网企业
	2015	电改"9号文"	输配电价改革，推进电力市场建设，组建电力交易机制，有序放开发用电计划，推进售电侧改革

资料来源：联邦能源管理委员会（FERC）、欧盟委员会、国务院、东北证券、储能产业生态体系与发展前景课题组。

3. 我国大型电力集团一体化程度低

海外的大型电力集团的业务通常涵盖发电、输配电，售电等多个环节。这种综合性经营模式使它们在对储能系统进行投资时能够获得更多的后期收益，缩短投资回收期，有效地解决投资与收益不匹配的问题。美国共用事业公司占据了全美 55% 左右的装机量和发电量，业务范围涉及发电、输配电、售电等。同样地，在法国、意大利等欧洲国家也存在这样的大型一体化电力公司。

相比之下，我国电力系统分业经营较为明显。像国电投、华能、华电等大型发电集团只涉足发电业务，而相关电网企业经营包括输配电、售电环节。虽然分业经营能避免出现一家独大的情况，有利于行业内形成良好的竞争氛围，但是投资和收益的不匹配性同样也限制其对于储能产业的投资。

4. 我国在部分储能资源上存在短缺

随着全球对储能电池的需求迅速增长，我国面临着锂资源短缺的挑战。锂资源的地壳丰度仅为 0.006%，总量非常有限。大部分全球的锂资源主要分布在南美等地区。根据美国地质勘测局 2021 年年报，我国的锂资源仅占全球的 6%，且存在开采难度大的问题。目前，我国高度依赖进口来满足锂资源需求，而供需不平衡导致自 2021 年以来锂资源价格大幅度上涨。根据 Wind 数据，碳酸锂在 2022 年 3 月 22 日的价格比 2021 年 1 月 1 日的价格上涨了 849%。

三、机会

1. 全球储能市场的大爆发

全球的储能市场预计在未来的十年有 20 倍的增长空间，整体行业会持续高速增长。对于我国的电化学储能市场来说，根据 CNESA 的保守估计，预计 2021~2025 年，电化学储能装机容量将以 57.4% 的复合增长率稳步增长。在乐观的场景下，CNESA 估计到 2024 年，我国的电化学储能累计装机规模将达到 32.7GW，到 2025 年将增长至 55.9GW。2021~2025 年的年均复合增长率预计将达到 84.5%。

2. 国内竞争激烈，各类创新企业不断涌现

以储能电池领域为例，虽然在行业中头部企业取得了一定的领先优势，但随着诸多动力电池企业入局，不断向储能领域转型并拓展其业务，该行业的内卷愈加激烈。2018 年，储能电池行业前十位仅有宁德时代和中航锂电这两家最初的动力电池制造。然而，到了 2019 年，国轩高科、亿纬锂能、比克电池、力神电池等动力电池制造商纷纷进入前十，占据其中五个席位。从出货量来看，2019 年宁德时代排名第一，彰显其逐渐确立的龙头地位。然而，在其之下的格局仍不太明朗，各个动力电池企业在转型过程中持续创新，使得行业展现出勃勃生机。

四、威胁

1. 储能市场的盈利前景存在着较大的不确定性，缺乏长期有效的收益机制

目前，我国储能市场主要由政策推动，但政策缺少具体的配套实施细则和市场规范制度，导致实施效率不高。尤其是一些地方政策经常变化，前后不一，这不仅无法形成长期有效的机制，还会引发企业对于政策的不信任。此外，电力市场的建设仍处于初级阶段，盈利模式相对单一。对于电网公司而言，储能技术的

稳定性无法保证，带来的收益难以预估，这些阻碍了对储能行业的投资，不利于储能行业的规模化发展。

2. 储能标准体系尚未完善，不利于行业的良性发展

目前储能行业的细分种类较多，对应的适用场景也是多种多样。在缺乏标准体系的情况下，会带来诸多不利影响，其中之一是技术的规格和参数与实际运输、安装、应用的不匹配。同时缺乏标准体系更会导致管理者难以实现规范有效的监管，进一步引发相关的安全问题。

3. 储能设备的系统集成技术尚且不够成熟

为了满足大容量的储能需求，需要对小容量的电化学储能进行集成应用。但在具体的应用过程中，涉及系统控制、状态监测、电池健康、设备优化与匹配等诸多环节，每个环节都至关重要，如果出现问题会牵一发而动全身，影响到整个储能系统的性能与作用。在当下阶段，行业普遍存在着无章法的"系统拼凑"，同时还存在着非一体化、未经全面测试的乱象，导致系统效率的低下和安全隐患的暗涌。

4. 当下阶段储能的技术和非技术成本过高，尚不适于大规模应用

截至 2020 年，我国储能度电成本为 0.5 元左右，距离大规模应用所需的 0.3~0.4 元的度电成本仍存在较大的差距。导致这一差距主要有两方面原因：首先，技术水平和原材料的限制使得储能技术成本较高，难以实现成本的进一步降低；其次，国内储能电站在建设、接入和融资等环节受到诸多影响，导致储能的非技术成本上升，进一步拉高了总体成本。这些因素共同作用，导致了储能度电成本居高不下，限制了储能行业的规模化发展。

第七章 中国的国家能源政策体系与方向指引

第一节 国家层面的能源政策

能源能有效推动经济发展，是经济发展的根本动力。一个城市的现代化程度越高，它对能源的依赖性越强。二氧化碳的排放主要来自和能源生产、消费相关的活动，要想做好碳达峰、碳中和的工作，就要大力推动能源领域的碳减排，这是加快构建现代能源体系的重要举措（夏小禾，2022）。能源消耗总量过高，将加大能源供应转型的压力，拉长能源体系低碳转型周期。在全球碳中和目标的背景下，清洁能源将逐步取代化石能源，风电、光伏发电将成为清洁能源的绝对主力，装机量持续大幅增加。能否实现"双碳"目标，能源生产和消费体系的绿色转型起着至关重要的作用。

在整个能源体系中，新能源所占的比重快速增加，为了实现以新能源为主体的新型电力系统的负荷平衡，为其提供容量支撑和提升灵活调节能力，储能的重要性不言而喻。世界各国都在加快推动新型储能技术和产业发展，呈现出锂离子电池储能、压缩空气储能、液流电池储能、飞轮储能、钠离子电池储能等储能技术多元化发展的局面。

为了构建"清洁低碳、安全高效"现代能源体系、实现碳达峰、碳中和目标，发展新型储能具有重要意义，是实现能源变革的关键支撑。因此，我国政府也发布了一系列的相关政策，重点聚焦、持续支持、大力推动该行业的发展。自2021年以来，储能行业已迎来多个重磅文件的发布，这为储能行业带来了历史性的发展机遇和爆发式的增长。

一、"双碳"目标的顶层设计

2020 年 9 月，习近平主席在联合国大会上提出力争在 2030 年前二氧化碳的排放量达到峰值，努力争取在 2060 年前实现碳中和的目标。2020 年 12 月，在气候雄心峰会上，我国宣布到 2030 年单位生产总值二氧化碳排放将比 2005 年下降 65%以上，非化石能源占一次能源消费比重将达到 25%左右，风电、太阳能发电总装机容量将达到 12 亿 kW 以上。2021 年 12 月，习近平总书记在中央经济工作会议上强调，持续推动产业结构和能源结构调整，推进"双碳"工作。2022 年 1 月，习近平总书记在中央政治局第三十六次集体学习中明确提出，要加大力度规划建设新能源供给消纳体系，该体系要以大型风光电基地为基础，以周边清洁、高效、先进、节能的煤电为支撑，以稳定、安全、可靠的特高压输变电线路为载体（周宏春等，2021）。习近平总书记在党的二十大报告中指出，要"积极稳妥推进碳达峰碳中和，立足我国能源资源禀赋，坚持先立后破，有计划分步骤实施碳达峰行动"，要"深入推进能源革命，加强煤炭清洁高效利用，加快规划建设新型能源体系"。习近平总书记的重要讲话和指示为新时代新能源的发展指明了方向，同时也提出了更高的要求和期待。

在面向"双碳"目标的"1+N"政策体系中，中共中央、国务院发布的《关于完整准确全面贯彻新发展理念做好碳达峰碳中和工作的意见》发挥着统领作用，该政策从 5 个方面提出了自我约束的目标，分别是构建绿色低碳循环发展经济体系、提升能源利用效率、提高非化石能源消费比重、降低二氧化碳排放水平、提升生态系统碳汇能力。除了上述工作意见外，国务院还发布了《2030 年前碳达峰行动方案》，这个文件和工作意见是紧密相关的，包括实现碳达峰的具体行动措施，它将目标聚集在 2030 年前实现碳达峰的相关指标和任务上，把碳达峰贯穿于经济社会发展的各个方面，提出了要重点实施能源绿色低碳转型行动、节能降碳增效行动等"碳达峰十大行动"。工作意见作为双碳"1+N"系列文件中的"1"，与《2030 年前碳达峰行动方案》被誉为实现"双碳"目标的顶层设计。

二、行业政策

近年来，纲领性指导政策陆续出台（见表 7-1），2021 年是中国全面助力实现"双碳"目标的第一年，国家发布的能源政策内容主要体现在提升清洁能源的消纳保障能力、促进传统石化能源与新能源相融合的系统重构方向发展，以及出台碳达峰碳中和统领文件方面（郭海涛等，2022）。2022 年，为实现"双碳"目标，国家发布了很多关于储能的政策，加快完善新型储能技术标准，推动新型储能规模化、产业化、市场化发展。

表 7-1 行业政策梳理

发布时间	政策名称	核心内容
2021 年 3 月	《关于推进电力源网荷储一体化和多能互补发展的指导意见》	完善市场化电价机制，调动市场主体积极性，引导电源侧、电网侧、负荷侧和独立储能等主动作为、合理布局、优化运行，实现科学、健康发展
2021 年 3 月	《关于引导加大金融支持力度促进风电和光伏发电等行业健康有序发展的通知》	金融机构可以按照商业化原则与可再生能源企业协商展期或续贷
2021 年 7 月	《关于做好新能源配套送出工程投资建设有关事项的通知》	进一步加快发展风电、光伏发电等非化石能源，努力实现"双碳"目标
2021 年 7 月	《新型数据中心发展三年行动计划（2021—2023 年）》	鼓励企业探索建设分布式光伏发电、燃气分布式供能等配套系统，引导新型数据中心向新能源发电侧建设，就地消纳新能源，推动新型数据中心高效利用清洁能源和可再生能源，优化用能结构
2021 年 7 月	《关于加快推动新型储能发展的指导意见》	明确 2025 年 30GW 发展目标，未来五年将实现新型储能从商业化初期向规模化转变，到 2030 年实现新型储能全面市场化发展，支持共享储能发展
2021 年 7 月	《国家发展改革委关于进一步完善分时电价机制的通知》	进一步完善峰谷电价机制。各地要统筹考虑当地电力系统峰谷差率、新能源装机占比、系统调节能力等因素，合理确定峰谷电价价差
2021 年 9 月	《关于完整准确全面贯彻新发展理念做好碳达峰碳中和工作的意见》	提出了构建绿色低碳循环发展经济体系、提升能源利用效率、提高非化石能源消费比重、降低二氧化碳排放水平、提升生态系统碳汇能力 5 个方面可计量、可考核的自我约束目标
2021 年 10 月	《国务院关于印发 2030 年前碳达峰行动方案的通知》	聚焦 2030 年前碳达峰的相关指标和任务，将碳达峰贯穿于经济社会发展全过程和各方面，提出重点实施能源绿色低碳转型行动、节能降碳增效行动等"碳达峰十大行动"
2022 年 5 月	《关于进一步推动新型储能参与电力市场和调度运用的通知》	要建立完善适应储能参与的市场机制，鼓励新型储能自主选择参与电力市场；研究建立电网侧独立储能电站容量电价机制，逐步推动电站参与电力市场

资料来源：储能产业生态体系与发展前景课题组。

2021 年，国务院、国家发展改革委、国家能源局等多部门相继印发了多个政策文件，以支持新能源行业的发展。这些政策涵盖了新能源行业的发展技术路线、能源发展机制和标杆上网电价等多方面。国家发展改革委、国家能源局在 2021 年 3 月发布了《关于推进电力源网荷储一体化和多能互补发展的指导意见》，提出要通过完善市场化电价机制，调动市场主体积极性，引导电源侧、电网侧、负荷侧和独立储能等优化运行，实现科学、健康发展。为了促进可再生能源行业的健康发展，发展改革委等同期又发布了《关于引导加大金融支持力度促进风电和光伏发电等行业健康有序发展的通知》，明确指出金融机构可以按照商业化原则与可再生能源企业协商展期或续贷，金融机构可以根据风险可控原则，在银企双方自主协商的基础上，结合项目实际情况和预期现金流，灵活安排贷款展期、续贷或调整还款进度、期限等措施。这对于短期偿付压力较大但未来有发展前景的可再生能源企业是一个较好的信号。在能源利用和用能结构方面，国家发展改革委办公厅在 2021 年 7 月发布了《关于做好新能源配套送出工程投资建设有关事项的通知》，要求进一步加快发展风电、光伏发电等非化石能源。工业和信息化部也发布了《新型数据中心发展三年行动计划（2021—2023 年）》，鼓励企业在新能源方面进行探索，例如建设分布式光伏发电和燃气分布式供能等配套系统。同时，引导新型数据中心向新能源发电侧建设，就地消纳新能源，推动新型数据中心高效利用清洁能源和可再生能源，优化用能结构。为加快储能行业的发展，国家发展改革委、国家能源局于 2021 年 7 月正式发布了《关于加快推动新型储能发展的指导意见》，明确到 2025 年新型储能装机规模达 30GW 以上的发展目标，未来五年将实现新型储能从商业化初期向规模化转变，到 2030 年实现新型储能全面市场化发展，支持共享储能发展。该文件对电源侧、电网侧、用户侧提出了新的期待和要求，明确电源侧着力于系统友好型新能源电站和多能互补的大型清洁能源基地等方向，电网侧致力于提升系统灵活调节能力、安全稳定水平以及供电保障能力方向，用户侧鼓励在跨界融合和商业模式探索创新方面进行积极探索。

在储能方面，我国也在逐步探索完善储能经济性政策，以更好地支持储能行业的发展。2021 年 7 月，国家发展改革委发布《关于进一步完善分时电价机制的通知》，要求进一步完善峰谷电价机制，并合理确定峰谷电价价差，以更好地支持和服务以新能源为主体的新型电力系统建设。2022 年 5 月，国家发展改革委办公厅、国家能源局综合司发布《关于进一步推动新型储能参与电力市场和调度运用的通知》，提出要研究建立电网侧独立储能电站容量电价机制，逐步推动电站参与电力市场。除此之外，还要完善适应储能参与的市场机制，鼓励新型储能自主选择参与电力市场。由此可以看出，国家出台了一系列对储能有利的政策，这有利于促进储能行业的持续发展，不断优化新能源消纳水平，未来储能的规模会进一步扩大。

第二节　地方层面的能源政策

国家发布了一系列能源政策支持绿色转型，同时也重点支持、大力推动储能行业的发展。为了响应国家号召，积极推动储能行业发展，各地方根据当地实际需要，也纷纷发布一系列政策，对新型储能项目给予支持，表现在投资建设、并网调度、运行考核等方面，这为新型储能规模化奠定了基础。我们从华北、华东、东北、华中、华南、西南、西北这七个地区来分析地方层面的能源政策。

一、华北地区

在能源方面，碳排放的主要来源是煤炭，而华北地区是我国生产煤炭的主要区域。随着"双碳"目标的提出，华北地区就成为能源结构调整的重点区域。北京、天津、河北、山西在当地发布的"十四五"规划中，在能源发展方面，都提到了通过储能技术来不断提升可再生能源的消纳能力。北京、河北、山西、内蒙古在重点支持储能技术路线方面较为多元化，包括机械储能、电化学储能、热储能和氢储能。

1. 北京

北京将会全力攻关一批绿色低碳的关键核心技术装备，积极推进能源新技术、新模式、新业态的示范应用，在实现碳达峰、碳中和行动中发挥示范引领作用，加快促进经济社会发展全面绿色转型。2022 年 4 月，北京市发布《北京市"十四五"时期能源发展规划》，该文件提到了国家新型储能价格机制和销售电价改革，鼓励市场主体利用市场化机制促进储能发展，如峰谷电价差、辅助服务补偿等。关于储能方面，北京市还鼓励支持先进高效率、长寿命、低成本的储能技术研发，如电化学储能、大规模压缩空气储能等，积极推进蓄热设施建设，推动新型储能向规模化发展。

2. 天津

天津的大型水电发展条件较差，但日照条件较为充足，所以具备较好的光伏发电开发条件。2022 年 1 月，天津市发展改革委印发《天津市电力发展"十四五"规划》，在重点任务中提到了要提升电力服务民生水平，按照实际情况发展电采暖，最大限度地利用电网低谷电容量，推广电蓄热供暖技术，如在园区、公建等场所。2022 年 1 月，天津市发展改革委发布《天津市可再生能源发展"十四五"规划》，强调了要集散并重加快光伏发电开发和加大地热能开发利用研究力度，明确提出"到 2025 年，太阳能光伏发电装机规模达到 560 万 kW"。在地热能方面，要推动水热型地热能供热纳入城镇基础设施建设和加快浅层地热能推广应用。

3. 河北

河北省对新型储能的技术发展给予了很多的关注和重视，该省的第一批国家示范项目得到了推广和应用。2022 年 4 月，河北省发展改革委印发《河北省"十四五"新型储能发展规划》，文件中提到了储能技术的发展现状，新型的储能技术发展很快，特别是以锂电子电池为代表的电化学储能技术发展相当快。该文件还指出："目前锂电池储能系统初步具备规模化商业化应用条件。全钒液流、铁—铬液流电池已取得突破性进展，百兆瓦级先进压缩空气储能技术得到示范应用，飞轮储能、钠离子电池、固态电池、储氢等创新储能技术正在开展关键技术攻关与示范。"

4. 山西

山西省是我国重要的新型综合能源基地，在"十四五"时期，该省的可再生能源进入高质量发展的新阶段。2022 年 9 月，山西省能源局发布关于印发《"十四五"新型储能发展实施方案》的通知，提出要开展各类新型储能技术示范，加快飞轮储能、压缩空气储能、钠离子电池、超级电容器、热储能、氢储能等技术规模化试验示范，开展压缩空气、液流电池、锂离子电池等关键技术、装备和集成优化设计技术研究。2022 年 9 月，山西省发布《山西省可再生能源发展"十四五"规划》，文件中提到，全省可再生能源发展要坚持生态优先、因地制宜的原则，针对不同地区的风电和光伏发电要有不同的要求。除此之外，还要稳步推动生物质能多元化开发，积极推动地热能规模化开发，推进中深层地热能供暖，"到 2025 年，全省地热能开发利用面积达到 2000 万平方米左右"。文件中还提到，要重点规划和建设抽水蓄能电站，在新能源发展得比较迅速的地方，要按照实际情况加快建设灵活分散的中小型抽水蓄能电站以作示范，逐步扩大抽水蓄能的发展规模。

5. 内蒙古

内蒙古的地理位置比较优越，是一个大型的能源基地。2021 年 11 月，内蒙古自治区发布《内蒙古自治区新能源装备制造业高质量发展实施方案（2021—2025 年）的通知》，文件中提到了有关储能装备的发展，要依托锂离子电池正、负极材料等产业基础，重点发展储能电池、储能控制系统制造和发展先进装备制造业，如电化学储能、压缩空气储能、飞轮储能、储热蓄能装备及智能控制系统等。

华北地区各省区市能源政策总结如表 7-2 所示。

表 7-2　华北地区各区市能源政策

省份	发布时间	政策名称	核心内容	重点领域
北京	2022 年 4 月	《北京市"十四五"时期能源发展规划》	鼓励支持先进高效率、长寿命、低成本的储能技术研发，比如电化学储能、大规模压缩空气储能等，支持浅层地源热泵与太阳能光热、蓄热多能互补应用，积极推进蓄热设施建设，推动实现新型储能从商业化初期向规模化发展转变	电化学储能、压缩空气储能、热储能
天津	2022 年 1 月	《天津市电力发展"十四五"规划》	提升电力服务民生水平，因地制宜发展电采暖，充分利用电网低谷电容量，在园区、公建等场所推广电蓄热供暖技术	热储能、氢储能
河北	2022 年 4 月	《河北省"十四五"新型储能发展规划》	全钒液流、铁—铬液流电池已取得突破性进展，安全性能较高。百兆瓦级先进压缩空气储能技术得到示范应用，系统效率预计提升至 70% 以上，为商业化发展提供了技术支撑。飞轮储能、钠离子电池、固态电池、储氢等创新储能技术正在开展关键技术攻关与示范	压缩空气储能、飞轮储能、电化学储能、氢储能
山西	2022 年 9 月	《"十四五"新型储能发展实施方案》	开展各类新型储能技术示范，加快飞轮储能、压缩空气储能、钠离子电池、超级电容器、热储能、氢储能等技术规模化试验示范，开展压缩空气、液流电池、锂离子电池等关键技术、装备和集成优化设计技术研究	飞轮储能、压缩空气储能、钠离子电池、锂离子电池、液流电池、热储能、氢储能
内蒙古	2021 年 11 月	《内蒙古自治区新能源装备制造业高质量发展实施方案（2021—2025 年）》	依托锂离子电池正负极材料、石墨电极、隔膜等产业基础，重点发展储能电池、储能控制系统制造，培育发展配套产业，最大限度地满足区内储能需求。引进掌握核心技术企业，鼓励发展先进电化学储能、压缩空气储能、飞轮储能、电磁储能、储热蓄能装备及智能控制系统等先进装备制造业	锂离子电池、电化学储能、压缩空气储能、飞轮储能、热储能

资料来源：储能产业生态体系与发展前景课题组。

二、华东地区

华东地区经济发展水平很高，但经济发达意味着能源消耗也较高。在我国七大地区中，华东地区是能源消耗量最多的。在该地区各省份的"十四五"规划中，主要是要求加快新能源对传统化石能源的结构替代，提高非化石能源比重，在能源转型的过程中重点强调了储能的发展。各省份根据当地的特点和实际情况发布针对性的政策，为发展储能提供方向指引，以更好地服务储能行业的发展。上海、江苏、浙江、山东、安徽、江西在发布的政策中都表明重点支持电化学储能的发展。

1. 上海

2022 年 10 月，上海市出台《上海打造未来产业创新高地　发展壮大未来产业集群行动方案》，指出上海将要布局未来产业，打造未来产业集群，未来能源产业集群瞄准了先进核能和新型储能。关于新型储能方面，该文件提出要推动开展战略性储能技术研发，推动压缩空气、液流电池等长时储能技术商业化，促进"光储充"新型储能站落地，加快飞轮储能、钠离子电池等技术试验，推动固态电池电解质技术攻关。推动大功率、长寿命的氢燃料电池关键材料创新，推动燃料电池热电联供系统、固体氧化物燃料电池等应用研究。

2. 江苏

2022 年 8 月，江苏省发展改革委正式印发了《江苏省"十四五"新型储能发展实施方案》，方案中明确了到 2025 年的新型储能装机规模目标，即要达到260 万 kW 左右。该文件还强调了要实现新型储能技术多元化发展，进一步提升电化学储能、压缩空气储能技术性，使之达到规模化应用，鼓励支持液流电池、热储能、氢储能等技术路线试点示范。

3. 浙江

2022 年 5 月，浙江省出台《浙江省能源发展"十四五"规划》，文件中重点提到了抽水蓄能，要有规划地开发水能，加快推进抽水蓄能电站布局建设，到2025 年的目标是抽水蓄能电站装机达到 798 万 kW 以上。该文件还提出，"要积极探索发展新型储能设施，试点建设氢储能和蓄冷蓄热储能等项目，建成一批电源侧、电网侧和用户侧的电化学储能项目"。

4. 山东

2022 年 1 月，山东省能源局发布的《山东省能源科技创新"十四五"规划》提出，要构建以新能源为主体的新型电力系统。在电力调节技术方面，推广蓄热罐等热电解耦技术；在储能技术方面，攻关液流电池离子膜材料等技术，研究固态锂电池电极和电解质关键材料，示范试验固体储热深度调峰等技术，推广压缩空气储能等技术。除此之外，还提到了抽水蓄能和氢储能，要加强中小型抽水蓄能电站关键技术研究和加快研发大功率燃料电池、模块化高压储氢等系统。

5. 安徽

2022 年 5 月，安徽省出台的《安徽省能源发展"十四五"规划》提出，要积极推动绿色能源低碳转型，加快构建新型电力系统，进一步推进已纳入国家规划的抽水蓄能电站前期工作和探索电化学储能等新型储能应用，积极推动"可再生能源+储能"的模式，提高新能源消纳和存储能力。由于安徽省的抽水蓄能资源比较丰富，具备较大的开发建设潜力，安徽省能源局专门出台了《抽水蓄能中长期发展规划（2021—2035 年）安徽省实施方案》，对抽水蓄能的发展进行规划，以充分发挥抽水蓄能在保障能源供应方面的重要作用。

6. 江西

江西省非化石能源资源禀赋先天不足，水能资源已基本开发完毕，太阳能、风能资源条件一般，但锂资源具有优势，为了抢抓新能源产业发展战略机遇，进一步提升江西省锂电新能源产业在全国的优势地位，推动锂电新能源产业实现高质量可持续发展，2022 年 10 月，江西省人民政府印发的《关于做优做强我省锂电新能源产业的若干政策措施》指出，对锂电池关键材料、高性能动力型及储能型锂离子电池生产企业给予项目补贴，同时引入国内外战略投资者，设立不少于50 亿元的锂电新能源产业发展专项子基金。

7. 福建

2022 年 6 月，福建省出台的《福建省"十四五"能源发展专项规划》提出，要科学研究新型储能的发展路线，有序推进新型储能设施的发展。具体来说，鼓励风电、光伏等新能源配置电化学储能优化运行，核电等电源配置储能开展联合调峰、调频。除此之外，鼓励工商业用户、学校、医院等用户侧配置储能和探索储能商业模式，促进储能技术的成熟和市场规则的形成。

华东地区各省市能源政策总结如表 7-3 所示。

表 7-3　华东地区各省市能源政策总结

省市	发布时间	政策名称	核心内容	重点领域
上海	2022 年 10 月	《上海打造未来产业创新高地发展壮大未来产业集群行动方案》	推动开展战略性储能技术研发，推动压缩空气、液流电池等长时储能技术商业化，促进"光储充"新型储能站落地，加快飞轮储能、钠离子电池等技术试验，推动固态电池电解质技术攻关	压缩空气储能、飞轮储能、液流电池、钠离子电池
江苏	2022 年 8 月	《江苏省"十四五"新型储能发展实施方案》	多元化发展新型储能技术，为新型储能提供技术支撑。结合新型电力系统对新型储能技术路线的实际需要，推动新型储能技术多元化发展，促进技术成熟的锂离子电池、压缩空气储能规模化发展，支持液流电池、热储能、氢储能等技术路线试点示范	锂离子电池、压缩空气储能、液流电池、热储能、氢储能

续表

省市	发布时间	政策名称	核心内容	重点领域
浙江	2022年5月	《浙江省能源发展"十四五"规划》	加快推进抽水蓄能电站布局建设，建设混合型（中小型）抽水蓄能电站，积极探索发展新型储能设施，试点建设氢储能和蓄冷蓄热储能等项目，建成一批电源侧、电网侧和用户侧的电化学储能项目	抽水蓄能、电化学储能、热（冷）储能、氢储能
山东	2022年1月	《山东省能源科技创新"十四五"规划》	推广蓄热罐等热电解耦技术，攻关液流电池离子膜材料等技术，研究固态锂电池电极和电解质关键材料，示范试验固态锂电池、钠电池集成、热熔盐或固体储热深度调峰等技术，推广压缩空气储能等技术，加强中小型抽水蓄能电站关键技术研究，研发大功率燃料电池、模块化高压储氢等系统	热储能、液流电池、锂离子电池、钠离子电池、压缩空气储能、抽水蓄能、氢储能
安徽	2022年5月	《安徽省能源发展"十四五"规划》	加快推进已纳入国家规划的抽水蓄能电站前期工作和探索电化学储能等新型储能应用，积极推动"可再生能源+储能"的模式，提高新能源消纳和存储能力	抽水蓄能、电化学储能
江西	2022年10月	《关于做优做强我省锂电新能源产业若干政策措施》	对锂电池关键材料、高性能动力型及储能型锂离子电池生产企业，通过重点创新产业化升级工程项目，采用股权质押等方式择优予以重点支持；列入江西省推广应用范围的首批次重点新材料锂电企业按不低于保单费用60%的比例实施保险补偿	锂离子电池
福建	2022年6月	《福建省"十四五"能源发展专项规划》	鼓励风电、光伏等新能源配置电化学储能优化运行；鼓励核电等电源配置储能开展联合调峰、调频；在可再生能源送出集中区选点推进大型电网侧储能电站示范，提升可再生能源消纳能力	电化学储能

资料来源：储能产业生态体系与发展前景课题组。

三、东北地区

东北地区是我国传统工业发展地区，辽宁、吉林发布的"十四五"规划中，都表明为了推进风光水火储一体化开发，提升全省电力系统灵活性，重点支持化学储能、电化学储能和氢储能的发展，因地制宜应用多种形式的储能。黑龙江省发布的《黑龙江省产业振兴行动计划（2022—2026年）》中还提到了要开展制氢、储电、储热多能互补的综合项目试点，打造哈大齐新型储能示范基地。

1. 辽宁

2022年1月，辽宁省人民政府办公厅印发的《辽宁省"十四五"生态经济发展规划》提出，要推进氢能、风电、光伏、核电等新能源产业的发展，强调了要支持低成本制氢、储氢、运氢示范项目建设，打造国内首家氢能战略储备中心。2022 年 7 月，辽宁省人民政府办公厅发布关于印发《辽宁省"十四五"能源发展规划》的通知，提出要充分发挥抽水蓄能的优势，有序推进抽水蓄能项目建设，推动新增抽水蓄能电站布局的优化。除此之外，还要探索开展规模化高安全性、高性能的液流电池储能电站系统设计和示范，不断完善电力调峰辅助服务市场建设，保障本地电化学储能示范项目并网运行。该文件还提到，到 2025 年，抽水蓄能、新型储能规模分别达到 3GW、1GW。

2. 吉林

2022 年 11 月，吉林省出台的《吉林省新能源和可再生能源发展"十四五"规划》明确提到，要加快在建抽水蓄能项目建设，合理布局中长期抽蓄项目，重点布局一批抽水蓄能电站，这些抽水蓄能电站要满足以下特点：对系统安全保障作用强；对新能源规模化发展促进作用大；经济指标相对优越。除了抽水蓄能，吉林省还积极推动新型储能建设，鼓励开展多种新型储能方式的技术路线与应用场景研究，因地制宜地应用储电、储热、储氢等多种形式储能。

3. 黑龙江

2022 年 6 月，黑龙江省出台了《黑龙江省产业振兴行动计划（2022—2026年）》，该实施方案在大力发展新能源产业方面提出要有序实施抽水蓄能项目建设，积极推动尚志、依兰抽水蓄能电站的建设。同时要布局一批配置储能的系统友好型新能源电站项目，开展制氢、储电、储热多能互补的综合项目试点，打造哈大齐新型储能示范基地。该省的能源目标是努力建设全国重要的对俄能源合作基地和运输通道。到 2025 年，全省能源产业力争营业收入达到 2800 亿元、新增煤电装机容量 210 万 kW·h，新能源装机规模力争达到 3100 万 kW 以上，到2026 年能源保障能力进一步提升。

东北地区各省区能源政策总结如表 7-4 所示。

表 7-4　东北地区各省区能源政策

省区	发布时间	政策名称	核心内容	重点领域
辽宁	2022 年 7 月	《辽宁省"十四五"能源发展规划》	有序推进抽水蓄能项目建设，推动新增抽水蓄能电站布局的优化。探索开展规模化高安全性、高性能的液流电池储能电站系统设计和示范，不断完善电力调峰辅助服务市场建设，保障本地电化学储能示范项目并网运行。该文件还提到，到 2025 年，抽水蓄能、新型储能规模分别达到 3GW、1GW	抽水蓄能、液流电池、氢储能

续表

省区	发布时间	政策名称	核心内容	重点领域
吉林	2022 年 11 月	《吉林省新能源和可再生能源发展"十四五"规划》	加快在建抽蓄项目建设，推动纳规项目尽快开展前期工作，合理布局中长期抽蓄项目，支持新能源合理配置新型储能系统，推进水风光、风光储一体化开发，提升全省电力系统灵活性。开展多种新型储能方式的技术路线与应用场景研究，因地制宜地应用储电、储热、储氢等多种形式储能	抽水蓄能、电化学储能、热储能、氢储能
黑龙江	2022 年 6 月	《黑龙江省产业振兴行动计划（2022—2026 年）》	有序推进实施抽水蓄能项目建设，积极推动尚志、依兰抽水蓄能电站等重点项目建设，布局一批配置储能的系统友好型新能源电站项目，开展制氢、储电、储热多能互补的综合项目试点，打造哈大齐新型储能示范基地	抽水蓄能、电化学储能、热（冷）储能

资料来源：储能产业生态体系与发展前景课题组。

四、华中地区

华中地区是我国重要的建材生产区域，工厂较多，分布广泛，碳排放压力较大。为了落实碳达峰和碳中和，加快能源转型，湖北、湖南、河南因地制宜，发布一系列政策文件，积极落实国家碳排放达峰行动方案，调整优化产业结构和能源结构，支持储能多元化发展。湖北、湖南、河南都重点支持机械储能、电化学储能、氢储能的发展，其中湖北省对当地氢能企业给予经济上的补贴和支持，湖南省对利用储能电站的企业也给予补贴和奖励。

1. 湖北

2022 年 4 月，湖北省人民政府发布的《湖北省能源发展"十四五"规划》提出，要推动储能技术应用，鼓励社会资本投资储能设施。推动新型储能技术装备创新和示范应用，支持全钒液流电池储能装备产业化发展和应用示范。开展压缩空气储能、飞轮储能等机械储能和其他化学储能技术攻关。湖北省也非常支持氢储能的发展，2022 年 11 月，出台了《支持氢能产业发展的若干措施》，强调对氢能产业"制、储、运、加、用"全链条的重点环节给予支持，氢能企业最高可获得 1000 万元补贴。

2. 湖南

2022 年 11 月，《湖南省氢能产业发展规划》提到，充分发挥氢储能技术调节周期长、储能容量大、受地形影响小的优势，结合省内水风光等可再生能源发电出力特性，适时开展氢能的示范应用。积极探索可再生能源发电与氢储能相结合的一体化应用模式，逐步实现氢储能与抽水蓄能、电化学储能等现有电力系统储能体系的有机融合，为构建以新能源占比逐渐提升的新型电力系统提供重要储能调节支撑。湖南省长沙市人民政府办公厅发布《关于支持先进储能材料产业做大做强的实施意见》，文件提出，支持企业利用储能电站降低用电成本，按储能电站的实际放电量给予储能电站运营主体 0.3 元/kW·h 的奖励，单个企业年度奖励额度不超过 300 万元。

3. 河南

2022 年 8 月，河南省发展改革委下发了《河南省"十四五"新型储能实施方案》，提到要积极推进新型储能多元化应用，加快壮大新型储能产业体系。开展钠离子电池、新型锂离子电池、液流电池、压缩空气、氢（氨）储能、热（冷）储能等储能关键核心技术攻关，重点建设液流电池、飞轮、压缩空气等储能技术试点示范项目，提升新型储能领域创新能力。具体来说，在储能核心技术装备攻关方面，文件还提到了"在平顶山、新乡、三门峡、周口、驻马店等地区开展级联式高压接入锂电池储能、大容量超级电容储能、高温超导储能、高效锂电池负极材料等关键技术研发，推动锂电池、液流电池等装备产业化"。

华中地区各省区能源政策总结如表 7-5 所示。

表 7-5 华中地区各省区能源政策总结

省区	发布时间	政策名称	核心内容	重点领域
湖北	2022 年 4 月	《湖北省能源发展"十四五"规划》	推动储能技术应用，建设一批集中式储能电站，引导电源侧、电网侧和用户侧储能建设，鼓励社会资本投资储能设施。推动新型储能技术装备创新和示范应用，积极研制成套电池装备，支持全钒液流电池储能装备产业化发展和应用示范。开展压缩空气储能、飞轮储能等机械储能和其他化学储能技术攻关	压缩空气储能、飞轮储能、液流电池、氢储能
湖南	2022 年 11 月	《湖南省氢能产业发展规划》	结合省内水风光等可再生能源发电出力特性，适时开展氢能在可再生能源消纳、跨长周期电力调峰等场景的示范应用。积极探索可再生能源发电与氢储能相结合的一体化应用模式，逐步实现氢储能与抽水蓄能、电化学储能等现有电力系统储能体系的有机融合	氢储能、抽水蓄能、电化学储能

续表

省区	发布时间	政策名称	核心内容	重点领域
河南	2022年8月	《河南省"十四五"新型储能实施方案》	开展钠离子电池、新型锂离子电池、液流电池、压缩空气、氢（氨）储能、热（冷）储能等储能关键核心技术攻关，重点建设液流电池、飞轮、压缩空气等储能技术试点示范项目，提升新型储能领域创新能力。在平顶山、新乡、三门峡、周口、驻马店等地区开展级联式高压接入锂电池储能、大容量超级电容储能、高温超导储能、高效锂电池负极材料等关键技术研发，推动锂电池、液流电池等装备产业化	钠离子电池、锂离子电池、液流电池、压缩空气储能、氢储能、热（冷）储能、超级电容储能

资料来源：储能产业生态体系与发展前景课题组。

五、华南地区

华南地区的制造业比较发达，有较大的节能减排需求。广东、广西、海南在发布的"十四五"规划中都涉及发展新能源和储能，广东、广西重点支持的储能路径比较多元化，包括机械储能、电化学储能、氢储能、热储能，鼓励多种形式储能发展。海南省在发布的《海南省国民经济和社会发展第十四个五年规划和二〇三五年远景目标纲要》中指出，除了要研究开展传统的抽水蓄能，还要依托新能源发电项目发展相关配套产业，构建特色鲜明、可持续发展的氢能产业体系。

1. 广东

2023年3月，广东省发布《广东省推动新型储能产业高质量发展指导意见》，该文件提出要加大新型储能关键技术和装备研发力度，提升锂离子电池技术，攻关钠离子电池技术，发展氢储能等技术，开展储能前瞻技术研究，如推动超级电容器、飞轮储能、压缩空气、储冷储热等其他新型储能技术装备研发等。在储能场景应用方面，鼓励新型储能企业积极开拓海外储能市场，如组建联合体参与国外大型光储一体化、独立储能电站、构网型储能项目建设，同时也鼓励新型储能企业拓展"新能源+储能"应用和探索氢储能等试点应用等，努力将广东打造成为具有全球竞争力的新型储能产业创新高地。

2. 广西

2022年6月，广西壮族自治区出台《广西可再生能源发展"十四五"规划》，该文件提到要加快大型抽水蓄能电站建设，争取推进一批进入全国新一轮的抽水蓄能电站建设。除了抽水蓄能外，还提出要大力推进新型储能建设，积极引导新建风电、光伏电站同步配套储能,"支持飞轮储能、压缩空气储能、液流电池储能、钠离子电池储能、储氢、储热等各类新型储能技术在电力系统源、网、荷各侧多场景试点应用"。

3. 海南

2021年3月,海南省出台的《海南省国民经济和社会发展第十四个五年规划和二〇三五年远景目标纲要》提出,要以海南省新能源发电项目为基础,发展相关配套产业,如风电、光伏、电力储能、智能电网等。在氢能方面,要一体化发展氢能源"制、储、运、加、用"产业,推动氢燃料电池应用,构建有特点、有优势、可发展的氢能产业体系。除此之外,还要积极发展储能设施,研究配套发展抽水蓄能。

华南地区各省区能源政策总结如表7-6所示。

表7-6 华南地区各省区能源政策总结

省区	发布时间	政策名称	核心内容	重点领域
广东	2023年3月	《广东省推动新型储能产业高质量发展指导意见》	加大新型储能关键技术和装备研发力度,提升锂离子电池技术,攻关钠离子电池技术,发展氢储能等技术,开展储能前瞻技术研究,如推动超级电容器、飞轮储能、压缩空气和储冷储热等其他新型储能技术装备研发等	飞轮储能、压缩空气储能、钠离子电池、锂离子电池、氢储能、热(冷)储能
广西	2022年6月	《广西可再生能源发展"十四五"规划》	加快大型抽水蓄能电站建设,积极开展新型储能创新技术应用示范,支持飞轮储能、压缩空气储能、液流电池储能、钠离子电池储能、储氢、储热等各类新型储能技术在电力系统源、网、荷各侧多场景试点应用	抽水蓄能、飞轮储能、压缩空气储能、液流电池、钠离子电池、氢储能、热储能
海南	2021年3月	《海南省国民经济和社会发展第十四个五年规划和二〇三五年远景目标纲要》	依托海南新能源发电项目,发展风电、光伏、电力储能、智能电网等相关配套产业。以炼化和化工企业工业副产氢净化提纯制氢为初期启动资源,一体化发展氢能源"制、储、运、加、用"产业,推动氢燃料电池应用,构建特色鲜明、优势突出、可持续发展的氢能产业体系	抽水蓄能、氢储能

资料来源:储能产业生态体系与发展前景课题组。

六、西南地区

西南地区在发展水力、光伏、风力发电方面具有较好的自然条件,各省区市根据当地优势和不足制定"十四五"规划。为大力提升电力系统综合调节能力，四川、重庆、贵州采取的方式是加快传统抽水蓄能电站建设，积极推进光水火储一体化发展。贵州的亮点在于该省的锂电池优势，它是全国首个从省级层面明确对锂电池材料产业发展支持政策的省份。云南将持续打造"绿色能源牌"，打造技术先进、低碳安全的现代化能源产业体系。西藏将加快研究"光伏+储能"，推进清洁能源的开发和利用，力争在2025年成为国家清洁可再生能源利用示范区。

1. 四川

2022年5月，四川省出台的《四川省"十四五"可再生能源发展规划》提出，为了进一步提升电力系统的综合调节能力，要积极推动水电与风电、太阳能发电协同互补，推进水风光一体化可再生能源综合开发基地建设。在电源建设方面，要灵活调节，在重点场所布局抽水蓄能电站，可以选址在负荷中心和新能源基地。

2. 重庆

2022年6月，重庆市出台《重庆市能源发展"十四五"规划（2021—2025年）》，文件中提到，要加快建成一批抽水蓄能电站，如綦江蟠龙抽水蓄能电站、丰都栗子湾抽水蓄能电站等。除了抽水蓄能，还重点提到了要积极发展氢能，建设成渝氢走廊，开展氢能在交通领域的示范应用，"培育发展工业副氢提纯利用、氢能储存、氢气压缩机、液氢泵、加氢机及核心阀门等氢能制造、储存、运输装备"。

3. 贵州

贵州在锂电池材料产业发展上有优势，因为该省锂电池的原辅料产业已经具备一定的规模，有一部分原辅料在全国市场占据很重要的地位。贵州是第一个对锂电池材料产业发展表示支持且专门出台相应政策的省份。2021年7月，贵州省发布的《关于推进锂电池材料产业高质量发展的指导意见》提出，到2025年，要建成2个以上具有国内领先水平的锂电池材料技术研发与检验检测中心。2022年4月，贵州省发布的《贵州省新能源和可再生能源发展"十四五"规划》提出，要积极推进风光水火储一体化发展，合理布局新型储能和抽水蓄能，构建常规纯抽蓄、混合式抽蓄和中小型抽蓄多元发展的抽水蓄能开发格局，提高水电或火电的送出通道利用率。

4. 云南

云南省是绿色能源大省，锂矿、磷矿等资源储备较足，并且具有发展清洁能源的优势。为了进一步推动该省新能源电池产业高质量发展，打造技术先进、绿色安全的现代能源产业体系，2022年4月，云南省发布《云南省新能源电池产业发展三年行动计划（2022—2024 年）》，文件中提出，要在钠离子电池、固液混合锂离子电池等研发应用中取得新进展，创新发展能力要达到国内先进水平。

5. 西藏

西藏的太阳能资源居全国首位，水能、太阳能、风能等可再生能源种类多，储量丰富。2021 年 3 月，西藏自治区出台的《西藏自治区国民经济和社会发展第十四个五年规划和二〇三五年远景目标纲要》提出，要提升非化石能源消费比重，科学开发光伏、地热、风电、光热等新能源，加快推进"光伏+储能"研究和试点，推动清洁能源的开发利用和电气化发展，使之达到全国前列水平，目标是 2025 年建成国家清洁可再生能源利用示范区。

西南地区各省区能源政策总结如表 7-7 所示。

表 7-7　西南地区各省区能源政策总结

省区	发布时间	政策名称	核心内容	重点领域
四川	2022 年 5 月	《四川省"十四五"可再生能源发展规划》	加快灵活调节电源建设，在负荷中心和新能源基地重点布局抽水蓄能电站，深化煤电灵活性改造，加快推动天然气发电建设，加快新型储能示范推广	抽水蓄能
重庆	2022 年 6 月	《重庆市能源发展"十四五"规划（2021—2025 年）》	加快抽水蓄能电站建设，建成綦江蟠龙抽水蓄能电站，启动丰都栗子湾等一批抽水蓄能电站建设。培育发展工业副氢提纯利用、氢能储存、氢气压缩机、液氢泵、加氢机及核心阀门等氢能制造、储存、运输装备	抽水蓄能、氢储能
贵州	2022 年 4 月	《贵州省新能源和可再生能源发展"十四五"规划》	积极推进风光水火储一体化发展，建设乌江、北盘江、南盘江、清水江流域四个水风光一体化可再生能源综合基地以及风光水火储多能互补一体化项目。合理布局新型储能或抽水蓄能，构建常规纯抽蓄、混合式抽蓄和中小型抽蓄多元发展的抽水蓄能开发格局，提高水电或火电的送出通道利用率	抽水蓄能、锂离子电池
云南	2022 年 4 月	《云南省新能源电池产业发展三年行动计划（2022—2024 年）》	在钠离子电池、固液混合锂离子电池等研发应用上取得新进展，创新发展能力达到国内先进水平	钠离子电池、锂离子电池
西藏	2021 年 3 月	《西藏自治区国民经济和社会发展第十四个五年规划和二〇三五年远景目标纲要》	科学开发光伏、地热、风电、光热等新能源，加快推进"光伏+储能"研究和试点，大力推动水风光互补，推动清洁能源开发利用和电气化走在全国前列	热储能

资料来源：储能产业生态体系与发展前景课题组。

七、西北地区

西北地区一直都是我国清洁能源建设的示范地区，在发布的"十四五"规划中都提到了要积极发展风电、光热、光伏发电等绿色能源，打造风光水储多能互补清洁能源基地。各省区都非常重视和支持抽水蓄能的发展，提出要加快建设抽水蓄能电站。陕西、甘肃、青海还重点支持电化学储能和氢储能的发展。陕西将会立足氢能资源的优势，加快形成氢能储运、加注等产业链。新疆以储能配置来确定风电光伏装机，以此来提升风电光伏配置储能的热情。

1. 陕西

2021 年 2 月，陕西省出台的《陕西省国民经济和社会发展第十四个五年规划和二〇三五年远景目标纲要》提到，要建成旬阳水电站、黄金峡水电站、白河水电站和镇安抽水蓄能电站，推进第二抽水蓄能电站前期工作，要推进储能重点实验室工作，发展全钒液流储能、动力电池等产业，同时要充分利用氢能资源的优势，引进国内外氢能先进装备企业，加快形成氢能储运、加注及燃料电池等产业链。

2. 甘肃

2021 年 3 月，甘肃省出台的《甘肃省国民经济和社会发展第十四个五年规划和二〇三五年远景目标纲要》提出，要加大新能源装机，积极发展绿色能源，如风电、光热、光伏发电、氢能等，加强抽水蓄能、储能等相关产业发展。氢能产业、电池产业、储能与分布式能源产业等是"十四五"重点发展的新兴产业，在电池产业方面，要积极发展锂离子动力电池、储能电池等，建设锂离子电池正极材料和电池回收绿色利用基地；在氢能产业方面，要建设氢气提纯、液化及液氢储存、运输装置和配套设施。

3. 新疆

储能配置一直因拉高风光发电成本而受到新能源发电场的冷遇，但是新疆提供了一种思路：以储能配置来确定风电光伏装机，以此来提升风电光伏配置储能的热情。2022 年 3 月，新疆发布的《服务推进自治区大型风电光伏基地建设操作指引（1.0 版）》尤其具有开创意义，文件提出，对于建设 4 小时以上时长储能项目的企业，允许配建储能规模 4 倍的风电光伏发电项目，鼓励光伏与储热型光热发电以 9：1 规模配建。2022 年 9 月 13 日，新疆维吾尔自治区发展改革委相关负责人表示，要围绕新能源大规模、高比例发展，强化电力系统调峰能力建设，加快抽水蓄能电站项目建设，实施电化学储能 3GW 以上，推动"新能源+储能"深度融合。

4. 青海

2021 年 2 月，青海省出台的《青海省国民经济和社会发展第十四个五年规划和二〇三五年远景目标纲要》提出，要打造风光水储多能互补，源网荷储一体化清洁能源基地，推进储能项目建设，加强抽蓄电站、光热、氢能、电化学储能等技术创新应用，不断扩大共享储能市场化交易规模。在能源建设方面，该文件还提到了更为具体的规划，如要新建哇让抽水蓄能电站、黄河上游储能工厂、电化学共享储能电站。

5. 宁夏

2022年9月，宁夏回族自治区出台的《宁夏回族自治区能源发展"十四五"规划》强调，要因地制宜发展其他可再生能源。关于抽水蓄能，该文件提出，要加快开工建设青铜峡、青铜峡二期、中宁等抽水蓄能电站。积极推动吴忠跃进抽水蓄能电站等纳入国家中长期规划的抽水蓄能电站前期工作，扎实开展抽水蓄能场址补选及中小型抽水蓄能电站项目储备工作。

西北地区各省区能源政策总结如表7-8所示。

表7-8 西北地区各省区能源政策总结

省区	发布时间	政策名称	核心内容	重点领域
陕西	2021年2月	《陕西省国民经济和社会发展第十四个五年规划和二〇三五年远景目标纲要》	建成旬阳水电站、黄金峡水电站、白河水电站和镇安抽水蓄能电站，推进第二抽水蓄能电站前期工作。推进储能重点实验室工作，发展全钒液流储能、动力电池等产业。立足氢能资源优势，聚焦产业链关键环节，引进国内外氢能先进装备企业，加快形成氢能储运、加注及燃料电池等产业链	抽水蓄能、液流电池、氢储能
甘肃	2021年3月	《甘肃省国民经济和社会发展第十四个五年规划和二〇三五年远景目标纲要》	加大新能源装机，积极发展风电、光热、光伏发电、氢能等绿色能源，加强抽水蓄能、储能等相关产业发展。积极发展锂离子动力电池、储能电池等，建设锂离子电池正极材料和电池回收绿色利用基地。建设氢气提纯、液化及液氢储存、运输装置和配套设施	抽水蓄能、锂离子电池、氢储能
新疆	2022年3月	《服务推进自治区大型风电光伏基地建设操作指引（1.0版）》	对建设4小时以上时长储能项目的企业，允许配建储能规模4倍的风电光伏发电项目，鼓励光伏与储热型光热发电以9：1规模配建	抽水蓄能、电化学储能、热储能
青海	2021年2月	《青海省国民经济和社会发展第十四个五年规划和二〇三五年远景目标纲要》	打造风光水储多能互补，源网荷储一体化清洁能源基地，推进储能项目建设，加强抽蓄电站、光热、氢能、电化学储能等技术创新应用，不断扩大共享储能市场化交易规模，新建哇让抽水蓄能电站、黄河上游储能工厂、燃气电站、电化学共享储能电站	抽水蓄能、电化学储能、热储能、氢储能

续表

省区	发布时间	政策名称	核心内容	重点领域
宁夏	2022年9月	《宁夏回族自治区能源发展"十四五"规划》	加快开工建设青铜峡、青铜峡二期、中宁等抽水蓄能电站。积极推动吴忠跃进抽水蓄能电站等纳入国家中长期规划的抽水蓄能电站前期工作，扎实开展抽水蓄能场址补选及中小型抽水蓄能电站项目储备工作	抽水蓄能

资料来源：储能产业生态体系与发展前景课题组。

第三节　关于储能产业各技术路线的政策指引

近年来，我国储能产业各技术路线发展多元化。抽水蓄能的发展速度很快，压缩空气储能、飞轮储能、超导储能和超级电容器，铅蓄电池、锂离子电池、钠硫电池、液流电池等储能技术研发与应用加快，储热、储冷、储氢技术也有一定的进步。总体来看，我国储能技术已经初步达到了产业化的基础水平。目前，全国大部分省份要求新能源强配储能，也有部分地区出台文件推进储能参与电力交易。政策能够有效提升新能源配套储能经济性，长期来看，风光发电量占比将不断提升，且国家陆续出台政策增厚储能经济效益，储能经济性边际向好。

国家发展改革委、国家能源局于2022年3月21日印发的《"十四五"新型储能发展实施方案》提出新型储能的发展目标，内容如下：到2025年，新型储能要具备大规模商业化应用条件，其中，电化学储能系统成本降低30%以上；火电与核电机组抽汽蓄能等依托常规电源的新型储能技术、百兆瓦级压缩空气储能技术实现工程化应用；兆瓦级飞轮储能等机械储能技术逐步成熟；氢储能、热（冷）储能等长时间尺度储能技术取得突破。到2030年，新型储能全面市场化发展。新型储能核心技术装备自主可控，技术创新和产业水平稳居全球前列，市场机制、商业模式、标准体系成熟健全，与电力系统各环节深度融合发展，基本满足构建新型电力系统需求，全面支撑能源领域碳达峰目标如期实现。

一、机械储能

蓄水储能是当前主流的电网储能方式。2021年4月，国家发展改革委发布了《关于进一步完善抽水蓄能价格形成机制的意见》，明确了抽水蓄能对电力系统各项辅助服务的价值，明确了电量电价的形成方式是市场竞争，容量电价被纳入输配电价进行回收，但它不作为输配电价的组成部分，不计入输配电价成本的原则。该文件还提出，抽水蓄能电站在市场中得到的收益要在核定容量电价的时候扣减掉，并且允许抽水蓄能电站保留 20% 参与市场获得的收益予以激励，这是市场化改革的体现。可以看出，抽水蓄能长期增长空间大，而且众多省份如安徽、宁夏、广西、甘肃等都发布了关于加快抽水蓄能电站建设的政策，重点支持抽水蓄能的发展。2021 年 5 月，国家发展改革委发布《关于"十四五"时期深化价格机制改革行动方案的通知》，明确提出要落实新出台的抽水蓄能价格机制，推动新能源及相关储能产业发展。

除了抽水蓄能，压缩空气储能也得到了国家政策的支持。近年来，国家多项政策持续加码空气储能产业。2022 年 3 月，国家发展改革委、国家能源局出台《"十四五"新型储能发展实施方案》，该文件提出，"十四五"时期新型储能核心技术装备攻关重点方向之一是百兆瓦级压缩空气储能，到 2025 年我国的百兆瓦级压缩空气储能技术要实现工程化应用。2022 年 8 月，工业和信息化部、财政部等五部门联合发布的《加快电力装备绿色低碳创新发展行动计划》提出，要加快压缩空气储能、飞轮储能装备的研制，研发储能电站消防安全多级保障技术和装备。

二、电气储能

超级电容器是一种高效的储能器件，在许多重要领域得到广泛应用，例如国防军工、轨道交通和智能电网等。与电池相比，超级电容器具有显著特点。它的充放电方式是离子的物理吸附与脱附，不涉及化学反应，因此充放电速度非常快，就像一名短跑运动员，仅需几十秒到数分钟内即可完成充电。此外，超级电容器的充放电次数可达几十万次，符合"双碳"目标战略下的绿色储能器件的特点。对于风能、水力、光伏等可再生能源发电，超级电容器的使用可平抑发电瞬时波动，改善电能质量，因此在这些领域有着广阔的应用前景。超级电容器在储能交通中扮演着核心组件的角色，在风力发电中也可以作为备用电源，同时还可以为港口装备提供节能助力，并成为电磁弹射的最优选择。超级电容器之所以被称为"超级"，不仅因为它的清洁便利性，更因为它具有快速充放电速度、高功率密度、宽工作温度范围和长循环寿命等特点，能够满足多种应用场景和特种需求。

从"十一五"规划到"十四五"规划，国家对于电容器行业支持政策的变化是从"低端产品"到"高端产品"，再到"适应下游应用领域的新型电容器的产品"，总的趋势是不断推动电容器技术突破，以更好地适应下游行业的发展需要。2021 年 1 月，工业和信息化部印发《基础电子元器件产业发展行动计划

（2021—2023 年）》，该文件对电容器技术创新和重点市场应用作出了最新指引。"十四五"时期，我国将持续进行电容器关键技术的创新突破，推动它在新能源汽车和智能化网联汽车、智能终端、5G、工业互联网等重要行业的应用。与此同时，我国主要省份均提出了电容器行业的"十四五"发展目标。其中，广东将重点建设高端片式电容器，浙江发展片式多层陶瓷电容器，贵州在钽电容器方面发展较为突出，吉林则聚焦航天用电容器。

三、电化学储能

随着新能源大规模并网后会带来大量调峰调频问题，电化学储能应运而生，重要性得到凸显。电化学储能能够有效填补我国调峰调频电源容量的空缺，是解决调峰调频问题的主要途径之一，因为它具有施工周期短、调节速度快等优势，还具备双向调节的能力。中央陆续发布多个文件，完善分时定价机制，并鼓励发电企业自建储能或调峰能力以增加并网规模。在地方层面，各省份陆续制定新型储能装机规划目标，同时已有多地明确要求新能源项目配备储能设施。在央地政策协同发力下，2021 年我国电力储能装机呈高速增长态势，新增规划、在建、投运百兆瓦级项目达到 65 个，超过 2020 年同期的 8 倍，规模达 14.2GW，占2021 年新增储能项目总规模的 57%。国家和多地出台了一系列政策鼓励建设新一代"电网友好型"新能源+储能组合电站，在各地的"十四五"规划中几乎都提到了要大力发展电化学储能。

目前，锂离子电池在新型储能应用中占主导地位，在新型储能中装机占比超过 90%。在国家层面，国家发展改革委、国家能源局等部门密集出台支持性文件，为新型储能步入规模化阶段奠定基础。2021 年 7 月，国家发展改革委、国家能源局发布的《关于加快推动新型储能发展的指导意见》提出，到 2025 年，实现锂离子电池等新型储能从商业化初期向规模化发展转变，装机规模达 30GW 以上；到 2030 年，实现新型储能全面市场化发展，新型储能全面支撑能源领域碳达峰目标。国家发展改革委、国家能源局印发的《"十四五"新型储能发展实施方案》总体上非常有利于锂离子电池的发展，估计锂离子电池储能在未来几年会高速发展。

在电化学储能中，锂离子电池的技术最为成熟，但是可能会随着大规模的储能应用而面临锂资源短缺的情况。钠离子电池具备资源丰富、成本低、能量转换效率高等优点，已经成为现在储能技术的研究热点。2021 年 8 月，工业和信息化部发布《关于政协第十三届全国委员会第四次会议第 4815 号（工交邮电类 523号）提案答复的函》，提出将适时开展钠离子电池标准制定，鼓励支持标准立项、标准报批等环节，推动形成更加合理高效的商业模式。这意味着钠离子有望得到国家的政策支持，优势开始显现。

四、热储能

长时储能是未来新型电力系统的重要方向。采用长时储能可以更好调节电力供需，同时可以更加充分利用峰谷电价提高利润。热储能是长时储能的一种类型，储热作为一种新型储能技术被广泛应用于多个能源细分领域，而这一发展离不开政策的引导与支持。2021年2月，国家发展改革委、国家能源局印发的《关于推进电力源网荷储一体化和多能互补发展的指导意见》提出，优先发展新能源，稳妥推进增量"风光储一体化"。要加强一体化项目的自身调节能力，即通过配置灵活性火电电源及储能型的厂站，包括电池储能、抽水蓄能以及大容量储能光热发电，以提高系统平衡能力，减轻送、受端电网调峰压力。2016年5月，国家发展改革委发布《关于推进电能替代的指导意见》，该文件提出，要推广应用储能装置，如应用热泵、蓄冷空调、蓄热电锅炉等，以促进电力负荷移峰填谷，提高社会用能效率。

五、氢储能

储能已明显成为能源装备关注的焦点，氢储能则更受关注。氢储能能量密度高，能量容量成本较小，可以视为长时间储能的最佳选择，对碳达峰碳中和目标实现具有积极的支持作用。2022年3月，国家发展改革委、国家能源局出台的《氢能产业发展中长期规划（2021—2035年）》明确了氢能和氢能产业的战略定位：氢能是未来国家能源体系的重要组成部分、用能终端实现绿色低碳转型的重要载体，氢能产业是战略性新兴产业和未来产业的重点发展方向。该规划提到，预计到2025年，可再生能源制氢量达到10万~20万吨/年，建成300座加氢站，氢能源车辆保有量约为5万辆，未来将会对氢燃料电池汽车进行推广，并建设一批加氢站，到2030年要达成1000座加氢站的建设目标。2022年8月，工业和信息化部等五部门联合印发《加快电力装备绿色低碳创新发展行动计划》，氢能成为电力装备十大领域绿色低碳发展和推广应用的重点方向，氢能作为脱碳和能源的重要性在国家层面不断得到加强。

我国多地也纷纷制定和氢能产业相关的规划、实施方案等政策文件，布局建设加氢站等基础设施，更好地支持氢能产业的发展。在未来越来越多政策的支持下，氢能将会得到更加广泛的应用。2020年1月，天津市人民政府办公厅发布关于《天津市氢能产业发展行动方案（2020—2022年）》的通知，文件中提到，要加快推动氢能全产业链发展的若干关键技术研究，加快安全储氢装置（设备）关键技术研究，为产业发展培育可持续创新能力。2022年10月，山西发布的

《氢能产业发展中长期规划（2022—2035 年）》提出，到 2035 年形成国内领先的氢能产业集群。2022 年 11 月，湖北出台了《支持氢能产业发展的若干措施》，对氢能产业"制、储、运、加、用"全链条的重点环节给予支持，氢能企业最高可获得 1000 万元补贴。

碳中和背景下氢成为确定性发展方向，各地积极推进氢能在各个领域的规模化发展和示范应用，行业发展进入快车道，未来其有较大的发展潜力和较为广阔的发展前景。

第四节　储能技术路线梳理

为支持构建新型电力系统，不断优化新型储能建设格局，国家发布了一系列政策重点支持储能行业的发展，各省区市也纷纷响应国家政策，根据当地的实际情况，出台了很多文件，以进一步推进该地的储能技术与产业健康发展，为构建新能源占比逐渐提升的新型电力系统提供重要储能调节支撑。由于各个省区市的实际情况有所不同，各地在制定政策的时候，重点支持的储能技术路线也会有所差异。为了更加直观地表示各省区市重点支持的储能技术路线，本书对其进行了简单梳理，如表 7-9 所示。

表 7-9　各省区市重点支持储能技术路线梳理

省区	抽水蓄能	压缩空气储能	飞轮储能	锂离子电池	钠离子电池	液流电池	热（冷）储能	氢储能
北京		√		√	√	√	√	
天津							√	√
河北		√	√	√	√	√		√
山西	√	√	√	√	√	√		
内蒙古		√	√	√	√	√		
上海		√	√	√				
江苏		√		√		√	√	√
浙江	√		√	√			√	
山东	√	√		√		√		
安徽	√		√	√				
江西				√				

续表

省区	抽水蓄能	压缩空气储能	飞轮储能	锂离子电池	钠离子电池	液流电池	热（冷）储能	氢储能
福建				√	√	√		
辽宁	√					√		√
吉林	√			√	√		√	
黑龙江		√	√	√	√	√	√	√
湖北		√	√					
湖南		√		√	√	√	√	
河南		√		√	√	√		
广东		√	√	√	√	√		
广西	√				√	√		
海南	√							√
四川	√							
重庆	√							√
贵州	√			√				
云南				√	√			
西藏							√	
陕西	√					√		√
甘肃	√			√				√
新疆	√		√	√	√	√	√	
青海	√		√	√	√	√	√	
宁夏	√							

注：不含港澳台地区。

资料来源：储能产业生态体系与发展前景课题组。

　　通过表7-9可以看出，山西、浙江、山东、安徽、辽宁、吉林、湖南、广西等18个省份在当地发布的政策文件中明确重点支持抽水蓄能的发展，北京、河北、山西、内蒙古、上海、江苏、山东等11个省份在当地发布的政策文件中明确重点支持压缩空气储能的发展，河北、山西、内蒙古、上海、浙江、安徽等11个省份在当地发布的政策文件中明确重点支持飞轮储能的发展。

　　电化学储能是比较主流的储能方式，主要代表有锂离子电池、钠离子电池、液流电池等。北京、河北、山西、内蒙古、浙江、山东、安徽、福建等25个省份对锂离子电池、钠离子电池和液流电池的发展给予了重点支持。在电化学储能中，最受欢迎的是锂离子电池。北京、天津、山西、内蒙古、江苏、浙江、山东、吉林、黑龙江等 15 个省份重点支持热（冷）储能的发展，天津、河北、山西、江苏、浙江、山东、辽宁、吉林等 18 个省份重点支持氢储能的发展。

多个省区市鼓励支持开展多种储能技术，推进新型储能与新能源产业协同发展。例如，北京、河北、山西、内蒙古、山西、浙江等，这些地方重点支持的储能技术比较多元化，合理配置新型储能系统能够为加快构建清洁低碳、安全高效的能源体系提供有力支撑。

不同省区市对储能技术路线支持的侧重点有所不同，但总体来看呈多元化发展趋势。抽水蓄能作为一种传统的储能技术，得到了大多数省份政策上的支持。除传统的抽水蓄能外，还有新型的储能技术，由于电化学储能和氢储能的优势十分明显，因此非常受各地的青睐，政策十分利好。

第八章　储能行业未来前景

第一节　储能行业的发展潜力

　　发展储能产业是能源革命的必然趋势。在全球能源危机和能源转型的大背景下，储能产业的发展已成为许多国家政府关注的核心课题之一。可再生能源开始逐步替代传统化石能源，并推动电力市场化改革，促进以新能源主导的新型电力行业的发展。然而，随着新型电力系统建设的不断推进，新能源发电也存在着易波动、随机性、不连续的缺点，以及供需错配的问题，进而导致供电侧出现随机波动。此时，为保障电能质量的稳定性，平衡电力供需波动则显得尤为重要。作为"能源互联网"的重要组成部分，储能产业在发、输、配、用各个电力环节的作用日益凸显。储能系统不仅可以辅助发电侧进行电力调峰和系统调频，还可以缓解电网线路的阻塞问题，以及通过"谷充峰放"来帮助用电侧进行峰谷利差套利。

　　第一，友好型政策鼎力支持，储能产业进入快速发展期。全球主要国家和地区都将储能行业视为能源革命中的关键组成部分，并陆续出台和实施一系列政策以推动储能行业的发展。政策的倾斜明确了储能的市场地位和长期发展性，相关补贴措施和税收减免规定则为储能提供了经济性，进而刺激了市场对于储能的需求。国内从中央到地方均推出了许多有关储能的支持性政策，其中《关于加快推动新型储能发展的指导意见》进一步明晰了储能发展方向，推动了"十四五"新型储能规模化、产业化、市场化发展的总体部署[1]，标志着储能行业正式步入快速发展期，行业需求有望迎来重塑，投资机会蕴含在变革之中。

---

　　[1]　国家能源网，http://www.nea.gov.cn/2022-03/21/c_1310523223.htm。

第二，储能技术多样化，电化学储能表现突出。在储能需求爆发式增长以及全球友好政策支持的双重作用下，以成熟的抽水蓄能和热门的电化学储能为代表的储能技术也在不断发展和完善，相关核心设备的成本可控性大幅提升。其中，作为目前发展速度最快的储能技术，电化学储能已被广泛应用于电力系统、电子产品、轨道交通和新能源汽车等各个领域（张宝锋等，2020①），加之已经具备相当的产业基础，未来非常有希望成为储能产业的一个增长点。

第三，全球储能市场格局初现，未来将呈扩散式发展。纵观全球，德国得益于完善的电力市场现货交易系统以及领先于行业的补贴政策，家用储能装机量处于全球领先地位；美国作为全球最大的储能市场，通过表前表后共同发力，使得"光储一体化"经济性凸显，储能装机量将迎来快速增长；澳大利亚政府为推进表前侧大规模储能电站项目的建设，积极与开发商开展合作并推出利好政策，使表前装机规模呈现"井喷式"的增长；日本从政策、资金和技术三方面同时发力，使其新能源产业尤其是储能领域一直处于国际前列②。未来随着储能产业体系的日趋完备、制约因素的逐步消除、市场环境和商业模式的基本成熟以及新增资金的不断入场，储能市场将在全球呈现扩散式发展，储能亿万级市场已处于爆发前夕。

第四，完备的产业链背后蕴藏着大量投资赛道。对于新兴产业而言，产业链的完备程度有助于推动该产业迅速实现大规模商业化。随着海内外储能需求崛起，政策驱动叠加经济性拐点到来，日渐完备和深化的储能产业链蓄势待发。系统地梳理产业链上下游关系，明确产业链强弱环节，有助于精准定位投资机会点。储能电池和储能变流器作为产业链中价值量最大、技术壁垒最高的两个核心组成部分③，其发展潜力备受各方关注，有望成为储能市场的投资关注点之一。从上游的原材料及供应商，到中游的管理系统和集成系统，再到下游的各种储能应用场景，其背后都隐藏着丰富的发展机遇和投资赛道。

第二节　未来前景——储能技术

第一，储能技术是能源利用的决定性力量，是推动现代化生产力发展和促进

① 张宝锋，童博，冯仰敏，等. 电化学储能在新能源发电侧的应用分析［J］. 热力发电，2020，49（8）：13-18。

② 搜狐网，https://www.sohu.com/a/656784748_121633909。

③ 证券日报网，http://www.zqrb.cn/stock/redian/2022-03-22/A1647923772151.html。

社会经济进步的第一要义。随着储能的重要性和紧迫性日益凸显，储能技术也就势必成为决定能源利用的关键力量。储能技术是解决新能源大规模并网和弃风弃光问题的前瞻性技术，是构建和安排分布式能源、智能电网、能源互联网的支撑性技术，也是实施常规电力削峰填谷，提高常规能源输配电质量、效率、稳定性和经济性的核心技术。在当今传统资源出现短缺、能源消费供需矛盾突出的大环境下，能源、电力、交通和通信等多个重要领域的发展离不开储能技术的发展，储能技术可以突破传统能源模式在时间与空间中的限制，这使得主要发达国家将其视为战略性的新兴产业，并积极竞相发展。

第二，储能技术的发展使得能源利用进入了新境界。在各种储能技术的加持下，相关行业可以摆脱时间和地域的限制，以及各种不确定因素的影响，这在一定程度上增加了人类运用能源的主动性和利用能源的效率。鉴于储能技术的重要性，国家发展改革委联合国家能源局于 2016 年印发《能源技术革命创新行动计划（2016—2030 年）》，将先进储能技术创新列为重点发展任务，同时发布《能源技术革命重点创新行动路线图》提出了先进储能技术的战略方向和创新目标，而《"十四五"现代能源体系规划》要求加快新型储能技术规模化应用，推动储能技术多元化应用。未来将迎来以技术创新为引领的储能行业新时代。

第三，储能技术方兴未艾，化学储能前景可期。虽然现有储能技术种类繁多，但是每种技术都具有独特的优势和限制，并没有一种能满足所有使用场景需求的万能技术。各储能技术根据其功率密度、能量密度、储能容量、使用寿命、绿色环保等特点，将被应用于最有利于其发挥优势的场景。面向未来，随着技术的不断进步和创新，有望通过综合利用多种储能技术实现优势互补，进一步激发储能市场活力。储能行业空间逐步打开，储能技术百花齐放。其中，化学储能技术由于具有适用范围广、成本易控、技术较为成熟等优势，已成为目前发展速度最快的储能技术（阮晓东，2015），具有较高的推广价值，发展前景值得期待。

第四，储能技术供选择的特征主要包括普适性、经济性、技术成熟度、安全可靠性、绿色环保性、使用寿命、运作效率和产业链完备度等。电化学储能技术中的锂离子电池、铅酸蓄电池、铅炭电池和全钒液流电池等技术由于在这些主要特征中表现较为突出而备受关注。CNESA 发布的《储能产业研究白皮书 2021》基于保守和理想化场景预测，中国电化学储能在 2021～2025 年复合增速为84.5%，行业整体将保持高速增长。

一、锂离子电池技术

第一，锂离子电池优势明显，已处于商业化阶段。作为一种应用最广泛、发展潜力巨大、装机规模增速最快的电化学储能技术，锂离子电池不仅具有利用效率高、能量密度高、响应速度快、重量轻、绿色环保等诸多优势。此外，锂离子电池还具备完整的产业链，基本实现了上游原材料和下游应用场景的规模化运营。目前，锂离子电池技术已处于商业化阶段，装机规模仅次于抽水蓄能，且近乎垄断消费电子类产品市场。

第二，锂离子电池技术将迎来第二次发展机遇。我国锂离子电池产业规模从2010年至今为高速增长，2019年增速虽有所下降，但之后又开始稳步上升（见图8-1），市场发展前景显而易见。未来，在消费电子类产品发展推动的锂电池第一次发展高潮之后，新能源汽车、储能产业的快速发展将带动锂离子电池产业规模不断扩大，锂离子电池即将迎来第二次发展机遇。据麻省理工学院一个研究小组的研究表明，锂离子电池自1991年商用以来，其实际成本相对于能量容量已经下降了约97%，这一良好趋势必然会增强行业发展锂离子电池的信心（Ziegler et al.，2021①）。

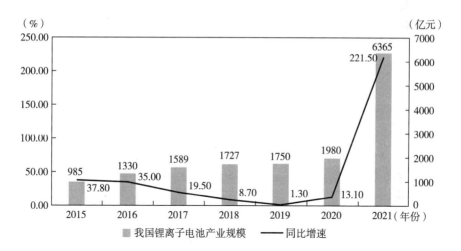

图8-1　2010~2021年上半年我国锂离子电池产业规模及增速

资料来源：工业和信息化部、赛迪智库、储能产业生态体系与发展前景课题组。

第三，聚焦核心技术难点，收获经济增长点。虽然锂离子电池的综合性能表现优异，但是其在发展中也面临着诸多技术瓶颈。锂离子电池按照正极材料进行分类，主要分为钴酸锂、锰酸锂、镍酸锂、磷酸铁锂以及三元锂电池五类（沈立芳，2014），而这些现有的锂离子电池结构是其电池成本较高、衰减较快（寿命

---

① Ziegler M S, Song J, Trancik J E. Determinants of lithium-ion battery technology cost decline [J]. Energy & Environmental Science, 2021, 14 (12): 6074-6098.

短）、热稳定性较差（安全隐患）的根本原因。如果这些技术挑战和障碍得以跨越，锂离子电池的发展将重塑电化学储能行业，迎来又一经济性拐点。例如，宁德时代一直致力于锂离子电池产品的更新迭代，通过革新电池材料和结构来优化产品性能，如公司首创的无模组电池技术提高了电池体积利用率，利用 FIC 涂层技术减缓了电池衰减问题，采用自隔离安全技术避免电池热失控问题，这一系列具有前瞻性的产品设计让公司在储能领域拥有较高的技术和竞争优势。

第四，锂电设备基本实现国产化替代，前端核心设备仍需自主研发。锂电设备是指生产锂离子电池的各项生产设备。作为锂电产业生态体系的重要一环，锂电设备受锂离子电池热度影响而备受市场关注。2021 年头豹研究院（Leadleo）研究表明，锂离子电池根据生产环节可以划分为前、中、后三个阶段，相较于中、后段设备，前段设备成本占比高达 36%（见图 8-2）。电池化学性能的优劣和产品的良品率更是直接受前段设备中涂布机的影响。目前，国产锂电设备跟进口设备在精确度、稳定性和效率等方面都存在一定的差距，像涂布机这类高精度设备的核心零部件仍依赖于进口，高端机型更是由日本松下等国外企业所垄断。随着锂离子电池行业的迅速发展，国内锂电设备企业若能在一些高精尖设备上实现国产化替代，则也能收获更多储能发展带来的附加值。

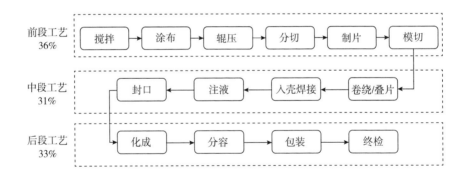

图 8-2　锂离子电池生产工艺流程及成本构成

资料来源：高工锂电、储能产业生态体系与发展前景课题组。

第五，消费类锂离子电池增长态势稳定，成为二级市场重要投资赛道[1]。消费类锂离子电池的主要应用领域是消费类电子产品，包括传统消费类电子产品和新兴消费类电子产品。随着电视机、电脑、智能手机等传统消费类电子产品的更新迭代，以及以智能可穿戴设备、智能家居、智能汽车部件为代表的新兴消费类

---

[1]　《消费日报》，http://dzb.xfrb.com.cn/Html/2022-09-12/48594.html。

电子产品的不断涌现，市场对于消费类锂离子电池需求将继续稳定增长。

第六，动力类锂离子电池装机量受益于新能源汽车市场发展。动力类锂离子电池具有电压高、寿命长、重量轻、适用温度范围大、轻污染等特点，主要应用于电动汽车、人造卫星、军事装备、航空航天等领域。随着"双碳"目标的持续推进，我国新能源汽车行业已经逐渐实现从"政策推动"到"消费拉动"的市场转型，市场对于动力类锂电池的需求也越发强劲。中国汽车工业协会（CAAM）数据显示，我国新能源汽车在 2022 年的生产量为 705.8 万辆，销售量为 688.72 万辆，分别同比增长了 96.9% 和 93.4%[①]。新能源汽车行业的高景气程度将推动动力类锂离子电池装机量一路攀升。

第七，电池回收赛道——后锂电时代的增量市场。新能源汽车销量不断增长的同时，必然伴随着车辆的磨损乃至报废，动力电池的回收处理和循环利用更是影响着整个新能源汽车生态体系的良性发展。工业和信息化部发布的《新能源汽车废旧动力蓄电池综合利用行业规范条件（2019 年本）》鼓励相关企业积极参与废旧动力蓄电池的梯度利用和再生利用。相关部门将电池回收利用作为政策的关注焦点提出，可见电池生态体系末端——电池回收业的重要性。2022 年第一季度，宁德时代便利用其回收的 2.13 万吨废旧电池生产了 1.8 万吨的电池前驱体。EVTank 发布的《中国废旧锂离子电池回收拆解与梯次利用行业发展白皮书（2022 年）》中数据显示，2021 年中国废旧锂离子电池理论回收量高达 59.1 万吨，且预计 2026 年中国废旧锂离子电池理论回收量将达到 231.2 万吨（见图 8-3），理论市场规模将达到 943.2 亿元[②]。

二、铅酸蓄电池和铅炭电池技术

在以铅为电极材料的电池储能技术中，铅酸蓄电池和铅炭电池凭借着成本低廉、安全稳定等亮点而备受储能市场追捧。

第一，在短期内，铅酸蓄电池在我国电池产业仍将占据相当大的市场份额。铅酸蓄电池是以二氧化铅为正极、金属铅为负极、硫酸溶液为电解液的一种蓄电池。铅酸蓄电池发展至今已有 160 多年历史，作为最早规模化使用的二次电池，它也是我国早期大规模电化学储能的主导技术路线。铅酸蓄电池技术是目前技术成熟度最高、成本低廉且安全稳定性高的电池技术，在我国具有完备的配套产业链，主要应用于汽车启动电源、电动车动力电池、通信配电和风光储能等领域。由于其卓越的特性，铅酸蓄电池在短期内将持续发挥作用，为我国电池产业的发展提供坚实支持，并为实现可持续发展目标做出重要贡献。因此，在未来一段时

---

① 《人民日报》，https://www.gov.cn/xinwen/2023-01/24/content_5738622.htm。

② 投中网，https://www.chinaventure.com.cn/news/78-20220713-369977.html。

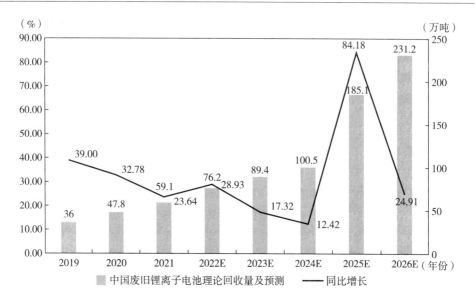

图 8-3　2019~2026 年中国废旧锂离子电池理论回收量及预测

资料来源：EVTank、储能产业生态体系与发展前景课题组。

间内，铅酸蓄电池由于各方面的综合优势仍将继续受到市场的青睐，并将在我国电池产业中占据相当大的市场份额，其短期市场价值不容忽视。

第二，铅酸蓄电池不适用于未来储能大规模发展，或将逐渐被替代。铅酸蓄电池也存在一定的局限性，如衰减速度快（寿命短）、能量密度低、使用温度范围窄、充电速度慢、体积大、质量高，且其中的汞、铅、镉等有害元素不具有绿色环保性。这些因素将严重限制铅酸蓄电池的未来应用前景。随着其他储能电池生产成本的进一步降低、技术成熟度的不断提高以及国家环保政策的严格执行，铅酸蓄电池可能并不适用于未来储能行业的大规模发展，或将逐渐被其他更具整体优势的储能技术所取代，以满足日益增长的能源储存需求。其他新型储能的涌现将提供更高的能量密度、更广泛的适温范围、更快的充电速度等，为储能行业带来更多的可能。

第三，铅炭电池是一种兼具超级电容器和铅酸蓄电池优点的新型储能技术（廉嘉丽等，2017）。铅炭电池是一种电容型铅酸蓄电池，其将超级电容器与铅酸蓄电池技术进行有机融合，并对传统铅酸蓄电池进行了升级，即在负极材料中加入了炭，铅炭电池兼具超级电容器与铅酸蓄电池优点，制作工艺更简单、成本更低、循环性能更优、功率密度更高，且在国家对储能循环性能方面的要求上完全达标，因此在动力电池以及储能领域具有发展潜力。由于铅炭电池无易燃物且有阻燃电池壳，升温过程时间比较长，易被电池管理系统监控管理，不会出现燃烧，因此铅炭电池的卖点之一便是安全性。

第四，铅炭电池产业链完备，相关示范性项目进展顺利。铅炭电池是铅酸蓄电池的改进版技术，即可以沿用铅酸蓄电池的完备产业链和配套产业基础。同时，以盛阳电源、南都电源等为代表的我国企业已经拥有自主研发、生产的铅炭电池产品，技术水平在国际中也处于领先，因而大大降低了行业技术壁垒，为铅炭电池的商业化推广奠定了坚实的基础；以浙江舟山东福山岛风光柴储能电站、新疆吐鲁番新能源城市微电网示范工程、南方电网光储一体化柴储能电站等为代表的多个国内储能示范项目进展顺利，商业化推广前景可期①。铅炭电池作为一种主打安全性的新型储能技术，兼具成本与性能优势，在动力电池以及储能领域具有发展潜力，未来市场渗透率有望快速提升，或成为储能产业的新秀。

第五，原材料铅的产量和价格与铅酸蓄电池行业的发展休戚相关。有公开资料显示，原材料铅及铅制品占据铅酸蓄电池的生产成本高达40%②。据国家统计局和工业和信息化部数据，2021年我国铅产量下跌至595.6万吨，同比下降7.56%；现货铅市场价格达15278元/吨，同比增长3.4%③。作为铅酸蓄电池价值量和关注度最高的部分，原材料铅的产量和价格直接掌握了铅酸蓄电池发展的主导权。

第六，铅酸蓄电池产业生态体系重要一环为废旧电池回收业。面对市场竞争压力及国家环保政策引导，铅酸蓄电池行业将进一步加大环保投入力度，铅酸蓄电池行业的可持续发展离不开废旧铅酸蓄电池的回收和再利用技术。在废旧铅酸蓄电池的可持续利用上，欧美等国家已经较早地制定了良好的规范回收体系及相关政策。2019年我国颁布的《铅蓄电池回收利用管理暂行办法（征求意见稿）》鼓励铅酸蓄电池生产企业共建废旧铅酸蓄电池回收网络体系，预计规范回收率到2025年底达到60%以上，促进了废铅酸蓄电回收业的规范发展。随着技术不断创新和高效回收体系的建立，废旧电池回收业有望实现资源再利用和循环经济的双重效益，可能成为一个具有广阔市场前景的新兴产业，为市场创造更多的商机和就业机会。

第七，企业应当重点布局，突破铅酸蓄电池核心技术难题。尽管铅炭电池已经在技术、应用等方面取得了较快发展，但是其依然存在一定的优化空间。国内相关方案与政策中也明确提出了铅酸蓄电池技术的改进任务，比如需要进一步提高放电深度、降低度电成本、缩小体积和降低重量，指明了铅炭电池企业有待攻

①　北极星储能网，https：//news.bjx.com.cn/html/20200201/1039303.shtml。

②　搜狐网，https：//www.sohu.com/a/547856317_120928700。

③　原材料工业司，https：//wap.miit.gov.cn/gxsj/tjfx/yclgy/ys/art/2022/art_91415115d2ea4618a365343ead9560d9.html。

克的技术难关。例如，昆工科技发挥其长期从事电化学冶金用电极材料研发的优势，在铅炭电池中使用公司专门研制的铝基铅合金复合材料电极，发明了新型铅炭长时储能电池。该种新型铅炭电池各项性能指标接近锂离子电池，但综合成本更低，安全度更高。因此，未来能够突破铅炭电池核心技术难题的企业将在储能领域掌握更多话语权①。

三、全钒液流电池技术

第一，相关示范项目取得阶段性效果，具备商业化推广条件。EVTank 数据显示，我国的全钒液流电池储能项目累计规模约占全国电化学储能规模的 4%，仅次于锂离子电池、铅酸蓄电池两种最成熟的电化学储能技术。随着我国对储能市场的开发，全钒液流电池示范项目从 2021 年开始集中出现。据不完全统计，2021 年 3 月至 2022 年 5 月，国内共有 10 个正在规划或建设的全钒液流电池储能项目，总规模约为 3.74GW·h，其中就包括目前世界上功率最大、容量最大的百兆瓦级大连液流电池储能调峰电站②。

第二，全钒液流电池安全性高、扩容性强，在建造千瓦级到百兆瓦级的大容量储能电站方面展示出巨大潜力。作为"十四五"新型储能技术试点示范之一，全钒液流电池产业化应用一直备受关注。相较于其他储能技术，全钒液流电池具备安全性高、循环寿命长、易回收、全生命周期平均成本低等显著特点，已经成为商业化程度较高的液流电池技术之一。同时，全钒液流电池的结构并不同于传统电池，其电堆和电解液是相互独立的，那么通过增大电堆功率和增加电解液可以将储电容量扩大至数百兆瓦级。全钒液流电池也因此成为建造大容量固定储能场合的优选之一，为各种大规模储能场景提供了可靠而高效的解决方案。

第三，全钒液流电池在长时储能领域应用潜力巨大。能源转型激发了对储能时长的需求。美国能源部高级研究计划署（ARPA-E）将长时储能定义为"持续时间为 10~100 小时"，国内则普遍将 4~8 小时归类为长时储能。2021 年 11 月，长时储能委员会与麦肯锡联合发布的"Net-zero power：Long duration energy storage for a renewable grid"显示，预计 2025 年长时储能全球累计装机量达到 30~40GW/TW·h，涉及投资额高达 500 亿美元（Bettoli et al.，2021③）。目前，电网长时储能的最大来源是抽水蓄能，而液流电池技术也成为欧美国家较受欢迎的长时储能方式。因此，我们认为，全钒液流电池技术凭借扩容性强和寿命

① 电池中国网，http：//www.cbea.com/html/www/hydt/201705/ff8080815bd62be8015befd04779064e.html。
② 《中国能源报》，http：//www.hydropower.org.cn/showNewsDetail.asp?nsId=29572。
③ Bettoli A，Linder M，Nauclér T，et al. Net-zero power：Long-duration energy storage for a renewable grid［R］.2021.

长等优势，是长时储能项目的理想选择，预期将在长时储能领域占据一定空间。

第四，全钒液流电池快速发展，可能带动原料钒价格上涨。在实现"双碳"目标的大背景下，安全环保的全钒液流电池愈发受到市场欢迎，对其主要原料钒的需求也随之增大。中国的钒矿主要采取传统的石煤提钒工艺，但由于严重污染环境，该工艺已基本被禁止，加之受供需集中度高等多重因素影响，国内钒供应较为紧缺。在钒供给缺口出现时，钒的价格必然上涨，钒产业链的相关上市公司则将全面收益。

第五，全钒液流电池实现大规模商业化亟待解决的问题：成本高、体积质量庞大。虽然全钒液流电池存在诸多优势，但是也存在体积质量大、初装成本高和维护成本的明显缺点。这些缺点是全钒液流电池实现大规模商业化亟待解决的问题。研究报告《安全稳定、寿命长，钒电池长时储能空间广阔——全钒液流电池行业深度报告》（2022 年）根据以往公布的钒电池项目投资金额测算，钒电池的成本达到 3.8～6 元/W·h，为锂离子电池的 2～3 倍。除了依赖政策扶持以及产业规模化效应，企业若能通过技术创新实现电池降本和提高体积利用率，掌握液流电池的核心知识产权和专业技术，将在储能赛道上大有前途。

四、抽水蓄能技术

第一，抽水蓄能装机有望迎来蓬勃发展的黄金期。在储能技术百花齐放的时期，抽水蓄能的技术最成熟、装机规模最大，是储能行业的主导者。《2022 储能产业应用研究报告》数据显示，2021 年中国抽水蓄能装机占储能总装机的86.5%，相应新增装机量占新增储能装机的 71.1%[①]。基于抽水蓄能技术最成熟、反应快速灵活、单机储能多、经济性能好等优势，抽水蓄能已成为目前大规模储能的首选。在能源绿色转型过程中，新能源发电比例进一步提升，国家近几年也出台多项政策鼓励扩大抽水蓄能装机规模。国内抽水蓄能相关产业可能迎来黄金发展期。

第二，项目 EPC 及机电设备将从抽水蓄能的稳步发展中受益。近年来，储能相关政策密集出台，明确了抽水蓄能装机的建设目标。其中，国家能源局印发的《抽水蓄能中长期发展规划（2021—2035 年》提出，到 2025 年抽水蓄能投资总规模达到 6200 万 kW 以上，到 2030 年投资总规模达到 1.2 亿 kW 左右[②]。根据统计数据，截至 2021 年底，中国抽水蓄能电站装机容量仅达到 3639 万 kW，距国家政策规划尚有很大发展空间，预计抽水蓄能将迎来大规模发展。水利部水利

---

①　中关村储能产业技术联盟，http：//www.cnesa.org/information/detail/? column_id=1&id=4480。

②　国家能源局，http：//zfxxgk.nea.gov.cn/2021-09/17/c_1310193456.htm。

水电规划设计总院联合抽水蓄能行业协会披露了抽水蓄能电站各部分投资占比，其中机电设备及安装工程投资继续领跑，占比26.1%（见图8-4）。未来随着抽水蓄能装机项目的持续推进，项目EPC及机电设备将从中受益。

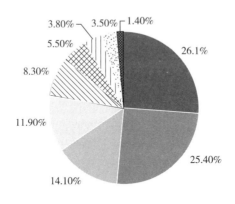

图8-4　抽水蓄能电站各部分投资占比

资料来源：水利部水利水电规划设计总院、抽水蓄能行业协会、储能产业生态体系与发展前景课题组。

第三，抽水蓄能电站价格机制进一步完善，电站运营商有望提升盈利能力。从2004年开始，国家便出台了一系列政策，制定并完善抽水蓄能电站价格形成机制。2021年4月，国家发展改革委发布的《关于进一步完善抽水蓄能价格形成机制的意见》（633号文）明确抽水蓄能电站执行"容量电价+电量电价"的两部制电价，以竞争的方式形成电量电价，保证了抽水蓄能电站建设的基础收益率。以浙江省为代表的电力市场改革试点省份，从中长期市场交易和现货市场交易两个方面设计了切实可行的抽水蓄能交易方式，并利用巨大的价差获得了显著经济收益。这些举措的实施进一步促进了抽水蓄能电站市场的发展和运营商盈利能力的提升。随着价格机制的优化和市场化竞争的推动，电站运营商将迎来更加有利的经营环境。

五、其他储能技术

1. 钠离子电池

伴随着新能源市场和储能行业的持续发力，电池需求呈爆发式增长，锂资源长期供不应求的状态也让储能电池相关厂商面临着严峻挑战（见图8-5）。虽然中国的锂资源储量在全球排名第四，但是由于开采技术不成熟，中国的锂资源主要依赖进口。除了通过电池的回收再利用来解决锂资源短缺的问题，积极寻找锂的替代资源也成为了全球共识。鉴于钠资源的全球储量远远高于锂资源、提取工艺简单、成本更低，且钠离子电池比磷酸铁锂电池更安全稳定、更耐低温、更快充电，我们认为，钠离子电池未来若能提高能量密度和循环次数，加上政策鼓励和产业链完善，极可能成为接替锂离子电池的潜力股。

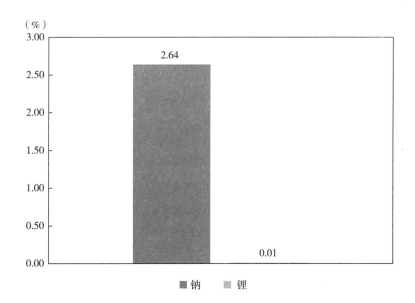

图8-5 钠与锂的全球地壳含量丰度比较

资料来源：《CRC化学与物理手册》（第102版）、储能产业生态体系与发展前景课题组。

2. 复合型储能技术

能量密度和功率密度是衡量电池性能的两个重要指标，前者反映电池存储量的多少，后者则反映电池充放电的快慢。然而，现有电池储能技术限于材料和结构影响，一般难以同时具备这两项性能上的优势。《"十四五"新型储能发展实施方案》从多元储能技术出发，聚焦多种储能应用场景，首次提出了复合型储能方式——将两种及两种以上的储能技术搭配使用，实现优劣势互补。2021年，山西省发展改革委发布了首批"新能源+储能"试点示范性项目，其中绝大多数采用了两种技术的混合模式，如磷酸铁锂+飞轮储能、磷酸铁锂+全钒液流电池、钠离子+飞轮储能、锂离子电池+超级电容。

本书认为，未来追求单一的储能路线无疑会面临更加复杂、严格的挑战，随着成本的降低和技术的突破，复合型储能技术无疑是储能发展的最优方式之一。

综上所述，储能技术未来前景总结如表 8-1 所示。

表 8-1　储能技术未来前景总结

序号	储能技术		未来前景	风险提示
1	锂离子电池技术	设计	通过革新电池材料、优化产品结构来修复电池成本高、衰减快、热稳定性差的缺陷	
		生产	自主研发锂电设备高端机型，摆脱进口依赖	
		应用	传统消费类电子产品更新迭代，新兴消费类电子产品不断涌现，消费类锂离子电池需求稳定增长	
			新能源汽车的发展推动动力类锂离子电池需求量增加	
			储能行业火速发展拉动储能类锂离子电池装机量增加	
		回收	废旧锂离子电池回收业是后锂时代的增量市场	
2	铅酸蓄电池和铅炭电池	铅酸蓄电池	铅酸蓄电池在短期内仍将占据相当大的市场份额，长期来看或被替代	产品需求增速不及预期，政策变动风险，技术路线演化超出预期，海外贸易环境恶化，上游原材料价格暴涨，储能电池安全性事故风险等
		铅炭电池	铅炭电池兼具超级电容器和铅酸蓄电池的优点，可能成为储能行业新宠	
		原材料	原材料铅的价格直接掌握了铅酸蓄电池发展的主导权	
		回收	铅酸蓄电池行业的可持续发展离不开铅回收和再利用技术	
		技术增长点	需要进一步提高放电深度、降低度电成本、缩小体积和降低重量	
3	全钒液流电池技术	应用	全钒液流电池安全性高、扩容性强，可用于建造千瓦级到百兆瓦级的大容量储能电站	
			全钒液流电池在长时储能领域应用潜力巨大	
		原材料	钒资源供给缺口或将出现，全钒液流电池发展带动钒价上涨	
		技术增长点	成本高、体积质量大是钒电池实现大规模商业化亟待解决的问题	
4	抽水蓄能技术	EPC	EPC 项目和机电设备在抽水蓄能电站投资成本中占比最高，将率先受益于抽水蓄能电站装机量的增加	
		价格机制	抽水蓄能电站价格机制进一步完善，电站运营商有望提升盈利能力	

续表

序号	储能技术		未来前景	风险提示
5	其他储能技术	钠离子电池	钠资源储量丰富、提取工艺简单、成本更低, 钠离子电池比磷酸铁锂电池更安全稳定、更耐低温、更快充电, 可能成为接力锂离子电池的潜力股	
		复合型储能技术	如磷酸铁锂+飞轮储能、磷酸铁锂+全钒液流电池、钠离子+飞轮储能、锂离子电池+超级电容器	

资料来源：储能产业生态体系与发展前景课题组。

第三节　未来前景——储能产业链

储能产业链是能源革命中非常重要的组成部分, 储能需求的持续扩张必将带动储能产业链的整体发展。储能产业链的各个环节是相互依存和相互制约的, 抓住产业链中的技术制高点或关键环节, 方能精准把握投资机会。上游的原材料和生产设备供应商是整个储能产业链的起始端, 决定了其他行业的发展速度, 具有基础性强和进入壁垒高的特点; 中游的储能系统设备是整个储能产业链的纽带, 相关辅助设备和管理系统决定着储能的高效性和稳定性; 下游的储能应用场景是产业链的末端, 直接面向消费者, 关注并满足消费者的各项需求。

一、上游：原材料及生产设备供应商

储能产业链上游原材料及相关设备包括正极材料、负极材料、电解液、隔膜、电子元器件、结构件、辅材、屏柜电缆、土建安装、升压装置、组装装置等[①]。储能电池材料成本构成中占比越高的原材料, 其所隐藏的价值量自然就越高, 所涉及的矿业公司以及材料类企业也会受益于储能需求的快速增长。

在锂离子电池材料成本构成中, 正极材料、隔膜、负极材料、电解液所占成本比例依次为45%、18%、15%和10%, 正极材料所含价值量最高（见图8-6）。锂电池的正极材料主要有三元材料、磷酸铁锂、钴酸锂和锰酸锂四种, 其中, 磷酸铁锂电池主要应用于新能源乘用车、启动电源和储能电池市场等, 三元材料则被广泛应用于新能源汽车、电动车、气动工具和智能可穿戴设备等。隔膜的主要

---

① 中商产业研究院, http://www.seccw.com/Document/detail/id/10527.html。

材料则是聚乙烯和溶剂；负极材料中使用最普遍的是石墨；电解液主要包含锂盐、溶剂和添加剂等成分。

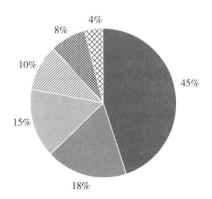

图 8-6　锂离子电池成本构成

资料来源：工业和信息化部、储能产业生态体系与发展前景课题组。

从铅酸蓄电池成本结构来看，原料铅的占比最高，达到了40%，其次为加工费、电解液和极板，成本占比分别为30%、10%和10%[①]（见图8-7）。作为铅酸蓄电池的主要组成，铅的产量和价格波动对整个铅酸蓄电池行业的稳定运行和发

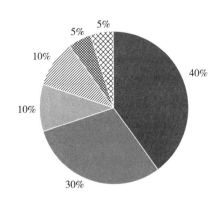

图 8-7　铅酸蓄电池成本构成

资料来源：华经产业研究院、储能产业生态体系与发展前景课题组。

---

① 搜狐网，https：//www.sohu.com/a/547856317_120928700。

展具有至关重要的影响。同时，华经产业研究院通过整理数据发现，中国乃至全球的原材料铅的主要消费领域是铅酸蓄电池。随着全球能源转型战略的进行，铅酸蓄电池的需求呈稳定式增长，势必会对原材料铅的供给提出持续性的要求。因此，供给端的产量和价格的变化直接影响着铅酸蓄电池的生产成本和市场竞争力，掌握铅的产量与价格趋势对于铅酸蓄电池行业的发展战略与决策具有重要意义。

根据大连化物所的研究显示，全钒液流电池的成本主要来自钒电解液与电堆，分别占总成本的41%和37%（见图8-8）。钒电解液的成本主要取决于原材料钒的价格，且钒原料的纯度还会影响到钒电池的稳定性、耐用性。此外，钒是用于钢铁、合金、化工等领域的一种重要元素。因此，本书认为，基于近些年全钒液流电池在储能领域取得巨大进展，原材料钒也可能成为储能行业的研究热点。

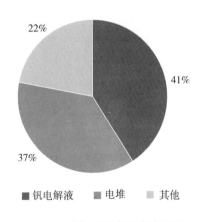

图8-8 全钒液流电池成本构成

资料来源：大连化物所、储能产业生态体系与发展前景课题组。

在生产设备方面，正如前文对锂离子电池技术所分析的，电池生产环节的切割、组装和检测等设备不仅关系到整个生产过程的效率，还会影响电池产品的性能优劣。锂电设备中的涂布机高端机型主要依靠进口，国产设备的技术水平还相对落后。未来电池设备厂商需要联合电池厂商打造更先进化、自动化、智能化的电池生产设备，提高电池性能，降低生产成本。

二、中游：储能系统设备

工程总承包（EPC）项目是指承包单位负责整个项目的施工过程，这种模式涵盖了从项目前期设计到最终竣工的各个环节，包括物料采购、土建施工、设备安装等。采用EPC模式有利于项目的整体规划、统筹管理和协同运转，减少中间交接环节的潜在成本和风险，从而增加项目的整体盈利空间。根据轻舟科技的研究数据，在一个1MW/2MW·h的接入室外集装箱储能EPC项目中，储能系统设备占总成本的比例最高，达到80%；其次是土建施工、电缆及接入和项目设计费，分别占比14%、2%、1%；剩余的3%则是其他的如安装、调适、检测、保险费等（见图8-9）。由此可见，储能EPC项目中，储能系统设备是最为关键的组成部分，所涉价值量位列第一。

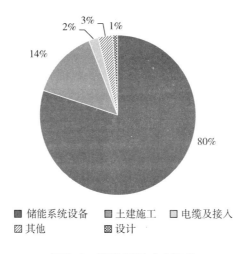

图8-9 储能EPC成本构成

资料来源：轻舟科技、储能产业生态体系与发展前景课题组。

在一套完整的储能系统设备的成本细化中，由高工锂电研究可知，电池组、储能逆变器、电池管理系统所占成本比例较高，分别为67%、10%、9%（见图8-10）。电池组和储能逆变器作为储能系统设备中技术门槛较高、边际贡献较大的两个组成部分，预计会率先在储能需求蓬勃发展中占据优势。为了保障储能系统运行的安全稳定，温控设备、消防设备分别作为储能安全的第一道防线和最后一道防线也备受市场的关注。《储能市场加速开启，关注设备领域投资机会》（2022年）显示，预计2022~2025年底，电化学储能的设备成本分别为61亿元、196亿元、454亿元、887亿元。其中，储能温控设备的市场规模可能分别达到6亿元、17亿元、35亿元、63亿元，储能消防设备的市场规模分别为13亿元、33亿元、63亿元、106亿元。本书认为，在政策驱动和技术进步的双重作用下，储能系统设备作为储能项目的关键一环，将进入高速发展时期。

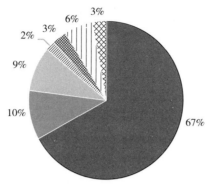

图 8-10　储能系统设备成本构成

资料来源：高工锂电、储能产业生态体系与发展前景课题组。

1. 储能逆变器

储能逆变器，是一种由 DC/AC 双向变流器、控制单元组成的电能双向转换装置。它具有两大功能：既可以将电网侧的交流电转化为直流电，实现对蓄电池的充电，又可以将蓄电池的直流电转化为交流电输送到电网侧，实现蓄电池的放电。这些功能使得储能逆变器成为促进可再生能源利用、实现能源存储和电网稳定的关键技术设备。根据五度易链的测算[①]，到 2025 年，在保守情况下全球逆变器新增市场规模将达到 1079 亿元，其中，中国逆变器新增市场规模约为 164 亿元（见图 8-11）。

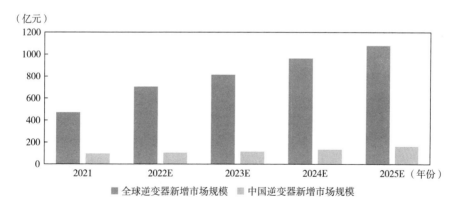

图 8-11　2021～2025 年全球逆变器和中国逆变器市场空间及测算

资料来源：中国光伏协会（CPIA）、五度易链、储能产业生态体系与发展前景课题组。

---

① 五度易链，http：//www.wdsk.net/cygc/article/3349.html。

按照技术路线这一维度进行分类，逆变器可以划分为集中式逆变器、组串式逆变器、集散式逆变器和微型逆变器四种。据 CPIA 的最新统计数据，集中式和组串式是逆变器需求中的主要类型，两者的全球市场份额占有率稳居 90% 以上。相比于集中式逆变器，组串式逆变器具有体积小、质量轻、可以室外安装、便于维护、适用场景更多等优势。根据 CPIA 发布的《中国光伏产业发展路线图》，组串式逆变器的成本将会稳步下降，预计到 2025 年达到 0.18 元/W。因此，我们可以看出，组串式逆变器的性能表现突出，未来随着成本的不断下降，未来可能会逐步取代集中式逆变器占据更多的储能市场空间。集中式逆变器和组串式逆变器对比如表 8-2 所示。

表 8-2　集中式逆变器和组串式逆变器对比

项目	集中式逆变器	组串式逆变器
集中式大型电站	适用	适用
分布式大型工商业屋顶电站	适用	适用
分布式中小型工商业屋顶电站	不适用	适用
分布式户用屋顶电站	不适用	适用
阴雨天、雾气多地区	发电时间短	发电时间长
最大功率跟踪对应组件数量	数量较多的组串	1~4 个组串
电压范围	窄，一般 450~820V	宽，一般 250~800V
系统发电功率	一般	高
谐波含量	少	多
设计和制造难度	偏小	偏大
安装占地	需要独立机房	不需要
室外安装	不允许	允许
故障影响度	大	小
维护性	一般	易维护

资料来源：锦浪科技公告、储能产业生态体系与发展前景课题组。

根据固德威的招股说明书披露的数据，逆变器的生产成本中接近 85% 是直接材料成本，而电子元器件（电感、半导体器件、电容、集成电路、印刷电路板、连接器等）则是直接材料中的主要成分，约占到直接材料的 50%[①]（见图 8-12）。但是，电子元器件中的 IGBT 元器件、IC 半导体等的供应商主要是英

[①]　组串式逆变器龙头，储能逆变器开启第二增长极（东亚前海证券有限责任公司，2022）。

飞凌、安森美、德州仪器等欧美公司，具有较高的国际壁垒，短期内难以实现国产替代。未来国内相关企业若能实现电子元器件的技术突破，掌握核心知识产权，摆脱进口依赖，将乘储能发展东风进入飞速发展阶段。

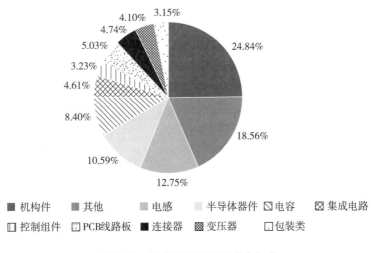

图 8-12　逆变器直接材料成本构成

资料来源：固德威招股说明书、储能产业生态体系与发展前景课题组。

2. 温控设备

第一，温控设备是储能安全的第一道防线。BMS 的重要功能之一是电池热管理，主要是通过吸收热量或者放出热量为电池组营造一个合适的温度范围，让电池组始终处于最佳的运转状态，保证储能项目的长期、安全、稳定运行。以锂离子电池为例，其最佳工作温度范围为 10~35℃，如果储能装置在过高或者过低的环境中工作，可能会引起电芯变质、BMS 管理错乱、逆变器保护失效等一系列问题，轻则导致储能装置短路、电池寿命减少，重则导致储能电站发生重大火灾。温控设备作为储能安全的第一道防线，在"能源结构转型+储能需求爆发"双驱动下，受到了市场的广泛关注，市场发展空间显而易见。

第二，各企业从不同赛道进行布局，纷纷切入储能温控设备领域。根据参与的温控场景不同，可以将温控设备分为工业温控、汽车温控和数据中心温控三种。随着人们生活方式的改变，城市轨道交通建设稳步推行，新能源汽车市场飞速发展，其背后都对温控设备提出了进一步需求。在推动 5G 建设的过程中，以数据中心为代表的新型基础设施也在加快建设步伐，为温控设施的业务提供了显著增量。近年来，国家出台多项利好政策，鼓励储能设备从发电侧到整个电力系统全链条式覆盖，储能应用场景日益多样化，温控设备将大有可为。

第三，风冷温控存在上限，液冷温控需求扩大。储能温控技术包括风冷技术、液冷技术、热管冷却、相变冷却（段斐帆和涂淑平，2021①）。其中，风冷技术和液冷技术是目前市场上主流的储能温控技术。与风冷技术相比，液冷技术的散热效率更高、散热速度更快、温降幅度更高、占用空间更小，但是成本较高、寿命略短。随着储能时长、储能容量的逐渐增大，由于风冷温控技术在散热温差上存在限制。相反，液冷温控设备以其出色的散热性能和热管理能力，或成为高效散热解决方案的首选，因此市场对液冷温控设备的需求会不断提升。

第四，温控设备应用广泛，未来将朝着节能减排、高效率、智能化、标准化的方向发展。从短期满足市场需求来看，温控设备相关企业受益于先发优势，拥有领先温控技术和产品的企业处于一定的垄断地位。从中期产品定制能力来看，随着温控设备应用场景的多元化，以及使用环境的复杂，客户群体对于温控系统的设计与研发能力、产品的丰富程度和整体服务能力提出了更高要求。定制化的温控解决方案将成为一个重要趋势，以满足不同行业和应用领域的特殊需求。从长期市场发展规律来看，储能温控设备有望通过标准化实现降本，并满足节能减排的国家要求。标准化的温控设备将推动整个行业向着更高效、可持续的方向发展。总而言之，未来的温控设备市场将呈现出多元化的趋势，并将朝着高效率、智能化、标准化、节能减排的方向迈进。

3. 消防设备

第一，电化学储能安全事故频发，储能消防重要性不言而喻。由于电化学储能设备具有能量高度密集的特性，不正当的使用方式可能会导致电池内部聚集大量热量，如充放电过度、电流过大、内部短路和冷热失控等情况，最终会引起电池燃烧甚至是爆炸。近年来，储能电站频频发生火灾事故，不仅给电化学储能行业的发展带来一定冲击，还给社会经济和人员带来了严重的损失。

第二，政策规范储能消防标准，推动消防业发展。《电化学储能电站安全规程》于2021年11月完成公开征稿意见，标志着储能安全问题又向前迈进一大步。该项安全规程从运行、维护、检修等方面对储能电站设施的安全技术提出了要求，强调储能电站提升预防和应对紧急消防事故的处置能力。研究报告《储能深度2：储能消防市场空间测算及青鸟消防核心竞争力探讨》（2022年）测算，2022~2025年，全球储能消防市场规模预计分别达到34.28亿元、79.01亿元、141.35亿元、261.05亿元（见图8-13）。由此可见，消防设施作为保障储能安全稳定的最后一道防线，在储能行业高速发展的驱动下，在储能消防领域存在显著的投资价值。

① 段斐帆，涂淑平. 电子设备散热的新技术［J］. 工业加热，2021，50（11）：63-68.

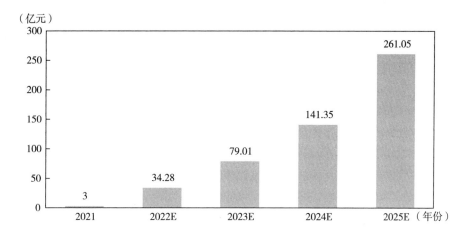

图 8-13　2021~2025 年全球储能消防产品市场规模及预测

资料来源：民生证券研究院、储能产业生态体系与发展前景课题组。

储能消防设施采用"预警+灭火"的保障机制：在火灾发生前，热失控预警技术主要是针对储能电站中的各项运行指标进行监控，通过温度变化、产生可燃气体的顺序和浓度等判断是否达到系统预先设定的临界值，一旦热失控发生则立即切断电源，进行报警；在火灾发生后，灭火技术则是利用各种灭火剂进行有效的火灾扑灭。热失控预警技术具有较高的技术壁垒，内部包含多种高附加值产品，是消防设备的核心部分；储能电站的灭火技术较为成熟，未来更环保、更高效的灭火剂将会受到更广泛欢迎。

三、下游：应用场景

从整个电力系统的角度来看，储能的应用场景可分为表前储能和表后储能，其中表前储能包括发电侧储能和电网侧储能，表后储能则可以细分为家庭侧储能和工商业储能（见图 8-14）。发电侧的储能应用场景类型较多，包括可再生能源并网、电力调峰、系统调频等；电网侧储能主要用于缓解电网阻塞、维持电力稳定、扩大输配电容量等；家庭侧储能主要用于电力的自发自用，减少对电网的依赖性；工商业储能主要是为了峰谷价差套利、容量电费管理和提升供电可靠性等（李建林等，2024[①]）。

根据 CNESA 全球储能项目库数据，在 2021 年中国新增储能项目接入场景中，发电侧、电网侧、用户侧占比分别为 41%、35%、24%（见图 8-15）。鉴于

---

①　李建林，姜冶蓉，马速良，等．新型电力系统下分布式储能应用场景与优化配置［J］．高电压技术，2024，50（1）：30-41.

用户侧储能（包括家庭侧储能和工商业储能）与居民生活息息相关，随着居民储能应用场景的日益多样化，尤其是在后疫情时代，工商业发展逐步进入正轨，未来用户侧储能将迎来更多的发展机遇。

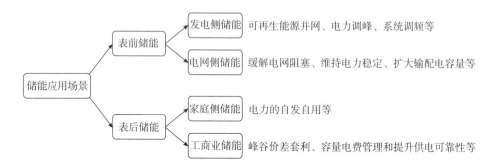

图 8-14　储能的应用场景分析

资料来源：储能产业生态体系与发展前景课题组。

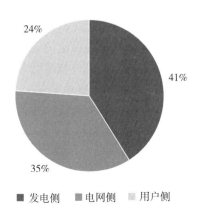

图 8-15　2021 年中国新增新型储能项目应用场景分布

资料来源：CNESA、储能产业生态体系与发展前景课题组。

1. 发电侧：新能源发电大规模并网，配套储能设备需求暴增

随着新能源发电技术的不断进步，尤其是风力和光伏发电成本的大幅降低，新能源进入了平价时代。目前，新能源发电成本已经明显低于化石能源发电成本，许多国家采取了新能源发电大规模并网的措施，并在发电侧配备储能设施，以减少弃风弃光问题，并实现电力输出的平滑。在"双碳"目标驱动下，风力、光伏发电等新能源发电方式将成为未来能源结构的市场主力，"新能源发电+储能"也成为发电侧的标配。

国内外发电侧储能市场正在迅速崛起并展现出巨大的潜力。在全球范围内，越来越多的国家和地区已经开始在新能源发电并网的过程中积极推动储能技术的应用。在国外，美国能源部为储能电池研发项目提供 6687 万美元的资助，意大利对户用光伏储能项目发布新生态奖励，奥地利为小型光伏储能项目提供了 3600 万欧元的赞助资金。在国内，截至 2021 年底，全国已有 21 个省级行政区发布新能源发电的支持性政策，并积极开展"新能源发电+储能"的示范性项目，实行"新能源+储能"一体化开发模式，致力于确保新能源和储能的紧密结合，并给予相关"新能源+储能"项目运营补贴，促进发电侧储能蓬勃发展。

根据研究报告《储能系列深度 3，中国发电侧储能市场及其商业模式》（2021 年）测算，在政策扶持和技术进步推动下，预计 2022~2025 年，中国发电侧和电网侧储能投资额分别为 1.28 元/W·h、1.08 元/W·h、0.92 元/W·h、0.78 元/W·h，发电侧内部收益率（IRR）分别为 6.82%、7.35%、7.83%、8.24%（见图 8-16）。由此可见，发电侧储能投资具有长期价值，商业前景日益凸显。

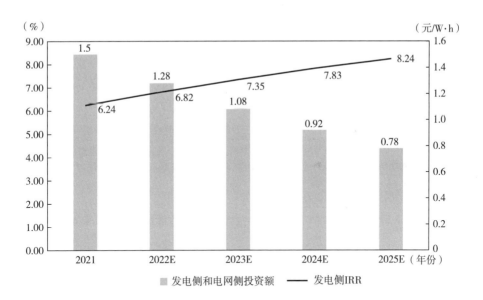

图 8-16 2021~2025 年中国发电侧和电网侧储能投资额、发电侧 IRR

资料来源：天风证券研究院、储能产业生态体系与发展前景课题组。

2. 电网侧：电力辅助市场化改革，数字化基础设施建设应运而生

电网侧储能主要是发挥调峰调频、平衡电力输出、保证电力稳定的作用。电化学储能具有响应速度快、防控精准度高、可双向调节的特性，在电网侧储能中

发挥重要作用。随着新能源并网规模大幅度提升，电网侧作为连接发电侧和用电侧的中间纽带，对储能系统的调峰调频服务提出了进一步需求，以保障电网侧的安全稳定。

"数字新基建"十大任务具备长期投资优势。在2020年全国两会上，政府工作报告首次写入了"数字新基建"这一重要内容，推动了中国经济转型，凸显了数字经济的重要性。国家电网在2020年6月与华为、阿里巴巴、腾讯、百度等达成合作关系，发布十大新型数字基础设施建设任务，分别是电网数字化平台、能源大数据中心、电力大数据应用、电力物联网、能源工业云网、智慧能源综合服务、能源互联网5G应用、电力人工智能应用、能源区块链应用、电力北斗应用（见表8-3）。国家电网原董事长毛伟明先生表示，2020年对十大建设任务投资约247亿元，预计后续将拉动1000亿元的社会投资①。

表8-3　国家电网"数字新基建"十大重点建设任务

序号	建设任务	具体内容
1	电网数字化平台	建设以云平台、企业中台、物联平台等为核心的基础平台，提升数字化连接感知和计算处理能力，打造能源互联网数字化创新服务支撑体系，2020年内初步建成两级平台
2	能源大数据中心	建设以电力数据为核心的能源大数据中心，加强政企联动和产业链合作，接入能源行业相关数据，以智慧能源支撑智慧城市建设，年内建成7个能源大数据中心
3	电力大数据应用	建设电力大数据应用体系，培育高价值大数据产品，对外重点开展电力看经济等，对内重点开展电网智能规划等，2020年完成12类大数据应用建设
4	电力物联网	建设覆盖电力系统各环节的电力物联网，推动电网感知测控边界向电源侧、客户侧和供应链延伸，年内建成统一物联管理平台，打造输电、交电、配电、综合能源、供应链5类智慧物联示范应用
5	能源工业云网	建设技术领先、安全可靠、开放共享的能源工业云网平台，推动智能制造、智慧交易、智能运维、智能监造、智慧物流五大核心功能全场景应用，助力电工装备产业链数字化转型
6	智慧能源综合服务	建设"绿色国网"和省级智慧能源服务平台，为能效服务各类市场主体引流赋能，为客户提供能效管理、智能运维、需求响应等能效服务，支撑商业楼宇、工业企业、园区等典型场景应用
7	能源互联网5G应用	利用5G大速率、高可靠、低时延、广连接等技术优势，聚焦输变电智能运维、电网精准负控和能源互联网创新业务应用，2020年打进一批"5G+能源互联网"典型应用，加强5G关键技术应用、行业定制化产品研制、电力5G标准体系制定

---

① 中国政府网，http://www.gov.cn/xinwen/2020-06/15/content_5519633.htm。

续表

序号	建设任务	具体内容
8	电力人工智能应用	建设人工智能能力开放平台，面向电网安全生产、经营管理和客户服务等场景，研发电力专用模型和算法，打造设备运维、电网调度、智能客服等领域精品应用，提升电网安全生产效率、客户优质服务和企业精益管理水平
9	能源区块链应用	建设能源区块链公共服务平台，提升能源电力上下游各市场主体互信能力，推动线上产业链金融等典型应用，2020 年建成"一主两侧"国网链，探索 12 类试点应用
10	电力北斗应用	建设电力北斗地基增强系统和精准时空服务网，构建"通信、导航、遥感"一体化运营体系，在电力设备运检、营销服务、基建施工、调度控制等领域推广北斗应用，2020 年建成电力北斗地基增强网，推进电力运检、营销、基建、调控 4 大领域典型应用

资料来源：国家电网、储能产业生态体系与发展前景课题组。

从电网转型发展趋势来看，电网正在积极适应能源革命和数字革命，不断朝着数字化、智能化的方向迈进。电网致力于将传统物理电网和现代化信息系统进行高度融合，实现多种能源的相互转化和合理配置，提供综合能源服务模式。这种综合能源服务模式涉及大数据、互联网、人工智能、5G 等多种辅助服务，稳定运转的背后离不开储能系统的协调作用，以解决电网系统的能源浪费及安全问题。储能系统的优化将为电网提供更高效、可靠和可持续的能源服务，推动能源转型的进程。

3. 家庭侧：光伏建筑一体化市场兴起

峰谷电价套利模式激发了家庭侧储能装机需求。一般情况下，出于成本和普适性的考虑，家庭用户主要采用家用光伏储能系统。按照是否并网分类，家用储能系统可以分为并网家庭储能系统和离网家庭储能系统。[1] 家用储能系统相当于是一个微型储能电站，不仅可以满足家庭的紧急用电需求，不受城市电网负荷的影响，还可以帮助家庭减少电费支出，为家庭提供绿色电力，有利于节能减排。

目前，国外光伏建筑一体化（BIPV）项目应用较为成熟，国内的 BIPV 市场正在崛起。BIPV 属于分布式光伏储能模式的一种，是将光伏产品与建筑相融合，利用太阳能发电满足用户侧的电力需求。从美国来看，联邦政府针对光伏发电采取 ITC 政策的直接鼓励手段，美国能源部实行 Sunshot 计划促使太阳能发电实现电力平价，同时联邦政府还采取贸易管制以支持国内绿色制造业的发展[2]。SEIA 预测，2022～2025 年，美国居民累计光伏装机容量将分别达到 27.30GW、

① 搜狐网，http://www.sohu.com/a/418345402_551952。

② 搜狐网，https://www.sohu.com/a/459065042_100180709。

32.08GW、36.35GW、41.01GW。随着国内光伏储能技术的进步，与之配备的产业链也足够成熟，复杂的光伏应用场景也催生了丰富的光伏产品。自 2020 年以来，国内各大光伏储能厂商也开始纷纷加入 BIPV 市场的投入和研发，后续有望打开家庭侧光伏储能市场空间。

在全球积极响应降碳的大背景下，光伏发电作为一种较为成熟的绿色清洁能源，未来发展潜力不言而喻，各大企业根据家庭侧需求纷纷开展光伏储能产品布局。特斯拉在 2019 年第四季度发布了 Solar Roof 的第三代产品，并于 2022 年第二季度部署了 2.5MW 的太阳能屋顶，旨在为家庭侧打造独立的供电系统。隆基绿能于 2020 年推出了首款装配式 BIPV 产品"隆顶"，晶科能源也于 2020 年发布了一体化彩色 BIPV 幕墙。

4. 工商业

（1）5G 基站+储能：融合能源存储的 5G 基站，实现可持续通信的未来。

第一，5G 网络的普及推动 5G 基站的大规模建设，带动储能需求爆发。随着 5G 网络的普及，5G 基站作为支撑 5G 网络的关键设施，需要在各地大规模建设以满足日益增长的通信需求。根据工业和信息化部在 2021 年 11 月发布的《"十四五"信息通讯行业发展规划》，预计到 2025 年平均每万人拥有 26 个 5G 基站。截止到 2022 年 10 月末，我国已经建成的 5G 基站总数达到 225 万个，比上年净增 82 万个，平均每万人拥有基站数量达到 16 个，5G 基站建设未来市场仍相当广阔。储能电池作为保证 5G 基站持续供电的核心部件，其需求也将随着基站建设而不断增加。

第二，5G 基站布置密集、功耗高，储能需求翻倍。与 4G 网络相比，5G 网络的频率更高、波长更短、衍射能力更弱、衰减更快，因此需要高密度建设基站，以保证通信质量。与 4G 基站相比，5G 基站的天线阵列单元至少扩大 16 倍，天线数量扩大 2~4 倍，每根天线的片板数量扩大 2 倍左右，每片 PCB 面积扩大 3 倍左右。整体测算下来，5G 基站单站功耗基本为 4G 的 2.5~3.5 倍（见表 8-4），相应的储能电池需求也就翻倍了。根据国盛证券测算，2022~2025 年，5G 备用电源市场空间最高将分别达到 132.3 亿元、98.7 亿元、70.4 亿元、54.6 亿元。

表 8-4　5G 基站与 4G 基站功耗对比

厂家	BBU 配置	设备规格	典型功耗			最大功耗		
			BBU	AUU	单系统	BUU	AUU	单系统
华为	S111	BBU5900+AAU5612	330	850	2880	1100	1000	4100
华为	S111	BBU5900+AAU5613	330	950	3180	1100	1220	4760

续表

厂家	BBU 配置	设备规格	典型功耗			最大功耗		
			BBU	AUU	单系统	BUU	AUU	单系统
中兴	S111	V9200+49611 535	315	980	3255	700	1400	4900
中兴	S111	V9200+A9611 S26	315	910	3045	700	1250	4450
4G			250	350	1300	350	500	1850

资料来源：张青松（2020①）、储能产业生态体系与发展前景课题组。

第三，基站后备电源主要采用磷酸铁锂电池技术。随着锂离子电池的价格下降，加上能量密度高、响应速度快、重量轻、绿色环保等优势凸显，铅酸蓄电池开始被逐渐替代，磷酸铁锂电池成为基站后备电源的主要选择。根据中国移动、中国电信、中国铁塔近年来的招标采购计划，磷酸铁锂电池的采购比例持续增大，且中国铁塔从2018年开始就已经停止采购铅酸蓄电池。这将为磷酸铁锂电池制造商提供巨大的商业机会和市场需求，同时也将推动电池技术的不断创新和提升。

（2）IDC+储能：储能技术助力IDC创新发展，打造高效可靠的数字化基础设施。

第一，大数据、云计算高速发展，推动IDC布局加速。IDC是互联网数据中心的简称，主要是为客户提供服务器托管、虚拟主机、邮件缓存等互联网基础平台服务，以及域名系统服务、负载均衡服务、数据库系统等增值服务。近年来，国家推动数字化经济转型，IDC作为将人工智能、物联网、工业互联网、区块链等数字技术融合应用的关键载体，是中国数字经济发展的重要支点。2021年，中国IDC市场规模已经达到了1201.9亿元，同比增长20.9%。科智咨询预测，2022~2024年，中国传统IDC市场规模可能分别达到1439亿元、1706亿元、2013亿元（见图8-17）。

第二，IDC能耗问题引发关注，行业用电量需求大幅度提升。在CDCC第九届数据中心标准峰会上发布的《2021年中国数据中心市场报告》显示，中国数据中心在2021年的用电量达到937亿kW·h，占同年全社会总用电量的1.13%（见图8-18）。2021年11月，由能投委联合大数据工作委员会主编的《零碳中国·数据中心蓝皮书》预计，2022~2025年，中国数据中心年度用电量将分别达到1012亿kW·h、1100亿kW·h、1187亿kW·h、1200亿kW·h。

---

① 张青松. 现网5G基站电源配套改造的研究与应用［J］. 通信电源技术，2020，37（1）：215-217.

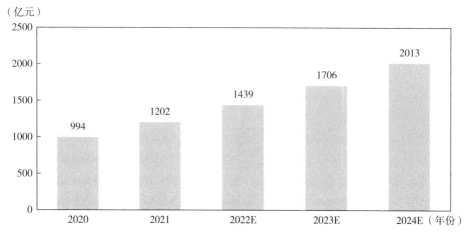

图 8-17　2020~2024 年中国传统 IDC 业务市场规模及预测

资料来源：科智咨询、储能产业生态体系与发展前景课题组。

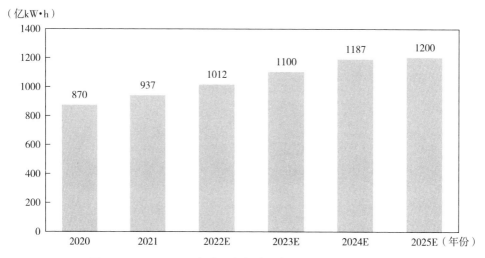

图 8-18　2020~2025 年中国数据中心年度用电量统计及预测

资料来源：《零碳中国·数据中心蓝皮书》、储能产业生态体系与发展前景课题组。

第三，为保证 IDC 稳定运行，采取"储能+备用电源"的配电方案。IDC 稳定运行的关键在于支持企业应用的不间断运行，尤其对于金融业、互联网业等行业意义非凡。然而，近些年世界各地 IDC 高频发生宕机，对各行各业都造成了严重冲击。数据中心停机的主要原因之一便是断电（33%）。[①] 2016 年，北京亦庄

---

① 腾讯云，https://cloud.tencent.com/developer/news/393456。

数据中心停电 7 个小时，导致其服务的多家金融机构和村镇银行所有设备瘫痪；2017 年，CBRE 数据中心供电中断，导致英国航空公司的各项程序和系统无法正常使用，涉及损失超过 1 亿英镑。为了保障 IDC 运行安全、稳定、不间断，开放数据中心委员会（ODCC）白皮书披露的主要配电方案是 UPS 解决配电、HVDC配电和巴拿马电源配电方案，均以蓄电池作为基础构成。

第四，铅酸蓄电池是常用储能设备，锂离子电池崭露头角，有望成最佳替代品。传统铅酸蓄电池由于技术更成熟、成本更低、安全性更高，成为 IDC 后备电源的主要选择。但是，锂离子电池成本下降、优势更为突出，也开始作为数据中心的备用电源，如百度数据中心便是采用锂离子电池技术。根据 BNEF 报道，2025 年，IDC 的 UPS 配电方案中将有 40% 采用锂离子电池技术，锂离子电池的需求势如破竹。

（3）新能源汽车+储能：储能技术赋能新能源汽车，驱动可持续交通。

第一，能源转型持续推进，新能源汽车行业应运而生。全球各地纷纷提出碳中和目标，积极倡导发展绿色经济，以实现可持续发展目标。据 IEA 披露的数据，2020 年交通运输业在全球碳排放总量中排名第二，占比高达 25%。为顺应能源转型趋势、摆脱对传统油气资源的依赖，新能源汽车成为汽车行业转型的重要突破口。截至 2021 年底，相比于燃油汽车，新能源汽车每年减少碳排放达到1500 万吨左右[1]。未来，新能源汽车将为中国实现"双碳"目标做出重要贡献，新能源汽车也将在中国汽车行业占据一席之地。

第二，由政策型消费变为需求型消费，新能源汽车行业迎来高速发展期。为助力新能源汽车行业的发展，国家出台多项支持性政策，如鼓励新能源汽车产品研发、免征新能源汽车购置税、下拨资金给予新能源汽车补贴等。在我国社会经济不断发展过程中，居民的生活方式和消费观念也在悄然发生变化，尤其是中青年群体对新兴事物的接受能力更强，新能源汽车消费生态由被动接受向主动选购转变[2]。国际数据公司于 2022 年 8 月预测，2022~2025 年，中国新能源汽车市场规模将分别达到 7.0 百万辆、8.6 百万辆、10.4 百万辆、13.0 百万辆（见图 8-19）。

第三，电池是新能源汽车的"心脏"，从成本构成来看，根据智慧芽数据库（Patsnap），新能源汽车主要是由电池、电机、电控、内饰、底盘、汽车电子、车身构成的，其中，电池的成本占比最高，达到 35%，是新能源汽车的核心部件（见图 8-20）。从作用机理来看，电池相当于是新能源汽车的"心脏"，为汽车的发动和行驶提供动力来源，电池的容量决定了汽车的续航里程，电池的寿命更是直接决定了新能源汽车的更换频率。目前，新能源汽车所使用的主流动力电池

---

① 百度百科，https://baijiahao.baidu.com/s? id=1724988078141550035。

② 电子工程世界，http://news.eeworld.com.cn/qrs/ic569629.html。

包括铅酸蓄电池、镍镉电池、镍氢电池、锂离子电池。新能源汽车的兴起和持续发展将为电池创造全新的增长蓝海。

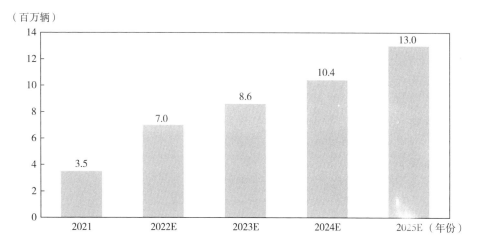

（百万辆）

图8-19 2021～2025年中国新能源汽车市场产量及预测

资料来源：国际数据公司、储能产业生态体系与发展前景课题组。

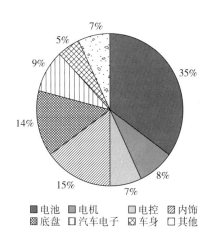

图例：
■电池 ■电机 □电控 ◨内饰
▨底盘 ◫汽车电子 ▨车身 □其他

图8-20 新能源汽车成本构成

资料来源：Patsnap、储能产业生态体系与发展前景课题组。

（4）充电桩+储能：实现充电便利与能源储备的双重优势。

第一，充电桩作为电动汽车的配套产品，是居民生活的刚需。充电桩可以根据电动汽车的型号设定不同的电压等级，为电动汽车完成充电工作，相当于加油站为燃油汽车加油。我国是电动汽车大国，随着新能源汽车市场渗透率的不断提高，充电桩作为新能源汽车的配套产品，也顺势成为居民生活的刚需。

第二，构建"充电桩+储能"模式，减轻集中充电下的电网负担。由于新能源汽车目前还存在续航里程短、充电耗时长的缺点，整个城市可能会出现集中式、大规模的充电情况，这会加大城市电力系统的负荷。如果给充电桩配备上储能设备，那么电池组可以在充电低峰期进行充电，在充电高峰期进行放电，缓解电网供需压力。在这样一个削峰填谷的过程中，可能会提升充电桩的运营收益，如上海电网和蔚来电站便在 2019 年开展过两次类似合作。

第三，在政策和市场的双重作用下，充电桩的储能需求呈现良好前景。为了优化充电桩等电动汽车充电基础设施的建设布局，中央统筹规划充电桩建设方案，各个地方政府跟进充电桩奖补政策，鼓励储能式充电桩的新技术研发，建立充电设施标准化体系。截止到 2022 年 9 月，全社会共有 448.8 万台充电基础设施，其中公共充电桩数量达到 163.3 万台，车桩增量比为 1∶2.4。IEA 发布的"Global EV Outlook 2021"从各国最新政策（SPS）和可持续发展方案（SDS）两个维度出发，对 2025 年和 2030 年的全球充电桩市场规模做出了预测：到 2025 年，全球充电桩的保有量可能为 4582/6500 万个；到 2030 年，全球充电桩的保有量可能为 12090/21520 个（见图 8-21）。

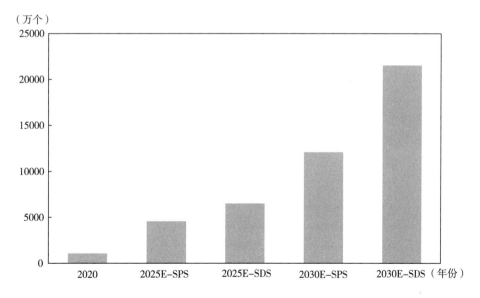

图 8-21 2020~2030 年全球电动汽车充电桩行业市场规模及预测

资料来源：IEA、储能产业生态体系与发展前景课题组。

综上所述，我们对储能产业链的未来前景总结如表 8-5 所示。

表 8-5　储能产业链的未来前景总结

产业链			未来前景	风险提示
上游	原材料及生产设备供应商	总结	—	储能电池材料成本构成中占比越高的原材料，其所隐藏的价值量自然就越高，所涉及的矿业公司以及材料类企业也会受益于储能需求的快速增长	储能需求不及预期，政策推进不及预期，技术路线演化超出预期，电力系统市场化改革不及预期，海外贸易环境恶化，上游原材料价格暴涨，储能电池安全性事故风险等
		举例	锂离子电池	正极材料所含价值量最高	
			铅酸蓄电池	原材料铅所含价值量最高	
			全钒液流电池	钒电解液所含价值量最高	
中游	储能系统设备	电池组	—	参照表 8-2 储能技术未来前景总结	
		储能逆变器	技术路线	组串式逆变器可能会取代集中式逆变器，成为最主要的逆变器需求类型	
			成本构成	需要掌握构成逆变器的电子元器件核心知识产权，摆脱进口依赖	
		温控设备	技术路线	风冷温控技术存在上限，具有更高散热效率的液冷温控设备的需求会不断提升	
			发展方向	温控设备未来将朝着节能减排、高效率、智能化、标准化的方向发展	
		消防设备	—	热失控预警技术具有较高的技术壁垒，内部包含多种高附加值产品，是消防设备的核心部分；储能电站的灭火技术较为成熟，未来更环保、更高效的灭火剂将会受到更广泛欢迎	
下游	应用场景	发电侧	—	新能源发电+储能	
		电网侧	—	新型数字化基础设施建设十大任务具有长期投资性	
		家庭侧	—	BIPV 市场正在兴起	
		工商业	5G 基站+储能	5G 基站大规模建设，基站布置密集，能耗高，储能需求翻倍。基站后备电源主要采用磷酸铁锂电池技术	
			数据中心+储能	数据中心布局加速，用电需求大幅度提升。采取"储能+备用电源"的配电方案，保证数据中心稳定运行。铅酸电池是常用储能设备，锂离子电池有望成最佳替代品	

续表

产业链			未来前景	风险提示
下游	应用场景	工商业	新能源汽车+储能	顺应能源转型发展，新能源汽车由政策型需求转变成消费型需求。电池是新能源汽车最主要的成本构成，且直接决定了新能源汽车的续航里程和更换频率	
			充电桩+储能	充电桩作为电动汽车的配套产业，是居民生活的刚需。"充电桩+储能"模式可以减轻集中充电下的电网负担	

资料来源：储能产业生态体系与发展前景课题组。

参考文献

［1］ IEA. Short-term Energy Outlook ［R］. 2020.

［2］ Suo L, Borodin O, Gao T, et al. "Water-in-salt" electrolyte enables high-voltage aqueous lithium-ion chemistries ［J］. Science, 2015, 350: 938-943.

［3］ Zhai X Q, Wang X L, Wang T, et al. A review on phase change cold storage in air-conditioning system: Materials and applications ［J］. Renewable and Sustainable Energy Reviews, 2013, 22: 108-120.

［4］ 曹雨军, 夏芳敏, 朱红亮, 等. 超导储能在新能源电力系统中的应用与展望 ［J］. 电工电气, 2021 （10）: 1-6, 26.

［5］ 陈海生, 吴玉庭. 储能技术发展及路线图 ［M］. 北京: 化学工业出版社, 2020.

［6］ 房茂霖, 张英, 乔琳, 等. 铁铬液流电池技术的研究进展 ［J］. 储能科学与技术, 2022 （5）: 1358-1367.

［7］ 郭海涛, 胡明禹, 徐静. 2021 年中国能源政策回顾与 2022 年调整方向研判 ［J］. 国际石油经济, 2022 （2）: 11-18.

［8］ 韩利, 李琦, 冷国云, 等. 氢能储存技术最新进展 ［J］. 化工进展, 2022, 41 （S1）: 108-117.

［9］ 赫文豪, 李懂文, 杨东杰, 等. 新型重力储能技术研究现状与发展趋势 ［J］. 大学物理实验, 2022 （5）: 1-7.

［10］ 何颖源, 陈永翀, 刘勇, 等. 储能的度电成本和里程成本分析 ［J］. 电工电能新技术, 2019, 38 （9）: 1-10.

［11］ 侯慧, 徐焘, 肖振锋, 等. 基于重力储能的风光储联合发电系统容量规划与评价 ［J］. 电力系统保护与控制, 2021, 49 （17）: 74-84.

［12］ 胡静, 李琼慧, 黄碧斌, 等. 适应中国应用场景需求和政策环境的电网侧储能商业模式研究 ［J］. 全球能源互联网, 2019 （4）: 367-375.

［13］ 胡英瑛, 吴相伟, 温兆银. 储能钠硫电池的工程化研究进展与展

望——提高电池安全性的材料与结构设计［J］. 储能科学与技术，2021，10（3）：781-799.

［14］黄清鲁，赵丽丽. 新能源制氢及氢能应用的发展前景［J］. 中国石油和化工标准与质量，2022（17）：98-100.

［15］栗峰，郝雨辰，周昶，等. 电网侧电化学储能调度运行及其关键技术［J］. 供用电，2020（6）：82-90.

［16］李丽旻. 美国光伏装机目标恐落空［N］. 中国能源报，2022-03-21（006）.

［17］李沐，李亚溪，李传常. 相变储冷技术及其在空调系统中的应用［J］. 储能科学与技术，2013（1）：180-197.

［18］廉嘉丽，王大磊，颜杰，等. 电力储能领域铅炭电池储能技术进展［J］. 电力需求侧管理，2017（3）：21-25.

［19］卢山，傅笑晨. 飞轮储能技术及其应用场景探讨［J］. 中国重型装备，2022（4）：22-26.

［20］鲁宗相，乔颖，李梓丘，等. 海上风电—氢能系统运行模式分析及配置优化［J］. 电力系统自动化，2022，46（8）：104-112.

［21］罗晔. 韩国电化学储能系统研发进展［J］. 分布式能源，2020（3）：29-33.

［22］梅生伟，李建林，朱建全，等. 储能技术［M］. 北京：机械工业出版社，2022.

［23］孟琳. 锌溴液流电池储能技术研究和应用进展［J］. 储能科学与技术，2013，2（1）：35-41.

［24］阮晓东. 储能产业"领跑"新能源市场［J］. 新经济导刊，2015（12）：64-69.

［25］沈立芳. 锂离子电池正极材料现状及镍钴锰三元材料市场细分［J］. 科技传播，2014（5）：67-68.

［26］孙昌岳. 全球储能步入高速发展期［N］. 经济日报，2022-08-01（004）.

［27］孙文，王培红. 钠硫电池的应用现状与发展［J］. 上海节能，2015（2）：85-89.

［28］孙玉树，杨敏，师长立，等. 储能的应用现状和发展趋势分析［J］. 高电压技术，2020（1）：80-89.

［29］滕玥，王希. 国际储能产业发展纵览［J］. 环境经济，2022（7）：36-40.

［30］王冰，王楠，田政，等. 美国电化学储能产业政策分析及对我国储能

产业发展的启示与建议［J］. 分布式能源，2020（3）：23-28.

［31］王德顺，薛金花，鲁千姿，等. 电力储能用锂离子电池状态评估研究进展［J］. 电源技术，2022（3）：230-232.

［32］王富强，王汉斌，武明鑫，等. 压缩空气储能技术与发展［J］. 水力发电，2022（11）：10-15.

［33］王海军，赵雅静，杨玉江，等. 熔盐储能技术的研究及熔盐供暖技术的应用前景［J］. 广州化工，2017（15）：33-34，47.

［34］魏子敬. 熔盐储热技术在供热领域的应用［J］. 科技创新与应用，2022（2）：186-188.

［35］吴皓文，王军，龚迎莉，等. 储能技术发展现状及应用前景分析［J］. 电力学报，2021，36（5）：434-443.

［36］武魏楠. 储能身份困局［J］. 能源，2021（1）：14-19.

［37］夏小禾. "十四五"时期我国将基本建立推进能源绿色低碳发展制度框架［J］. 今日制造与升级，2022（1）：15-16.

［38］夏焱，万继方，李景翠，等. 重力储能技术研究进展［J］. 新能源进展，2022（3）：258-264.

［39］肖立业，古宏伟，王秋良，等. YBCO 超导体的电工学应用研究进展［J］. 物理，2017（8）：536-548.

［40］许传博，刘建国. 氢储能在我国新型电力系统中的应用价值、挑战及展望［J］. 中国工程学，2022（3）：89-99.

［41］薛澳宇，马速良，马可欣，等. 规模化新能源—储能技术控制策略及商业模式研究［J］. 电气应用，2022（8）：52-60，9.

［42］杨于驰，张媛. 储能电池技术发展研究浅析［J］. 东方电气评论，2022（3）：1-4.

［43］喻彩梅，章学来，华维三. 十水硫酸钠相变储能材料研究进展［J］. 储能科学与技术，2021（3）：1016-1024.

［44］曾辉，孙峰，邵宝珠，等. 澳大利亚 100 MW 储能运行分析及对中国的启示［J］. 电力系统自动化，2019，43（8）：86-92.

［45］张芳. 超级电容储能系统效率提升方法研究［D］. 太原：太原理工大学，2021.

［46］张莉. 国内外储能价格政策和商业模式分析［J］. 大众用电，2021（12）：5-7.

［47］张青松. 现网 5G 基站电源配套改造的研究与应用［J］. 通信电源技术，2020，37（1）：215-217.

［48］张晓鲁．我国内陆核电站选址问题的研究［J］．中国电力，2005（9）：20-23．

［49］张映红．关于能源结构转型若干问题的思考及建议［J］．国际石油经济，2021（2）：1-15．

［50］郑建华．储能行业战略研究［J］．机械制造，2018，56（10）：1-8．

［51］周宏春，霍黎明，李长征，等．开拓创新努力实现我国碳达峰与碳中和目标［J］．城市与环境研究，2021（1）：35-51．

［52］周树鹏，尤培培．美国加州用户侧储能激励政策及对我国的启示［J］．科技风，2019（10）：240．

［53］朱寰，徐健翔，刘国静，等．英国储能相关政策机制与商业模式及对我国的启示［J］．储能科学与技术，2022（1）：370-378．

［54］朱顺泉，孙娓荣，汪钱，等．大规模蓄电储能全钒液流电池研究进展［J］．化工进展，2007（2）：207-211．

［55］朱文韵．全球储能产业发展态势分析［J］．科学，2018（4）：32-37．

［56］朱信龙，王均毅，潘加爽，等．集装箱储能系统热管理系统的现状及发展［J］．储能科学与技术，2022，11（1）：107-118．

［57］邹才能，何东博，贾成业，等．世界能源转型内涵、路径及其对碳中和的意义［J］．石油学报，2021（2）：233-247．

致　谢

　　在本书的撰写过程中，我们组建了"储能产业生态体系与发展前景课题组"，有多位中央民族大学的研究生加入到课题组，并在数据搜集、资料整理等关键前期工作中，展现了极高的专业水准和敬业精神。这些同学的辛勤努力是本书得以顺利完成的重要保障，我在此向他们表示最深切的感谢！他们的名字按姓氏首字母排序如下：丁心怡、李佳姗、梁飞燕、刘成鑫、汪琪、徐阳、翟晨晨、张韡祎、张雪、朱有康。同时，还要特别鸣谢经济管理出版社编辑团队的不懈努力和专业指导，他们的专业素养和细心审稿大大提升了本书的品质。尽管我们已尽力编写审校，书中仍可能存在不足之处，我们诚挚期待广大读者给予宝贵的反馈意见和建议，在此一并感谢。